前書き

◇この本の構成

【聴解】
- <課題理解>　　24問題（6問題×4回）
- <ポイント理解>　28問題（7問題×4回）
- <概要理解>　　24問題（6問題×4回）
- <即時応答>　　56問題（14問題×4回）
- <統合理解>　　16問題（4問題×4回）

【読解】
- <内容理解（短文）>　10問題
- <内容理解（中文）>　4問題
- <内容理解（長文）>　4問題
- <統合理解>　　3問題
- <主張理解（長文）>　4問題
- <情報検索>　　3問題

正解・解説（別冊）

◇この本の特徴と使い方

① 問題数が多い。

　新しい「日本語能力試験」を受験するみなさんがN1の「聴解」と「読解」をマスターするための練習問題が数多く入っています。問題は、実際の試験と同様の、新しい問題形式で作られています。合格への近道は、できるだけ多くの問題を解いてみることです。この本1冊を勉強すれば、合格に近づくことができます。

② 回ごとに少しずつ進むことができる。

　少しずつ勉強を進めることができるように、それぞれの問題を何回かに分けてあります。1回ごとに必ず成績をチェックして、ページの右上の得点欄に点数を書き入れてください。実力の伸びを自分で確認することが大切です。

③ ていねいで、わかりやすい解説がついている。

　別冊に正解と問題の解説（ヒントや解き方）があります。「読解」の<内容理解（短文）>には、空白に入る言葉や文を考える部分もあります。これは、問題の文章の要点をとら

えて正解を見つけるための重要な練習ですから、ぜひ、やってみてください。

勉強する時間があまりない人は、正解をチェックして、間違えた問題の解説を読むといいでしょう。時間がある人は、正解できた問題でも、答えに自信がなかった問題の解説をよく読んでください。解説を読んで理解することによって、日本語の総合的な実力がまた一段と向上するにちがいありません。

別冊には、難しい語句の翻訳 (英語、中国語、韓国語) が入っています。語彙の勉強も兼ねて、活用してください。

◇N1「聴解」の勉強のポイント

<課題理解>

毎日の生活の中で、私たちはラジオやテレビや人から、さまざまな情報を聞いています。このような具体的な情報のポイント (何、いつ、どこ など) を聞き取る、現実的で実際的な聞き方を練習します。試験ではポイントをメモすることも大切ですから、練習のときから、メモを取りながら聞くようにしましょう。メモの書き方も、練習するにしたがって上手になるでしょう。

<ポイント理解>

はじめに質問を聞きます。次に問題用紙の選択肢を読んでおきます。はっきり言わないあいまいな会話もあるので、推測をしながら、話している人の気持ちや起こったことの理由などをつかむ練習をしましょう。

<概要理解>

2人の対話よりも、1人で話す問題が中心です。細かい点よりも、話の全体から概要をつかまなければなりません。ただ言葉を聞き取るだけでなく、推測をする練習も必要です。

<即時応答>

短い話を聞いて、その返事を3つの中から選びます。新しい形式の問題ですから、形式に慣れて、短い時間ですぐに答えが選べるようにトレーニングをしてください。練習をすればするだけ、慣れて、楽に正解が見つかるようになります。56の問題が終わったら、また最初から聞いて、繰り返し練習するのが効果的です。

<統合理解>

問題によってちがいますが、会話は3人の場合もありますし、また、1人の話の後にそれを聞いた2人の対話が続く場合もあります。会話が長めで、多くの情報が出てくるので、集中して聞かなければなりません。情報が多いので、メモを活用するようにしてください。

◇N1 「読解」の勉強のポイント

<内容理解(短文)>

短い文章を読みます。手紙、Eメール、お知らせなどの実用的な文章も出題される可能性があります。速く読んで、すぐに要点をつかむ練習をしましょう。

<内容理解(中文)>

500字ほどの文章を読みます。評論、解説文、エッセイなどの文章が中心になります。内容の事実関係をとらえる練習、さらに因果関係や筆者の考えなどを読み取る練習もしなければなりません。

<内容理解(長文)>

1000字ほどの評論、解説文、エッセイなどを読みます。内容の事実関係を理解するのはもちろんのこと、文字に表れていない筆者の考えなどを汲み取らないと答えられない問題もあります。少し大変ですが、長い文章を深く読む練習をしてこそ、読解力が向上しますから、がんばりましょう。

<統合理解>

2つ以上の文章を読んで、それぞれの要点をつかみ、内容を比べながら、共通点や相違点を整理します。アンダーラインを引いて、共通点や相違点を整理すると効果的です。読む量が多いので、どんどん読み進む力をつける練習をしましょう。

<主張理解(長文)>

1000字ほどの評論やエッセイを読んで、筆者の考え、意見を読み取ります。論理的な文章もあるので、しっかり確実に読む力が必要です。書かれていることをきちんと、注意深く読む練習をしましょう。重要な部分にアンダーラインを引きながら読むのも、長い文章を読むための有効な方法です。

<情報検索>

お知らせや案内などの実用文を読んで、必要な情報を見つけます。漢字、語彙の知識が足りないと、なかなか答えられません。自分が今実際にその情報を探しているつもりになって読むと集中しやすくなり、答えが見つけやすくなるでしょう。

Preface

◇ **The makeup of this book**
【Listening】
<Task-based comprehension>	24 questions(6 questions×4)
<Comprehension of key points>	28 questions(7 questions×4)
<Comprehension of general outline>	24 questions(6 questions ×4)
<Quick response>	56 questions(14 questions × 4)
<Integrated comprehension>	16 questions(4 questions× 4)

【Reading】
<Comprehension (Short passages)>	10 questions
<Comprehension (Mid-size passages)>	4 questions
<Comprehension (Long passages)>	4 questions
<Integrated comprehension>	3 questions
<Thematic comprehension (Long passages)>	4 questions
<Information retrieval>	3 questions

Answers/Explanations(separate book)

◇ **Features of and how to use this book**
(1) A large number of questions are provided.
This book contains a large number of practice tests in the area of "Listening" and "Reading" for those who are going to take the new "Japanese-Language Proficiency Test" Level N1. All the questions have been made in the same new styles taken in the actual test. A shortcut for you to pass the test would be to try as many practice questions as possible. We hope you study this book hard and can finally pass the test.

(2)You can proceed gradually by taking one test at a time.
Each test is split into several portions so you can proceed your study little by little. Make sure you fill in your score each time in the score space at the top of the page because it is important to check your current level.

(3)Helpful explanations are provided.
You will find the correct answers and explanations (tips and answering techniques) in the separate booklet. In the "Comprehension (Short passages)" section for "Reading", there are also helpful guides for choosing the right words and sentences for blanks. We strongly advise you to try this practice because it is important for grasping the main ideas of a passage and find the right answers.
If you don't have much time to study, you can just check the right answers and read the explanations for the ones you were wrong with. If you do have time, please read the explanations carefully even if your answers were correct but you were not confident with them. By reading the explanations and understanding them, you will surely improve further your general skills of Japanese.
In the separate booklet, translation of difficult words and phrases is provided (in English, Chinese, Korean). Please make use of it for studying vocabulary as well.

◇ **Study points for N1 "Listening"**
<Task-based comprehension>
We hear all kinds of information in our daily life through radio or TV or people. In this section you practice catching the necessary information (real-life information such as what, when, where etc.). It is also important to take notes during the test, so practice listening while taking notes. You can also improve note-taking techniques in a while.

<Comprehension of key points>
First you listen to some questions. Next you read the choices on the test paper. There are some conversations that are rather vague and indirect, so you need to practice guessing and catching the speaker's feelings or reasons for some incidents.

<Comprehension of general outline>
Mostly one person's speeches instead of two-people dialogs are given. You need to get the main idea of the whole speech rather than the detailed points. You should be able to make a guess besides comprehending the speeches.

<Quick response>
You listen to a short story, and need to pick the right response out of three choices. Because this is a new type of questions, try to get used to this style and train yourself to be able to pick the right answers in a short time. The more practice you make, the more you will get used to it and be able to get the correct answers easily. It will be effective, when you are finished with all the 56 questions, to go back to the first one and listen again.

<Integrated comprehension>
There are different types in this section, some are three-people dialogs, some are one-person speeches followed by a dialog between two people who heard the speech. Since the dialogs are rather lengthy and contain a lot of information, you need to concentrate yourself on listening to them. Make sure you take notes to organize a lot of information you hear.

◇ Study points for N1 "Reading"

<Comprehension(Short passages)>
You read a short passage, sometimes daily-life messages such as a letter, Email, notice, etc. You need to practice fast reading and getting the essential points.

<Comprehension (Mid-size passages)>
You read an about-500-character-long passage, mostly a comment, report, or an essay. You need to practice telling if some incidents are true or false, and also need to practice understanding cause-and-effect relations or author's ideas.

<Comprehension (Long passages)>
You read an about-1000-character-long comment, report, or essay. You need to be able to tell if some incidents are true or false first of all, and also there are some questions that are pretty hard to answer unless you pick the author's ideas which are not expressed in the written sentences. It may be a little hard, but your reading skill must improve only if you practice reading long passages, so hang in there and do not give up.

<Integrated comprehension>
You read two or more passages, grasp the gist of each, and find common points or similar points while comparing the contents of each passage. It may be helpful to underline the common and different points while reading. You are required to read a long passage, so need to be able to read fast.

<Thematic comprehension(Long passages)>
You read an about 1000-character-long comment or essay, and are required to pick the author's ideas and opinions. It sometimes takes logical thinking, so you need to be able to understand such passages correctly. Read the passage carefully and practice grasping the main ideas correctly. It may be a good idea to underline important parts while reading a long passage.

<Information retrieval>
You read notices or announcements and then search for necessary information. It is pretty difficult to answer these questions if you do not have enough knowledge of *kanji* and vocabulary. It would be advised that you read the sentences and phrases thinking that you actually are trying to find certain information, and you would be able to better concentrate yourself and find the answers more easily.

序言

◇这本书的构成
【听力和理解】
<课题理解>　　24 题（6 题 × 4 回）
<要点理解>　　28 题（7 题 × 4 回）
<概要理解>　　24 题（6 题 × 4 回）
<立即回答>　　56 题（14 题 × 4 回）
<综合理解>　　16 题（4 题 × 4 回）
【阅读和理解】
<内容理解（短文）>　　　　　　10 题
<内容理解（中等长度的文章）>　4 题
<内容理解（长文）>　　　　　　4 题
<综合理解>　　　　　　　　　　3 题
<主张理解（长文）>　　　　　　4 题
<情报检索>　　　　　　　　　　3 题
正确答案・解说（另册）

◇这本书的特征和用法
1 练习题多
　　为了使准备应试新"日本语能力试验"的学习者掌握 N1 的"听力和理解"与"阅读和理解"，本书收入了大量练习题。这些练习题和考试时的考题一样，是使用新的形式制作的。及格的近道，就是大量做练习题。只要学习本书，就能向合格的目标挺进。

2 每回都能循序渐进地向前发展
　　为了循序渐进地向前发展，这些练习题各自分成几回。每一回都请测评出成绩，在当页的右上角的得分栏中填入分数。自己能确认实力的提高是非常重要的。

3 附有简而易懂的解说
　　在另册中有正确答案和练习题的解说（要点，解题方法等）。在"阅读和理解"的<内容理解（短文）>中，空白处填入的词语和句子有需要考虑的部分。这是抓住文章要点，找到正确答案的很好的练习，请一定好好做习题。
　　如果你是没有时间的人，你只要检查自己的答案是否正确，然后，读一下答错的习题的解说就可以了。如果你是喜欢学习的人，即使回答正确，如果对答案不是很确信的话，也请慢慢仔细阅读解说部分。如果能阅读和理解"解说"，你的日语综合实力会大大提高。
　　在另册中，对比较难的语句，附有英文，中文和韩文的翻译。也可成为学习单词的机会，请好好利用。

◇ N1"听力和理解"的学习要点
<课题理解>
　　每天的生活中，我们从广播，电视，和他人那儿获得生活所必需的情报。听取这些具体的情报（什么，谁，何时，何地），练习现实中的听力。也请有效利用笔录的方法。如果多练习，也能提高要点的笔录技巧。

< 要点理解 >
　　首先，听所提的问题。然后，读一下练习题中的选择项目。也有不是说得很清楚的暧昧的说话方式，一边推测，一边抓住说话人的心情，发生事情的理由等，练习听力和理解力。

< 概要理解 >
　　与其说是两个人的对话，倒不如说是以一个人说话的练习题为中心的。并不是要听取各个细部，练习从全文中听取概要。不只是要听懂词语，推测练习也相当重要。

< 立即回答 >
　　听一段很短的讲话，从3个回答中选择一个。这是新的形式的"听力和理解"的题目，为了习惯这种形式，马上做出反应，请多练习。练习做得越多，习惯得越快，很容易地就能找到正确答案。56道练习题做完后，再从头开始听，反复练习就会有效果。

< 综合理解 >
　　不同的习题有不同的情况。会话有时是三人参加的。也会有一个人说话后，听了此话的另外两个人接着对话的情景。会话很长，其中会出现各种各样的情报，必须集中精神听，从中抓住要点。因为有很多情报，请一边听一边笔录要点。

◇ N1"阅读和理解"的学习要点
< 内容理解 (短文) >
　　阅读较短的文章。信，电子信件，通知等实用性的文章都可能会出现在试题中。需要练习快速阅读后，迅速抓住要点。

< 内容理解 (中等长度的文章) >
　　阅读500字左右长的文章。主要是以评论，解说文，散文为中心。需要进行读懂内容的事实关系的练习，更进一步地说，需要进行读懂因果关系及笔者的想法的练习。

< 内容理解 (长文) >
　　阅读1000字左右的评论，解说文，散文等。除了理所当然要理解内容的事实关系以外，如果不能抓住在文字中没有表现出来的笔者的想法，就有可能没法回答问题。也许会很辛苦，请练习深入阅读长文，这样会提高阅读能力，好好努力吧。

< 综合理解 >
　　阅读两篇以上的文章，抓住各自的要点，一边比较，一边整理相同点和不同点，因为阅读量很大，需要练习快速阅读和整理要点的能力。

< 主张理解 (长文) >
　　阅读1000字左右的评论，散文等，读懂笔者的想法，意见等。也有理论性的文章，需要相当高的阅读和理解力。必须练习集中注意力深入阅读文章。在重要的地方下面划线也是阅读长文的好方法。

< 情报检索 >
　　阅读通知，指南等实用性文章，从中发现必要的情报。如果汉字和单词的功力不足，将会很难解答问题。如果能想象自己真的就在寻找情报，也许会比较容易找到答案。

머리말

◇이 책의 구성
 문제 (본책)
【청해】
< 과제이해 >　 24 문제 (6 문제 × 4 회)
< 포인트이해 >　 28 문제 (7 문제 × 4 회)
< 개요이해 >　 24 문제 (6 문제 × 4 회)
< 즉시응답 >　 56 문제 (14 문제 × 4 회)
< 통합이해 >　 16 문제 (4 문제 × 4 회)
【독해】
< 내용이해 (단문) >　　 10 문제
< 내용이해 (중문) >　　 4 문제
< 내용이해 (장문) >　　 4 문제
< 통합이해 >　　　　　　 3 문제
< 주장이해 (장문) >　　 4 문제
< 정보검색 >　　　　　　 3 문제
 정답 · 해설 (별책)

◇이 책의 특징과 사용방법
1. 문제수가 많다.
새로운 「일본어능력시험」을 보실 여러분이 N1 의 「청해」와 「독해」를 마스터하실 수 있도록 연습문제가 많이 준비되어 있습니다. 문제는 실제 시험문제와 동일한 새로운 문제형식으로 만들어져 있습니다. 합격의 지름길은 가능한 한 문제를 많이 풀어보는 것입니다. 이 책으로 공부한다면 합격에 다가갈 수 있습니다.

2. 회마다 조금씩 진도가 나간다.
조금씩 공부의 진도가 나갈 수 있도록, 각각의 문제를 몇회로 나눴습니다. 매회마다 반드시 성적을 체크하여, 페이지의 오른쪽 상단에 있는 득점란에 점수를 기입해 주세요. 실력 향상을 직접 확인하는 것이 중요합니다.

3. 자세하고, 이해하기 쉬운 해설이 붙어있다.
별책에 정답과 문제에 관한 해설 (힌트와 푸는 방법) 이 있습니다. 「독해」의 < 내용이해 (단문) > 에는, 공백에 들어갈 단어와 문장을 생각하는 부분도 있습니다. 이는 문제의 요점을 파악하면서 정답을 찾아낼 수 있는 중요한 연습이 되므로, 꼭 해보시기 바랍니다.
공부할 시간이 별로 없는 사람은, 정답을 체크하고 틀린 문제에 관한 해설을 읽어보세요. 시간이 있다면, 정답을 맞춘 문제라도 답에 자신이 없었다면 문제의 해설을 잘 읽어보시기 바랍니다. 해설을 읽고 이해함으로써, 일본어의 종합적인 실력이 한단계 더 향상될 것입니다.
별책에는 어려운 어구의 번역 (영어, 중국어, 한국어) 이 들어가 있습니다. 어휘 공부를 위해 함께 활용해 주세요.

◇ N1 「청해」 공부 포인트
< 과제이해 >
매일 생활하면서 우리들은 라디오나 텔리비젼을 통해 다양한 정보를 듣고 있습니다. 이러한 구체적인 정보의 포인트 (무엇, 언제, 어디 등) 를 알아 듣기 위한, 현실적이며 실제적인 듣는 법을 연습합니다. 시험에서는 포인트를 메모하는 것이 중요하므로, 연습할 때부터 메모를 해가며 듣도록 합시다. 메모하는 법도 연습해 갈 수록 능숙해 진답니다.

< 포인트 이해 >
먼저 질문을 듣습니다. 다음으로 문제용지에 있는 선택지를 읽어 둡니다. 확실하게 말하지 않는 애매한 회화내용도 있으므로, 추측해 가며, 말하고 있는 사람의 기분이나 일어난 일의 이유 등을 알아내는 연습을 해봅시다.
< 개요이해 >
2 사람의 대화보다 주로 1 사람이 얘기하는 문제가 많습니다. 세세한 부분보다는 얘기 전체로부터 개요를 파악해야만 합니다. 단지 단어를 알아듣는 것만이 아니라, 추측을 하는 연습도 필요합니다.
< 즉시응답 >
짧은 얘기를 듣고, 그 대답을 3 가지 중에서 선택합니다. 새로운 형식의 문제이므로, 형식에 적응하여 짧은 시간에 바로 답을 선택할 수 있도록 트레이닝을 해 주세요. 연습하면 할수록 문제 형식에 익숙해져 쉽게 정답을 찾을 수 있게 됩니다. 56 개의 문제가 끝나면 다시 처음부터 들으며, 반복 연습하는 것이 효과적입니다.
< 통합이해 >
문제에 따라 다르지만, 회화는 3 명인 경우도 있고, 1 명의 얘기 뒤에 그것을 들은 2 명의 대화가 이어지는 경우도 있습니다. 회화가 길고 여러 내용이 나오므로, 집중해서 들어야만 합니다. 많은 내용이 나오므로 메모를 활용하도록 합시다.

◇ N1 「독해」 공부 포인트
< 내용이해 (단문) >
짧은 문장을 읽습니다. 편지, E-mail, 안내등의 실용적인 문장이 출제될 가능성도 있습니다. 빨리 읽고, 바로 요점을 파악하는 연습을 해봅시다.
< 내용이해 (중문) >
500 자정도의 문장을 읽습니다. 평론, 해설문, 에세이 등의 문장이 주로 나옵니다. 내용의 사실관계를 알아내는 연습, 그뿐 아니라 인과관계나 필자의 생각 등을 읽고 파악하는 연습도 해야만 합니다.
< 내용이해 (장문) >
1000 자정도의 평론, 해설문, 에세이 등을 읽습니다. 내용의 사실관계를 이해하는 것은 물론, 문자로는 표현되지 않은 필자의 생각을 이해하지 않으면 답할 수 없는 문제도 있습니다. 조금 어려울 수도 있습니다만, 긴 문장을 깊이 있게 읽어 가는 연습을 해야만 독해력이 향상될 수 있으므로 열심히 해봅시다.
< 통합이해 >
2 개 이상의 문장을 읽고, 각각의 요점을 파악하여, 내용을 비교해가며 공통점이나 상이점을 정리합니다. 밑줄을 그어가며 공통점과 상이점을 정리해 가는 것이 효과적입니다. 읽을 양이 많으므로, 계속해서 읽어 나가는 실력을 키울 수 있도록 연습해 봅시다.
< 주장이해 (장문) >
1000 자정도의 평론이나 에세이를 읽고, 필자의 생각, 의견을 읽고 파악합니다. 논리적인 문장도 있으므로, 확실하고 정확한 독해력이 필요합니다. 적혀있는 내용을 정확히 그리고 주의깊게 읽는 연습을 해봅시다. 중요한 부분에 밑줄을 그어 가며 읽는 것도 긴 문장을 읽기 위한 좋은 방법입니다.
< 정보검색 >
통지나 안내 등의 실용적은 문장을 읽고, 필요한 정보를 찾아냅니다. 한자, 어휘실력이 부족하면 좀처럼 답하기 어렵습니다. 자신이 지금 실제로 그 정보를 찾고 있는 입장이 되어 읽으면 집중하기 쉬어, 답을 쉽게 찾을 수 있을 것입니다.

目次
もくじ

- 前書き ……………………………………………………………… 2
- Preface …………………………………………………………… 5
- 序言 ………………………………………………………………… 7
- 머리말 ……………………………………………………………… 9
- 目次 ………………………………………………………………… 11
- 聴解 ………………………………………………………………… 13
  - トラックNo一覧 …………………………………………… 14
  - 課題理解 …………………………………………………… 16
  - ポイント理解 ……………………………………………… 32
  - 概要理解 …………………………………………………… 40
  - 即時応答 …………………………………………………… 44
  - 統合理解 …………………………………………………… 48
- 読解 ………………………………………………………………… 57
  - 内容理解・短文 …………………………………………… 58
  - 内容理解・中文 …………………………………………… 68
  - 内容理解・長文 …………………………………………… 76
  - 統合理解 …………………………………………………… 88
  - 主張理解 …………………………………………………… 94
  - 情報検索 …………………………………………………… 106

【別冊】正解・解説

- N1 ことば ………………………………………………………… 1
- 聴解　課題理解 …………………………………………………… 26
  - ポイント理解 ……………………………………………… 38
  - 概要理解 …………………………………………………… 49
  - 即時応答 …………………………………………………… 57
  - 統合理解 …………………………………………………… 65
- 読解　内容理解・短文 …………………………………………… 77
  - 内容理解・中文 …………………………………………… 79
  - 内容理解・長文 …………………………………………… 81
  - 統合理解 …………………………………………………… 83
  - 主張理解 …………………………………………………… 85
  - 情報検索 …………………………………………………… 87

音声

音声はMP3ファイルをZIP形式で圧縮してダウンロードサイトに掲載してあります。下記のサイトからダウンロードしてご利用ください。
ファイルを使用するにはパスワードが必要です。
音声ファイルの使用方法はご自身の機器の再生方法の説明書を参照してください。

ダウンロード方法

1) ご使用のブラウザ（safari、Google chromeなど）で下記のサイトへアクセスして下さい。

http://www.unicom-lra.co.jp/jd/Drill&DrillN1_LS_DLSTN.html

2) ダウンロードする3つのファイルとそのパスワード

  ファイル名　Drill&DrillN1 聴解読解_A.zip　　パスワード　UCD-038-01

  ファイル名　Drill&DrillN1 聴解読解_B.zip　　パスワード　UCD-038-02

  ファイル名　Drill&DrillN1 聴解読解_C.zip　　パスワード　UCD-038-03

※サイトやパスワードは英数半角で大文字、小文字に注意して入力して下さい。
※上記の音声ファイルは著作権によって保護されています、無断転載複製を禁じます。

聴解【Listening】

課題理解（かだいりかい）	第1回 - 第4回
ポイント理解（りかい）	第1回 - 第4回
概要理解（がいようりかい）	第1回 - 第4回
即時応答（そくじおうとう）	第1回 - 第4回
統合理解（とうごうりかい）	第1回 - 第4回

N1 聴解

トラック No 一覧

課題理解　A-02
- 第1回
  - 1番　A-03
  - 2番　A-04
  - 3番　A-05
  - 4番　A-06
  - 5番　A-07
  - 6番　A-08
- 第2回
  - 7番　A-09
  - 8番　A-10
  - 9番　A-11
  - 10番　A-12
  - 11番　A-13
  - 12番　A-14
- 第3回
  - 13番　A-15
  - 14番　A-16
  - 15番　A-17
  - 16番　A-18
  - 17番　A-19
  - 18番　A-20
- 第4回
  - 19番　A-21
  - 20番　A-22
  - 21番　A-23
  - 22番　A-24
  - 23番　A-25
  - 24番　A-26

ポイント理解　A-27
- 第1回
  - 1番　A-28
  - 2番　A-29
  - 3番　A-30
  - 4番　A-31
  - 5番　A-32
  - 6番　A-33
  - 7番　A-34
- 第2回
  - 8番　A-35
  - 9番　A-36
  - 10番　A-37
  - 11番　A-38
  - 12番　A-39
  - 13番　A-40
  - 14番　A-41
- 第3回
  - 15番　B-01
  - 16番　B-02
  - 17番　B-03
  - 18番　B-04
  - 19番　B-05
  - 20番　B-06
  - 21番　B-07
- 第4回
  - 22番　B-08
  - 23番　B-09
  - 24番　B-10
  - 25番　B-11
  - 26番　B-12
  - 27番　B-13
  - 28番　B-14

概要理解　B-15
- 第1回
  - 1番　B-16
  - 2番　B-17
  - 3番　B-18
  - 4番　B-19
  - 5番　B-20
  - 6番　B-21
- 第2回
  - 7番　B-22
  - 8番　B-23
  - 9番　B-24
  - 10番　B-25
  - 11番　B-26
  - 12番　B-27
- 第3回
  - 13番　B-28
  - 14番　B-29
  - 15番　B-30
  - 16番　B-31
  - 17番　B-32
  - 18番　B-33
- 第4回
  - 19番　B-34
  - 20番　B-35
  - 21番　B-36
  - 22番　B-37
  - 23番　B-38

	24番	B-39		38番	C-39
				39番	C-40
即時応答		C-01		40番	C-41
第1回	1番	C-02		41番	C-42
	2番	C-03		42番	C-43
	3番	C-04	第4回	43番	C-44
	4番	C-05		44番	C-45
	5番	C-06		45番	C-46
	6番	C-07		46番	C-47
	7番	C-08		47番	C-48
	8番	C-09		48番	C-49
	9番	C-10		49番	C-50
	10番	C-11		50番	C-51
	11番	C-12		51番	C-52
	12番	C-13		52番	C-53
	13番	C-14		53番	C-54
	14番	C-15		54番	C-55
第2回	15番	C-16		55番	C-56
	16番	C-17		56番	C-57
	17番	C-18			
	18番	C-19	統合理解		C-58
	19番	C-20	第1回	1番	C-59
	20番	C-21		2番	C-60
	21番	C-22		3番	C-61
	22番	C-23		4番	C-62
	23番	C-24	第2回	5番	C-63
	24番	C-25		6番	C-64
	25番	C-26		7番	C-65
	26番	C-27		8番	C-66
	27番	C-28	第3回	9番	C-67
	28番	C-29		10番	C-68
第3回	29番	C-30		11番	C-69
	30番	C-31		12番	C-70
	31番	C-32	第4回	13番	C-71
	32番	C-33		14番	C-72
	33番	C-34		15番	C-73
	34番	C-35		16番	C-74
	35番	C-36			
	36番	C-37			
	37番	C-38			

第1回 課題理解

日付	/	/	/
得点	/6	/6	/6

まず質問を聞いてください。それから話を聞いて、問題用紙の1から4の中から、最もよいものを一つ選んでください。

1番 🔊 A - 03

1. 面接を受けに行く
2. 写真を撮りに行く
3. 書類を書く
4. アルバイトに行く

2番 🔊 A - 04

1. 木村さん
2. 林さん
3. 山田さん
4. 店の人

3番

1　ア　イ
2　イ　ウ
3　エ　カ
4　オ　カ

4番 🔊 A-06

2月						
日	月	火	水	木	金	土
		1	2	3	4	5
6	7	8	9	10	11	12
13	14	15	16	17	18 ア	19 イ
20 ウ	21	22	23	24	25 エ	26
27	28					

1　アから
2　イから
3　ウから
4　エから

5番 🔊 A-07

1 参考資料を書き写す
2 レポートについての詳しい話を聞く
3 女の人のノートを借りる
4 授業5回分のレポートを出す

6番 🔊 A-08

1 カードで支払う
2 3000円の商品を探す
3 商品券3枚で支払いをする
4 商品券2枚と現金で支払いをする

第2回 課題理解

日付	/	/	/
得点	/6	/6	/6

まず質問を聞いてください。それから話を聞いて、問題用紙の1から4の中から、最もよいものを一つ選んでください。

7番  A-09

1　ア　エ　キ　ケ
2　ア　オ　カ　ケ
3　イ　ウ　カ　ク
4　イ　オ　キ　ケ

8番 🔊 A-10

1 担当している仕事をやめたいと上司に言う
2 仕事を引き受けすぎて困っていると上司に言う
3 上司に頼まれた仕事を断る
4 上司にどんな仕事をしたらいいか相談する

9番 🔊 A-11

1 900円
2 1900円
3 14000円
4 15000円

N1 聴解

10番

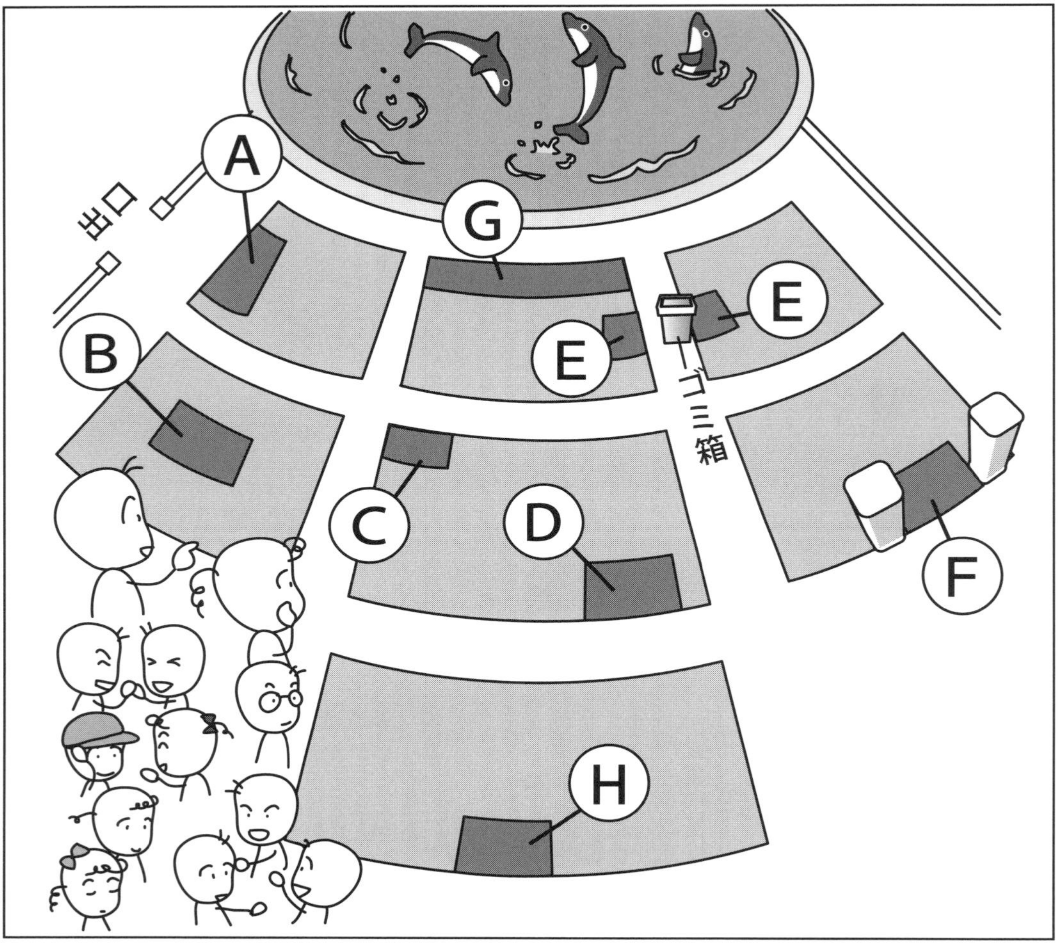

1　AとD
2　BとF
3　CとF
4　EとH

11番 🔊 A-13

1 伝票のチェックをする
2 出席者の数を確認する
3 資料をコピーする
4 資料にミスがないかチェックする

12番 🔊 A-14

1 不足分500円を精算する
2 特急が出るホームへ行く
3 特急券を買いに行く
4 このホームの端へ行く

第3回 課題理解

日付	/	/	/
得点	/6	/6	/6

まず質問を聞いてください。それから話を聞いて、問題用紙の1から4の中から、最もよいものを一つ選んでください。

13番 A-15

1 書類を出す
2 部員を集める
3 学生課に行く
4 田中先生にお願いする

14番 A-16

1 店に予約を入れる
2 課長に断りを入れる
3 営業部から呼ぶ人のリストを作る
4 営業部の人に声をかける

15番

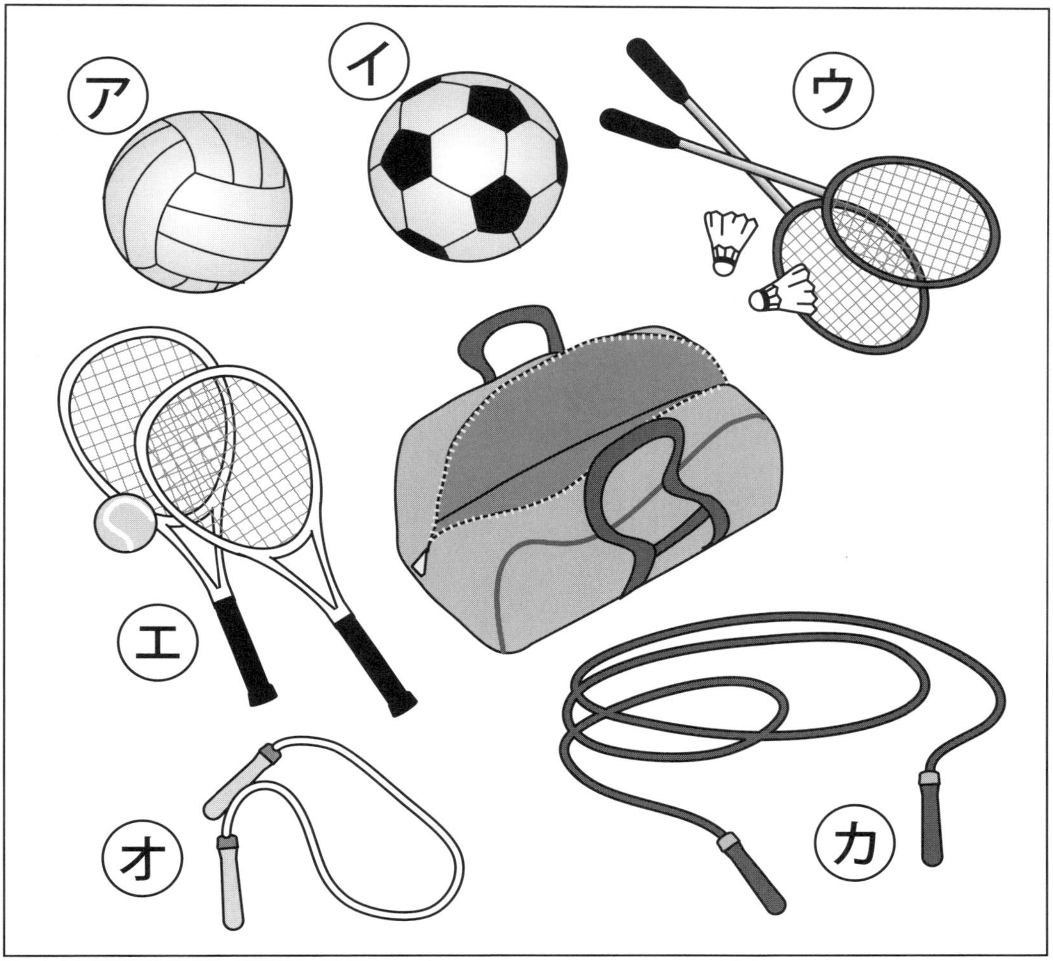

1　ア　エ　カ
2　ア　ウ　カ
3　イ　ウ　オ
4　イ　ウ　カ

16番

1 受付に行く
2 受診する科の窓口に行く
3 検査を受ける
4 診察を受ける

17番

1 ガラスの内側を拭く
2 ガラスの外側を拭く
3 バケツに水を入れる
4 洗剤を水に入れる

18番

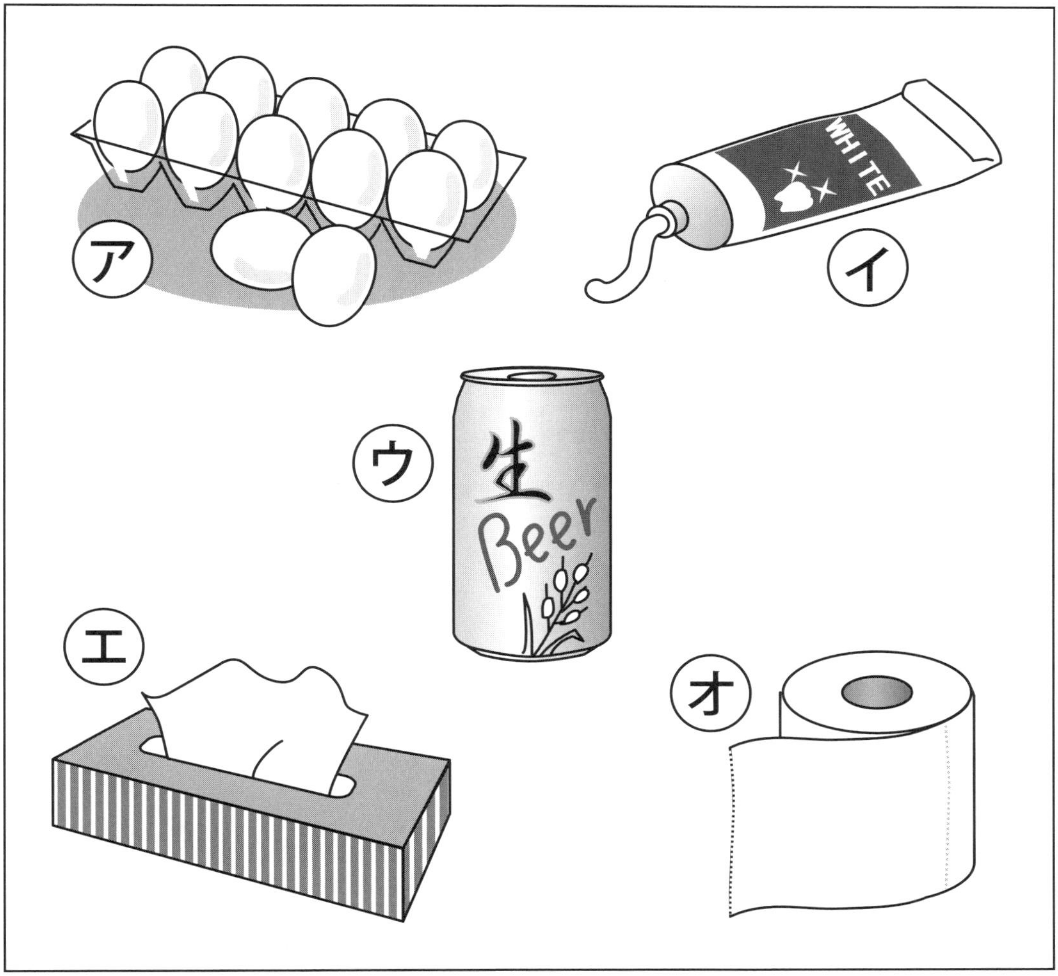

1 ア イ エ
2 イ エ オ
3 ア ウ オ
4 ア ウ エ

第4回 課題理解

日付	/	/	/
得点	/6	/6	/6

まず質問を聞いてください。それから話を聞いて、問題用紙の1から4の中から、最もよいものを一つ選んでください。

19番  A-21

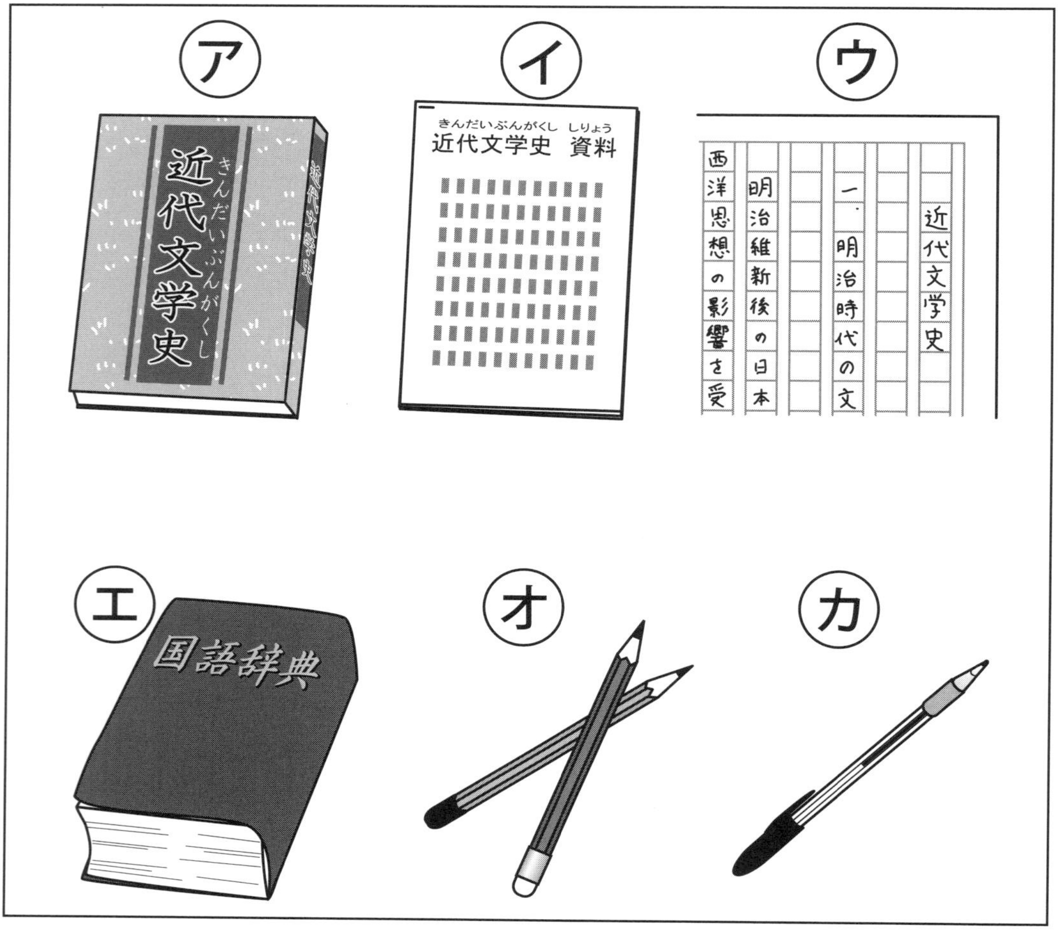

（ア）近代文学史（本）
（イ）近代文学史 資料
（ウ）一、明治時代の文／明治維新後の日本／西洋思想の影響を受
（エ）国語辞典
（オ）鉛筆
（カ）ペン

1　ア　ウ　カ
2　ア　イ　カ
3　ア　ウ　カ
4　イ　エ　オ

20番 🔊 A-22

1 打ち合わせをする
2 鈴木課長に連絡する
3 取引先に行く
4 大阪工場に行く

21番 🔊 A-23

1 10万円ずつATMで振り込みをする
2 番号札を取って、窓口で待つ
3 運転免許証を取りにうちへ帰る
4 通帳と印鑑を取りにうちへ帰る

22番

1 大学に書類を出す
2 学生番号を調べる
3 前期の授業料を払う
4 病院に行く

23番

1 封筒を用意する
2 機械の点検をする
3 課長に資料を渡す
4 取引先に行く

24番　A-26

1　イ　ウ　キ
2　イ　エ　カ　ク
3　ア　エ　オ　キ
4　イ　エ　キ

第1回 ポイント理解

日付	／	／	／
得点	／7	／7	／7

まず質問を聞いてください。そのあと、問題用紙の選択肢を読んでください。読む時間があります。それから話を聞いて、問題用紙の1から4の中から、最もよいものを一つ選んでください。

1番　A - 28

1　サークル活動をする時間がないから
2　勉強のほうがサークルより大事だと思うから
3　サークル活動と勉強との両立が難しそうだから
4　友だちのネットワークを広げたいから

2番　A - 29

1　複数の新聞を参考にするべきだ
2　図書館の新聞を参考にするべきだ
3　意見に偏りがない新聞を参考にするべきだ
4　新聞以外の資料も使うべきだ

3番　A - 30

1　持たせようと考えている
2　持たせたくないと思っている
3　迷っていて考えが決まらない
4　自分で買うならいいと思っている

4番 🔊 A-31

1 新人の選手が勝った
2 前回の優勝者が勝った
3 前回の優勝者が途中で棄権した
4 アフリカの選手が勝った

5番 🔊 A-32

1 レポートを出したほうがいい
2 ノートを借りないほうがいい
3 欠席しないほうがいい
4 サッカーを見ないほうがいい

6番 🔊 A-33

1 予算よりも値段が高いこと
2 駅から10分かかること
3 周囲の施設や環境がわからないこと
4 ローンが借りられるかどうかわからないこと

7番 🔊 A-34

1 うちへ、ストーブを切ったかどうか見に行く
2 うちへノートを取りに行く
3 図書館へレポートを仕上げに行く
4 掲示板のところへ期末試験の日程を見に行く

第2回 ポイント理解

日付	/	/	/
得点	/7	/7	/7

まず質問を聞いてください。そのあと、問題用紙の選択肢を読んでください。読む時間があります。それから話を聞いて、問題用紙の1から4の中から、最もよいものを一つ選んでください。

8番　A-35

1　取引先との打ち合わせ
2　取引先への挨拶
3　支店に報告書を届けること
4　手土産を届けること

9番　A-36

1　どのチャンネルの番組も同じような内容だから
2　いい番組を探すのが大変だから
3　ゲームなど、ほかの娯楽が増えたから
4　いい番組が少なくなったから

10番　A-37

1　緊張している様子が見えた
2　映像を見せながら説明したことがわかりにくかった
3　覚えた文章をそのまま言わないほうがよかった
4　話し方が普通だったのがよかった

11番 🔊 A-38

1 隣の人が騒いでうるさいから
2 資格を取ろうと思うから
3 会社からの手当がなくなるから
4 会社が遠くて通勤に不便だから

12番 🔊 A-39

1 電車や鉄道が好きだということ
2 興味の対象が変わっていること
3 朝のラッシュが嫌いじゃないということ
4 鉄道には興味がないこと

13番 🔊 A-40

1 鶏肉の定食
2 エビフライの定食
3 さしみの定食
4 おすすめ料理

14番 🔊 A-41

1 女性だけでなく男性も対象に入れる
2 商品のデザインを変えて、対象を広げる
3 商品の企画はそのままで、対象を広げる
4 対象を女性から男性に変える

第3回 ポイント理解

日付	／	／	／
得点	／7	／7	／7

まず質問を聞いてください。そのあと、問題用紙の選択肢を読んでください。読む時間があります。それから話を聞いて、問題用紙の1から4の中から、最もよいものを一つ選んでください。

15番 B-01

1　4時ごろ
2　5時ごろ
3　10時ごろ
4　12時ごろ

16番 B-02

1　後ろ向きで回転すること
2　高い所から逆さまに落ちること
3　宙に浮いているような感覚
4　浮いている時間が長いこと

17番 B-03

1　描かれていないものが見えるところ
2　変わった技法が使われているところ
3　見る人によって見えるものがちがうところ
4　見る人の心が静かになるところ

18番 🔊 B-04

1. 12月28日
2. 12月30日
3. 12月31日
4. 1月1日

19番 🔊 B-05

1. 電子レンジでドーナツが作れること
2. 人気があって、よく売れていること
3. カロリーの低いドーナツが簡単に作れること
4. 油を使わないので安全で経済的なこと

20番 🔊 B-06

1. デザイナーがまだ決まっていないこと
2. デザイナーが設計図を作ってくれそうもないこと
3. デザインにかかる経費が高くなること
4. 今の設計図が変えられるかもしれないこと

21番 🔊 B-07

1. 課長の都合が悪いから
2. 上田さんの都合が悪いから
3. 勤務時間内ではなかったから
4. 情報の交換ができなかったから

第4回
ポイント理解

日付	/	/	/
得点	/7	/7	/7

まず質問を聞いてください。そのあと、問題用紙の選択肢を読んでください。読む時間があります。それから話を聞いて、問題用紙の1から4の中から、最もよいものを一つ選んでください。

22番 🔊 B-08

1　帰りが遅くなるから
2　経験がないから
3　運転免許がないから
4　勤務先が駅から遠いから

23番 🔊 B-09

1　将来行くチャンスがあるから
2　お金がかかるから
3　早く就職を決めたいから
4　進路が決まったから

24番 🔊 B-10

1　どんなゼミかよく調べておきたいから
2　どれを選ぶかぜんぜん決めていないから
3　人気のあるゼミは取らないから
4　再来週の金曜日に登録の修正ができるから

25番 🔊 B-11

1 歩く時間と費用
2 費用とコートの数
3 交通の便と費用
4 歩く時間とコートの数

26番 🔊 B-12

1 もうすぐ結婚するから
2 自分の家族の世話をしなければならないから
3 付き合っている彼と婚約をしたから
4 恋人の親の面倒を見なければならないから

27番 🔊 B-13

1 違う場所で待っていたから
2 地図がわかりにくかったから
3 約束の時間に遅れたから
4 説明が悪かったから

28番 🔊 B-14

1 男の人が2人の食事代を払う
2 それぞれが自分の食事代を払う
3 女の人が自分の食事代とお茶の代金を支払う
4 女の人がお茶の代金だけを支払う

第1回 概要理解

日付	／	／	／
得点	／6	／6	／6

問題用紙に何も印刷されていません。まず、話を聞いてください。それから、質問と選択肢を聞いて、1から4の中から、最もよいものを一つ選んでください。

1番　🔊 B-16　〔　1　2　3　4　〕

2番　🔊 B-17　〔　1　2　3　4　〕

3番　🔊 B-18　〔　1　2　3　4　〕

4番　🔊 B-19　〔　1　2　3　4　〕

5番　🔊 B-20　〔　1　2　3　4　〕

6番　🔊 B-21　〔　1　2　3　4　〕

第2回 概要理解

日付	/	/	/
得点	/6	/6	/6

問題用紙に何も印刷されていません。まず、話を聞いてください。それから、質問と選択肢を聞いて、1から4の中から、最もよいものを一つ選んでください。

7番　🔊 B-22　〔　1　2　3　4　〕

8番　🔊 B-23　〔　1　2　3　4　〕

9番　🔊 B-24　〔　1　2　3　4　〕

10番　🔊 B-25　〔　1　2　3　4　〕

11番　🔊 B-26　〔　1　2　3　4　〕

12番　🔊 B-27　〔　1　2　3　4　〕

第3回 概要理解

日付	/	/	/
得点	/6	/6	/6

問題用紙に何も印刷されていません。まず、話を聞いてください。それから、質問と選択肢を聞いて、1から4の中から、最もよいものを一つ選んでください。

13番 🔊 B-28 〔 1　2　3　4 〕

14番 🔊 B-29 〔 1　2　3　4 〕

15番 🔊 B-30 〔 1　2　3　4 〕

16番 🔊 B-31 〔 1　2　3　4 〕

17番 🔊 B-32 〔 1　2　3　4 〕

18番 🔊 B-33 〔 1　2　3　4 〕

第4回 概要理解

日付	／	／	／
得点	／6	／6	／6

問題用紙に何も印刷されていません。まず、話を聞いてください。それから、質問と選択肢を聞いて、1から4の中から、最もよいものを一つ選んでください。

19番 🔊 B-34　　〔　1　2　3　4　〕

20番 🔊 B-35　　〔　1　2　3　4　〕

21番 🔊 B-36　　〔　1　2　3　4　〕

22番 🔊 B-37　　〔　1　2　3　4　〕

23番 🔊 B-38　　〔　1　2　3　4　〕

24番 🔊 B-39　　〔　1　2　3　4　〕

第1回 即時応答

日付	／	／	／
得点	／14	／14	／14

問題用紙に何も印刷されていません。まず、文を聞いてください。それから、それに対する返事を聞いて、1から3の中から、最もよいものを一つ選んでください。

1番　🔊 C-02　〔　1　2　3　〕

2番　🔊 C-03　〔　1　2　3　〕

3番　🔊 C-04　〔　1　2　3　〕

4番　🔊 C-05　〔　1　2　3　〕

5番　🔊 C-06　〔　1　2　3　〕

6番　🔊 C-07　〔　1　2　3　〕

7番　🔊 C-08　〔　1　2　3　〕

8番　🔊 C-09　〔　1　2　3　〕

9番　🔊 C-10　〔　1　2　3　〕

10番　🔊 C-11　〔　1　2　3　〕

11番　🔊 C-12　〔　1　2　3　〕

12番　🔊 C-13　〔　1　2　3　〕

13番　🔊 C-14　〔　1　2　3　〕

14番　🔊 C-15　〔　1　2　3　〕

第2回 即時応答

日付	／	／	／
得点	／14	／14	／14

問題用紙に何も印刷されていません。まず、文を聞いてください。それから、それに対する返事を聞いて、1から3の中から、最もよいものを一つ選んでください。

15番 🔊 C-16　〔 1　2　3 〕

16番 🔊 C-17　〔 1　2　3 〕

17番 🔊 C-18　〔 1　2　3 〕

18番 🔊 C-19　〔 1　2　3 〕

19番 🔊 C-20　〔 1　2　3 〕

20番 🔊 C-21　〔 1　2　3 〕

21番 🔊 C-22　〔 1　2　3 〕

22番 🔊 C-23　〔 1　2　3 〕

23番 🔊 C-24　〔 1　2　3 〕

24番 🔊 C-25　〔 1　2　3 〕

25番 🔊 C-26　〔 1　2　3 〕

26番 🔊 C-27　〔 1　2　3 〕

27番 🔊 C-28　〔 1　2　3 〕

28番 🔊 C-29　〔 1　2　3 〕

第3回 即時応答

日付	/	/	/
得点	/14	/14	/14

問題用紙に何も印刷されていません。まず、文を聞いてください。それから、それに対する返事を聞いて、1から3の中から、最もよいものを一つ選んでください。

29番 🔊 C-30   〔 1 2 3 〕

30番 🔊 C-31   〔 1 2 3 〕

31番 🔊 C-32   〔 1 2 3 〕

32番 🔊 C-33   〔 1 2 3 〕

33番 🔊 C-34   〔 1 2 3 〕

34番 🔊 C-35   〔 1 2 3 〕

35番 🔊 C-36   〔 1 2 3 〕

36番 🔊 C-37   〔 1 2 3 〕

37番 🔊 C-38   〔 1 2 3 〕

38番 🔊 C-39   〔 1 2 3 〕

39番 🔊 C-40   〔 1 2 3 〕

40番 🔊 C-41   〔 1 2 3 〕

41番 🔊 C-42   〔 1 2 3 〕

42番 🔊 C-43   〔 1 2 3 〕

第4回 即時応答

日付	／	／	／
得点	／14	／14	／14

問題用紙に何も印刷されていません。まず、文を聞いてください。それから、それに対する返事を聞いて、1から3の中から、最もよいものを一つ選んでください。

43番 C-44   〔 1   2   3 〕

44番 C-45   〔 1   2   3 〕

45番 C-46   〔 1   2   3 〕

46番 C-47   〔 1   2   3 〕

47番 C-48   〔 1   2   3 〕

48番 C-49   〔 1   2   3 〕

49番 C-50   〔 1   2   3 〕

50番 C-51   〔 1   2   3 〕

51番 C-52   〔 1   2   3 〕

52番 C-53   〔 1   2   3 〕

53番 C-54   〔 1   2   3 〕

54番 C-55   〔 1   2   3 〕

55番 C-56   〔 1   2   3 〕

56番 C-57   〔 1   2   3 〕

第1回 統合理解

日付	／	／	／
得点	／8	／8	／8

まず、話を聞いてください。それから、質問を聞いて、それぞれ1から4の中から、最もよいものを一つ選んでください。

1番 🔊 C-59

質問1
1　桜川駅で電車が動くのを待つ
2　桜川駅でバスに乗る
3　東桜川駅でバスに乗る
4　東桜川駅で電車が動くのを待つ

質問2
1　電話をする
2　バスに乗る
3　桜川駅で電車が動くのを待つ
4　山の手駅で電車が動くのを待つ

2番 🔊 C-60

質問1　〔1　2　3　4〕

質問2　〔1　2　3　4〕

3番 🔊 C-61

質問1
1 軽井沢
2 尾瀬
3 伊豆
4 まだ決まっていない

質問2
1 宿の快適さと自然環境
2 宿の快適さと食事
3 気候と宿の設備
4 気候と自然環境

4番 🔊 C-62

質問1 〔1　2　3　4〕

質問2 〔1　2　3　4〕

第2回 統合理解

日付	／	／	／
得点	／8	／8	／8

まず、話を聞いてください。それから、質問を聞いて、それぞれ1から4の中から、最もよいものを一つ選んでください。

5番 C-63

質問1　〔1　2　3　4〕

質問2　〔1　2　3　4〕

6番 C-64

質問1
1. 1番大きいもの
2. 2番目に大きいもの
3. 3番目に大きいもの
4. 1番小さいもの

質問2
1. 1番大きいもの
2. 2番目に大きいもの
3. 3番目に大きいもの
4. 1番小さいもの

7番 🔊 C-65

質問1
1 サイズと強さ
2 画質と価格
3 強さと機能
4 機能と価格

質問2
1 サイズと強さ
2 画質と価格
3 強さと機能
4 機能と価格

8番 🔊 C-66

質問1 〔1　2　3　4〕

質問2 〔1　2　3　4〕

第3回
統合理解

まず、話を聞いてください。それから、質問を聞いて、それぞれ1から4の中から、最もよいものを一つ選んでください。

9番 🔊 C-67

質問1　〔1　2　3　4〕

質問2　〔1　2　3　4〕

10番 🔊 C-68

1　食事ができるかどうか
2　時間当たりの料金
3　客が店に来る目的
4　店のある場所

11番 🔊 C-69

質問1 〔1　2　3　4〕

質問2 〔1　2　3　4〕

12番 🔊 C-70

質問1
1　資料の作成
2　会場の設定
3　名札の作成
4　懇親会の準備

質問2
1　資料の作成
2　会場の設定
3　名札の作成
4　懇親会の準備

第4回 統合理解

日付	／	／	／
得点	／7	／7	／7

まず、話を聞いてください。それから、質問を聞いて、それぞれ1から4の中から、最もよいものを一つ選んでください。

13番 🔊 C-71

〔1　2　3　4〕

14番 🔊 C-72

質問1　〔1　2　3　4〕

質問2　〔1　2　3　4〕

15番 🔊 C-73

質問1
1　日常会話コース
2　ビジネスコース
3　得点アップコース
4　プライベートコース

質問2
1　日常会話コース
2　ビジネスコース
3　得点アップコース
4　プライベートコース

16番 🔊 C-74

質問1
1 疑問点について調べて、まとめる
2 教科書とノートを見直す
3 参考文献を読む
4 講義内容をまとめる

質問2
1 疑問点について調べて、まとめる
2 教科書とノートを見直す
3 参考文献を読む
4 講義内容をまとめる

読解【Reading】

内容理解・短文　第1回 - 第2回
内容理解・中文　第1回 - 第2回
内容理解・長文　第1回 - 第4回
統合理解　　　　第1回 - 第3回
主張理解　　　　第1回 - 第4回
情報検索　　　　第1回 - 第3回

第1回 内容理解 短文

日付	／	／	／
得点	／5	／5	／5

次の文章を読んで、後の問いに対する答えとして最もよいものを、1・2・3・4から一つ選びなさい。

1番

「ファンタジー・リング3」入荷のご案内

　長らく品切れが続き、皆様にご迷惑をおかけしておりましたゲームソフト「ファンタジー・リング3」が来月末に入荷いたします。今回も商品の入荷数には限りがあり、かつ次回の入荷予定も立たない状況ですので、入荷と同時に完売することも考えられます。お客様にはお早めのご予約をいただきたく、よろしくお願い申し上げます。

問　次の文のうち、本文の内容と合っているものはどれか。
1　予約をしても、商品が手に入るのは1か月以上先になる。
2　予約をすれば、商品を早めに手に入れることができる。
3　入荷と同時に買いに行かないと商品が入手できない。
4　次の入荷の予定はなく、完売した後はもう購入できない。

解き方のヒント

文章を読んで、（　　）に言葉を書いてください。

① 「ファンタジー・リング3」という名前のゲームソフトは、ずっと（　　　　）で店になかった。しかし、この商品が（　　　　）に店に入荷する。

② 入荷はするが、商品の数が（　　　　）。また、その次の入荷がいつになるか、（　　　　）。だから、入荷してもすぐに（　　　　）てしまう可能性がある。

③ 購入の（　　　　）を早めにしてほしい。

2番

　16世紀、地理学者ベハイムの作成した地図が航海を大きく変えることになった。ベハイムの地図によればコロンブスの発見した新大陸にそって南下すると、1つの海峡が存在している。この海峡が実在していれば、ヨーロッパ大陸から西回りに太平洋に抜けられることになるが、ベハイム自身がその海峡を確認したわけではなく、航海者たちの話に基づいてまとめられた推測にすぎなかった。この時代にはさまざまな海図が作られていたが、不正確なものはもちろん、科学的というより神話的なものさえあった。しかし、航海者マゼランは、1519年、5隻の船を率いて出発した。この地図に賭けたからである。

問　この地図に賭けたの説明として最も近いものはどれか。
　　1　地図が誤りだろうと思い、そこへ行って確認しようと思った。
　　2　海峡が存在するはずだと考えて、それを証明しようと思った。
　　3　海峡の存在は推測にすぎないが、航海をしてみる価値はあると思った。
　　4　地図が正しいかどうか半信半疑だったので、そこへ行って確かめたいと思った。

文章を読んで、（　　　）に言葉を書いてください。

① ベハイムの作った地図を見ると、アメリカ大陸の南部に1つの（　　　　）がある。
② ベハイム自身はこの海峡の存在を（　　　　）していなかった。船で航海した人たちの話を聞いて、（　　　　）しただけだった。
③ この時代の航海用の地図には（　　　　）ではないものもあった。
④ しかし、マゼランは、この地図が（　　　　）ということのほうに賭けた。
⑤ マゼランは、そこへ行って、海峡が実際に（　　　　）ことを確かめるために、航海に出た。

3番
　フランス人をどう思うかについて外国人が答えるアンケートの結果がある。いくつかの質問項目の中に「フランス人を意地悪だと思うか」という質問があり、否定する回答のパーセンテージが高かった。このアンケートを行った目的は定かではない。しかし、たとえ客観的な数字を示されても、「○○人は意地悪だ」と決め付けるような画一的な断定は必ずしも正しくないことを我々はよく承知している。意地悪かどうかは個人によるし、一人の人間でも時と場合によって変わるものだ。意地悪の度合いも低から高まで可変的である。それにもかかわらず、我々はこのような画一的な断定をやめようとはしない。アンケートの結果も当てにはならないと知りつつ、このような「決め付け」を結構楽しんでいるのかもしれない。

問　「それにもかかわらず」と最も近い内容の文はどれか。
　　1　「アンケートの目的がよくわかっていないのに」
　　2　「意地悪の度合いも低から高まで可変的であるのに」
　　3　「客観的な数字を示されているのに」
　　4　「アンケートの結果が当てにはならないと知っているのに」

文章を読んで、（　　　）に言葉を書いてください。　解き方のヒント

① このアンケートの結果によると、「フランス人は意地悪だ」と思う外国人は（　　　　）。
② 意地悪か意地悪ではないかということは（　　　　　）によって違う。同じ人でも、どんな（　　　　）か、どんな（　　　　）かによって、意地悪になったり、（　　　　）なったりする。
③ また、一口に「意地悪だ」といっても、その（　　　　）もいろいろだ。
④ だから、「○○人は〜だ」と画一的に断定すること、すなわち（　　　　）は、正しいとは言えず、アンケートの結果も（　　　　）。
⑤ こういったことを私たちは知っているのに、それでも、このような（　　　　）をやめない。これを結構楽しんでいるのかもしれない。

4番

田中一夫様

　平素は格別のご高配を賜り、厚く御礼申し上げます。(注1)

　さて、先日お申し込みいただきました、当クラブ会員費のご入金が確認されておりません。何かとご多忙かとは存じますが、早急にお振り込みいただきますようお願い申し上げます。

　なお、念のためではありますが、お振込用紙を再度郵送致します。お振り込みがこのメールと行き違いになっておりましたら、何卒ご容赦の程、お願い致します。(注2)

(注1)「平素は格別のご高配を賜り、厚く御礼申し上げます」：いつもお世話になり、ありがとうございます。(事務的な手紙の始めの挨拶)
(注2)「何卒ご容赦の程、お願い致します」：どうか許してください。

問　このメールの件名として最も適当なものはどれか。
　1　ご入金のお願い
　2　お振り込みのご相談
　3　ご確認についてのお願い
　4　お振り込みについてのお詫び

解き方のヒント

文章を読んで、（　　）に言葉を書いてください。

① 田中さんの会員費がまだクラブに（　　　　）いない。

②（　　　　）振り込んでほしい。

③（　　　　）を（　　　　）送る。

④ もし、このメールが届く（　　　　）振り込みが済んでいたら、
　（　　　　）ことを（　　　　）。

5番

　気分が落ち込み、物事への興味を失うという症状が続き、それが悪化すると、「うつ病」という診断を下される。この病気には同時に記憶力の低下、判断力の欠如といった症状も現れるため、70代、80代の高齢者の場合は、「認知症」と誤って判断される恐れがある。「うつ病」では、悲しい、寂しい、空虚感などの感情的な障害が起こる。これが「認知症」と大きく異なる点である。そのため、患者が自殺願望を抱くこともある。

　医者をはじめ家族など周囲の人は両者の違いを十分に認識しておかれたい。

問　筆者がここで最も言いたいことは何か。
　　1　「うつ病」患者は自殺する可能性があるので、十分注意が必要だ。
　　2　「うつ病」と「認知症」の最大の違いは感情的な障害の有無である。
　　3　「うつ病」と「認知症」に関する正しい知識を持つことが重要だ。
　　4　高齢者は「うつ病」と「認知症」の両方にかかる可能性がある。

解き方のヒント

文章を読んで、（　　）に言葉を書いてください。

①「うつ病」は、気分が（　　　　）、物事に興味を（　　　　）という症状が悪化した病気である。
②「うつ病」には、記憶力が（　　　　）したり、判断力が（　　　　）という症状も現れる。この症状は（　　　　）の症状と同じである。
③したがって、高齢者の「うつ病」は「認知症」と（　　　　）ことがある。
④「うつ病」の特徴は、（　　　　）な障害が起こることで、（　　　　）したいという気持ちになることもある。この症状は「認知症」には（　　　　）。
⑤医者も家族も「うつ病」と「認知症」の（　　　　）をよく知って、理解しておいてほしい。

第2回 内容理解 短文

次の文章を読んで、後の問いに対する答えとして最もよいものを、1・2・3・4から一つ選びなさい。

6番

　世界で活躍する著名人や大企業の社長などは、さぞかし知能が高いのだろうと思うが、必ずしもそうだとは言えない。もちろん、知能が高くて、社会でその能力が認められている人もいる。しかし、知能は高くなくても、仲間や同僚、社員に恵まれ、社会に優れた業績を残す人もいる。後者は、他者の心理を察すること、他者の考えを受け入れて生かすこと、自分の考えをわかりやすく相手に伝えて人を動かすことにたけている人たちだ。人は言葉で思考し、言葉を使って意思伝達を行う。言葉がコミュニケーション上の重要な要素であることは言うまでもない。つまり、彼らは言葉で人の心を動かすことができる、優れた言葉の使い手であり、優れたコミュニケーション力の持ち主だと言えよう。

問　筆者がここでもっとも言いたいことは何か。
1　世界で活躍する人々は知能が高くないが、優れた仲間や同僚がいる。
2　世界で活躍している人には言葉の使い方が優れている人がいる。
3　知能が高くても優れたコミュニケーション力があるわけではない。
4　知能が高くない人は言葉で人の心を動かすことができる。

文章を読んで、（　　）に言葉を書いてください。　　**解き方のヒント**

① 世界で活躍する人には知能が（　　　　）人もいれば、（　　　　）人もいる。
② 知能が（　　　　）ても、社会に（　　　　）を残す人がいる。
③ ②の人たちは、他の人の（　　　　）がわかり、他の人の考えを（　　　　）こと、さらに、自分の考えを伝えて（　　　　）ことがとてもうまい。
④ 人は言葉で（　　　　）て、（　　　　）でコミュニケーションをする。言葉は（　　　　）の重要な要素だ。
⑤ ②の人たちは、（　　　　）の使い方がうまく、（　　　　）力に優れていると言えるだろう。

7番

<視聴覚資料（ビデオテープ・CD・DVD）をご利用いただくにあたって>

◇次のような場所での利用・保管はしないよう、お願いします。
　＊直射日光が当たるところや閉め切った高温の車内など。
　＊ほこり・湿気が多いところ、強い磁気が発生するところ。
◇図書館の資料の視聴による自宅の機器の故障については、図書館は責任を負いません。ただし、ビデオテープが機器から取り出せなくなるなどのトラブルが発生した場合は、すぐに図書館に連絡してください。
◇紛失・破損・汚れなどについては、その程度により弁償していただく場合もあります。
◇視聴覚資料は、必ず返却カウンターの係員に直接お返しください。館外の時間外返却ポストに投函すると、破損の原因にもなりますので、ご注意ください。

みどり市立図書館

問　次の文のうち、本文の内容と合っているものはどれか。
　　1　視聴覚資料は高温を避けて、湿度の高い部屋に置くほうがいい。
　　2　視聴覚資料が傷ついてしまった場合は利用者が損害額を支払う義務がある。
　　3　借りた視聴覚資料は必ず開館時間中にカウンターで返却しなければならない。
　　4　借りた視聴覚資料が原因で自宅のテレビやビデオが壊れたら、図書館にすぐ連絡する。

文章を読んで、（　　）に言葉を書いてください。　　**解き方のヒント**

① 視聴覚資料は温度や（　　　　）が高い場所、（　　　　）が強い場所に置いてはいけない。
② 視聴覚資料が壊れたり、汚れたり、傷ついたりした場合は、（　　　　）が修理費などの損害額を支払う場合もあるが、必ず（　　　　）しなければならないわけではない。
③ 借りた視聴覚資料は、必ず（　　　　）で返さなければならない。（　　　　）に入れてはいけない。
④ （　　　　）の機器で視聴したことによって、（　　　　）の資料にトラブルが発生したときは図書館に連絡する。

8番

　都会人は他人の生活や行動にいちいち干渉しないから、人目を気にせず気楽に暮らすことができる。一方、地方に住む人々は他人の行動に関心を持ち、自分の理解を超えた他人の行動を見過ごさずに、その人の個人事情にまで積極的に関わって理解しようとする。そして互いに干渉することで理解し合ったと考え、安心感を得る。他人の生活に関わることが周囲と親密な関係を築くのだ。たとえば、「まだ結婚していないのか」と言われたらどうするだろうか。地方ならば、（　①　）と答えながらも、無遠慮に尋ねられることに（　②　）すら覚えるのではないだろうか。

問　（　①　）（　②　）に入ることばの組み合わせはどれか。
　　1　①「人のことは放っておいてよ」　　②違和感
　　2　①「結婚するつもりはないんだ」　　②不快感
　　3　①「うるさく言われたくないね」　　②親近感
　　4　①「心配してくれてありがとう」　　②満足感

解き方のヒント

文章を読んで、（　　）に言葉を書いてください。

① 都会の人は、他人の生活や行動に（　　　　　）。だから、他人に（　　　　　）ことを気にしないで（　　　　　）に暮らすことができる。

② 地方の人は、他人の行動に（　　　　　）を持つ。他人の行動が（　　　　　）ときは、（　　　　　）なことでも理解しようとする。お互いに（　　　　　）ことで、理解し合えたと思って（　　　　　）。他人の生活に関わって（　　　　　）を築く。

③ （　　　　　）の人は無遠慮に尋ねられることを（　　　　　）と思っていないばかりか、（　　　　　）さえ感じるようだ。

9番

　「ネット公売」が開始された。これはインターネット上で行われる競売で、国や市町村の財政難を救うことになるのではと期待されている。ネット公売では、税金の滞納者(注1)から差し押さえた物品が競売される。競売品が滞納額より高い値で落札(注2)されれば、余った分は滞納者に返される。ネット上で、だれでも簡単に入札(注3)できるとあって、利用者が今後増えていくことも予想される。取引される物品は、美術品、工芸品、古酒などさまざまで話題にもなっているが、一方で、価値を鑑定しにくい物などをめぐる問題も生じている。

(注1) 税金の滞納者：納めるべき税金を納めていない人
(注2) 落札：競売で、入札した物が自分の手に入ること
(注3) 入札：競売で、買いたいものに対して、それがほしいという意思を表すこと

問　「ネット公売」について、文章の内容と合っているものはどれか。
　　1　だれでもこの公売に物品を出すことができる。
　　2　この公売によって国や市町村の財政難が解決された。
　　3　価値の高いさまざまな物が取引され、話題になっている。
　　4　税金の滞納者が利益を得ることもある。

解き方のヒント

文章を読んで、（　　）に言葉を書いてください。
① 新しく始まった「ネット公売」とは、インターネットを使った新しいタイプの（　　　　）である。
② この公売の利益が国や市町村の（　　　　）を助けることになればいいと期待されている。
③ ここで売られる物は、（　　　　）を（　　　　）している人が所有していた物である。つまり、（　　　　）が、お金ではなく（　　　　）で納められる。
④ この公売は、（　　　　）参加して買い物をすることができる。しかし、物品を売るのは（　　　　）や（　　　　）だ。
⑤ 物を売って得られた売上金は（　　　　）や（　　　　）に行くが、売上金のほうが納めるべき税金より（　　　　）場合は、滞納者は差額のプラス分を（　　　　）てもらうことができる。

10番

　異物感が少ない、常に清潔だということで、使い捨てコンタクトレンズ (注) を選ぶ人は多い。しかし、優れたものとはいっても、コンタクトレンズが目にとって異物であることに違いはない。レンズが薄くて使い心地がいいので、かえって目に異常が起きても痛みなどの自覚症状が感じられにくい。また、使い捨てコンタクトレンズは従来のコンタクトレンズより水分が多いので細菌が繁殖しやすく、炎症などが悪化すれば失明に至ることもある。コンタクトレンズは眼科専門医の管理下で使用しなければならない高度管理医療機器に指定されている。適切な使用法を守り、医療機関での定期検査が必須である。

(注) コンタクトレンズ：眼鏡をかける代わりに、目の中に入れて使用するレンズ

問　使い捨てコンタクトレンズについて内容と合っているのはどれか。
　1　目にとって異物ではないし、レンズが薄いので使い心地がいい。
　2　痛みなどの自覚症状が感じられにくいという長所がある。
　3　高度な管理が必要で、専門医でないと使用することができない。
　4　細菌が繁殖する危険性は従来のコンタクトレンズのほうが小さい。

解き方のヒント

文章を読んで、（　　　）に言葉を書いてください。

① 一般に、使い捨てコンタクトレンズは（　　　　　）が少なく、常に（　　　　　）だと思われている。

② レンズが薄くて（　　　　　）が少ないので、目に異常が起きても（　　　　　）がない。しかし、これはかえって危険だ。

③ （　　　　　）が多いので（　　　　　）が繁殖しやすい。悪い場合には（　　　　　）する危険もある。

④ コンタクトレンズは眼科の医師の（　　　　　）を受けて使用し、（　　　　　）を必ず受けなければならない。

第1回 内容理解 中文

日付	/	/	/
得点	/6	/6	/6

次の文章を読んで、後の問いに対する答えとして、最もよいものを1・2・3・4から一つ選びなさい。

1番

　ラグビーやバスケットなどのボールゲームにくらべて、サッカーは1試合あたりの得点が非常に少ない競技です。2対1や1対0など1点差のゲームが多く、ドロー(注1)での試合終了も珍しくありません。ボールゲームの面白さはなんといっても得点の場面ですが、サッカーは試合をする90分間の間に数回しか見ることができません。競技によっては、試合を面白くするために、得点が入りやすくなるようなルール改正がおこなわれますが、サッカーにその兆(きざ)しは見られませんし、見る側も①それを求めたりしません。

（中略）

　点がなかなか入らないシステムでは、場合によっては強いチームが負ける可能性が残されています。これはサッカーの魅力のひとつです。優れているほうが勝ち、劣っているほうが負けるというのはスポーツの大前提で、それはサッカーにももちろんあてはまります。でも、②そうはいかない結果も起こりうるというのが面白いのです。

　サッカーだって、もっと得点が入りやすい競技にしようと思えばいくらでもできます。フィールド(注2)を狭くしたり、プレーヤー(注3)の数を増やしたり。しかし、プレーヤーも観客も、③1点の重みと、場合によっては何が起こるかわからない、奇跡(きせき)(注4)のようなことが起こる、それゆえの面白さを理解しているのです。

　　　　　（稲垣正浩『初耳だらけのオリンピックびっくり観戦講座』はまの出版）

（注1）ドロー：引き分け
（注2）フィールド：競技場
（注3）プレーヤー：選手
（注4）奇跡(きせき)：信じられないような素晴らしいこと

問1　①それは何を指しているか。
　　1　得点が多くて面白い試合
　　2　得点が少なくてつまらない試合
　　3　得点しやすいルールにすること
　　4　得点しにくいルールに変えること

問2　②そうはいかない結果とは、どんなものか。
　　1　前提通りに勝負がつくこと
　　2　前提通りの勝負にならないこと
　　3　点がたくさん入ること
　　4　点が全く入らないこと

問3　③1点の重みとは、どのようなことだと考えられるか。
　　1　見る人を喜ばせたいというプレーヤーの責任が1点に込められていること
　　2　1点は、チーム全員が力を合わせて得られた結果であること
　　3　たとえ1点でも得点の場面を見ることは大きな体験になるということ
　　4　簡単には点が入らないからこそ1点の価値が高くなるということ

N1 読解

2番

　「モンスター・ペアレント」とは、主に幼稚園や小学校低学年などの初等教育の現場に対して抗議を行ったりクレーム(注1)をつけたりする親を指す。最近このような親が増えていて、しばしば話題に上（のぼ）っている。一方、米国では「①ヘリコプター・ペアレント」と呼ばれる親の行為が社会問題化している。この呼び名は、もう大人として自立しなければならない年頃の大学生の子供を上空から旋回しながら(注2)見守り、地上の子供に何か問題が発生すると急降下して子供を救おうとする親の様子からつけられた。例えば、大学進学や大学生活のために実家を離れて生活をする子供に何か問題や不利益なことが発生した場合には、学校に乗り込みクレームをつけたり、就職試験にも付き添ったり(注3)、一緒に面接試験にまで顔を出したりもする。当の子供は何をしているかというと、②ただ身を任せているというのである。

　このような親に対して専門家は「大学生が自分で考え、決断する力が衰えるなど、悪影響が出ている」と警鐘を鳴らしている(注4)。学ぶのは子供なのだから、保護者は子供に対しては③適切な舵取り（かじと）(注5)をすればいいのだという考えに立ち返る必要がある。

(注1) クレーム：苦情を言うこと
(注2) 旋回（せんかい）する：円をえがくように回る
(注3) 付き添う：世話をするために人のそばについている
(注4) 警鐘（けいしょう）を鳴らす：危険があることを知らせる
(注5) 舵取（かじと）り：人や集団の行動を一定の方向に導き、指導すること

問1　①ヘリコプター・ペアレントの特徴として適当なものはどれか。
　　1　離れて暮らす子供に対して過度に世話をやく。
　　2　子供の人間関係にあれこれ口を出す。
　　3　幼い子供を守るために教育現場に乗り込む。
　　4　子供に自分で考えたり決断させたりしないようにする。

問2　②ただ身を任せているとはどういうことか。
　　1　協力している。
　　2　信頼している。
　　3　反抗している。
　　4　何もしない。

問3　③適切な舵取りをすればいいとは、どうすればいいのか。
　　1　必要以上の手助けはしないようにする。
　　2　何をしたらよいかを指導する。
　　3　自立心を損なうような手助けはいっさいしない。
　　4　望むことだけをしてやる。

第2回 内容理解 中文

次の文章を読んで、後の問いに対する答えとして、最もよいものを1・2・3・4から一つ選びなさい。

3番

　世界的な経済不況の中で、今、企業は収益を拡大するために何をなすべきかを模索している。自国での需要の拡大が期待できない先進国の企業の多くは、新興国へ進出することに活路を見出そうとしている。新興国での需要を生み出すためには、まずその国の国民の購買意欲を促進しなければならないのは当然であるが、それには①新しい文化の定着が必要だ。例えば、歯磨きの習慣がない国で歯ブラシなどの歯科衛生用品を扱う会社が成功するには、「歯を磨く」という行為が健康にとって重要であると人々に認識され、②歯磨きが実行されるようになることが不可欠である。つまり、企業が新興国でのマーケット戦略(注1)を立案する際には、単に自国の経済性や利便性を追求するだけではなく、新興国の人々に幸福をもたらすべきという視点を持つ必要がある。アメリカの大企業に端を発した(注2)世界的な不況は、企業や個人が目先の利己的(注3)な経済性のみを追求した結果だと言えるのではないだろうか。最先端の計算技術を駆使して(注4)開発された金融商品は、結果として何を残しただろう。我々は、世界経済の建て直しを図ろうとする今、③本当に大切なものは何なのかということを自問しなければならない。

(注1) マーケット戦略：市場で成功するための方法
(注2) 端を発する：始まる
(注3) 利己的（な）：自分の利益だけを考える
(注4) 駆使する：自由に、十分に使う

問1　ここで言っている①新しい文化の定着とは、具体的にどのようなことか。
　　1　歯科衛生用品を、今まで売らなかった国で売り始める。
　　2　歯磨きが健康に良いということを人々に知らせる。
　　3　今まで歯磨きをしなかった人々が歯を磨くようになる。
　　4　歯科衛生用品を買おうという購買意欲を促進する。

問2　②歯磨きが実行されるようになることが不可欠であるのはなぜか。
　　1　歯科衛生用品の需要が新興国ではもう期待ができないから。
　　2　歯磨きをしない人は歯ブラシなどを買わないから。
　　3　新興国の人々に歯磨きと健康との関係を知ってもらいたいから。
　　4　先進国では健康のために歯磨きが行われるから。

問3　筆者がここで③本当に大切なものとして言いたいのはどんなことか。
　　1　新興国に進出して新しい需要を拡大していくこと
　　2　経済性を優先して人々の生活を豊かで幸福なものにすること
　　3　収益性や利便性だけでなく相手国の人々の幸福を重視すること
　　4　新しい文化を取り入れながら新興国のマーケットに進出すること

4番

　言語論的転回（注1）によって、思想界に訪れた新たな動きは「フェミニズム（注2）批評」と「構築（注3）主義」などが有名だ。なお構築主義の対立概念は本質主義という。これは、男らしさ、女らしさ、という言葉を使って説明するとわかりやすい。

　「言語が世界」であるとする言語論的転回を経て生まれた構築主義では、「人は人間として生まれてくるだけ。それが男は男らしく、女は女らしくなるのは言語を用いて学習するから」として、女性・男性の違いを決定するのは言語だと考える。一方、本質主義では、男らしさや女らしさは染色体（注4）が決めてしまうものと考える。極端なことを言えば、無人島に赤ちゃんを連れていき置いてくる。そして10年放っておいても、男は男らしく、女は女らしくなっていると考えるわけだ。

　フェミニズムは、構築主義の立場に立つ。フランスの思想家、ボーヴォワールが書いた現代フェミニズムの原典『第二の性』には、「人は女に生まれない。女になるのだ」という有名なフレーズ（注5）がある。「女に生まれる」というのは（　a　）である。「女になる」というのは（　b　）だ。つまり、ボーヴォワールは、「①（　　　）」と言ったのである。ここから現代のフェミニズムは出発している。

　社会が性を決めるとする（　c　）の社会学系の研究者と、染色体が性を決めるという（　d　）の生物学の研究者との間では、激しい対立がある。最近は、生物学が優勢で、フェミニズムはかなり立場が弱くなっている。背景には、ものすごいペースで染色体やDNAについての研究が進み、本質主義が広まっている状況がある。DNAの研究がさらに進むと、人が生まれた直後にその人が持つ能力を測定できる時代がくると言われている。そうなれば、DNA情報が新たな差別を生み出す危険性がある。それを差別につなげないためには、②構築主義の立場からの発言が必要になってくるはずだ。

　　　　（石原千秋「現代思想は15年周期」
　　　『大学授業がやってきた！　知の冒険（桐光学園特別授業）』水曜社）

(注1) 言語論的転回：言語論に基づいてみた社会の変化
(注2) フェミニズム：女性の社会的・政治的権利を高くし、女性を性差別から解放しようとする考えと行動
(注3) 構築：組み立ててつくること
(注4) 染色体（せんしょくたい）：細胞が分裂するときにあらわれる小体で、遺伝情報が入っている
(注5) フレーズ：句、文

問1　(a)～(d)に入る適当な言葉の組み合わせはどれか。1・2・3・4から最も適当なものを選べ。

1　a 構築主義　　b 本質主義　　c 本質主義　　d 構築主義
2　a 本質主義　　b 構築主義　　c 構築主義　　d 本質主義
3　a 構築主義　　b 本質主義　　c 構築主義　　d 本質主義
4　a 本質主義　　b 構築主義　　c 本質主義　　d 構築主義

問2　①（　　　）に入る適当な文はどれか。最も適当なものを選べ。
1　女性は社会の中で女にさせられてしまうのだ
2　女性に生まれようが、男性に生まれようが何も変わらない
3　女性に生まれれば、女になる必要はないはずだ
4　女になるのではなく、女性に生まれなければならない

問3　②構築主義の立場からの発言が必要になってくるはずだとあるが、これはなぜか。
1　「DNA研究によって人の能力を生まれたときに測定できる時代がくる」とは言えないから。
2　「生物学の研究は、本質主義ばかりではなく、構築主義の立場も擁護するべきだ」と主張したいから。
3　「言語が変われば染色体（せんしょくたい）も変わり、DNAによる差別もなくなる」と提言したいから。
4　「人の能力は構築されるものだ」と主張することでDNA情報による差別が止められるから。

第1回 内容理解 長文

日付	／	／	／
得点	／4	／4	／4

次の文章を読んで、後の問いに対する答えとして、最もよいものを1・2・3・4から一つ選びなさい。

1番

　不思議なもので、食事が終わって満腹になっていても、甘いものなら食べられることがあります。これを俗に「別腹」と表現することがあります。例えば、「ケーキは別腹」などと言います。

　実は、①別腹は気分の問題ではありません。大阪大学の山本隆教授は、別腹のできる仕組みを次のように説明しています。甘味は他の味に比べると最も強い快感をもたらします。甘味刺激は、脳内にβ-エンドルフィンという至福感(注1)や陶酔感(注2)を引き起こす物質、ドーパミンという食欲を生じさせる物質、さらにオレキシンという摂食(注3)促進物質を分泌させます(注4)。このオレキシンには胃から小腸に内容物を送り出したり、胃を緩めたりする作用があります。つまり、オレキシンは満腹状態の胃に新たなスペースを作ります。まさに、②甘味刺激は別腹を作り出すのです。これは、飢餓(注5)と闘うために最大限のエネルギーを摂取しようとする生物の本能ともいうべき作用なのでしょう。

　さて、③別腹という言葉がこれほど頻繁に使われるようになったのは新しいことのようで、ほとんどの国語辞典にまだ載っていません。道浦俊彦氏の指摘によると、あまり地域差はなく一九九〇年代前半ごろから使われているそうです。いわゆる「グルメブーム」(注6)のころで、ティラミスやパンナコッタなどのデザートが次々に世の中を席巻した(注7)時期と重なります。さまざまなおいしいデザートが別腹におさめられ、一気に俗語として広まったのでしょう。

　バブルは過ぎても、デパ地下(注8)のスイーツ(注9)は小さな贅沢として定着しました。見た目にも美しい甘味は脳内でオレキシンを誘発して④「もう結構です」などとはとても言えない状況に私たちを追い込むのです。

（早川文代『食べる日本語』毎日新聞社）

(注1) 至福感：非常に幸せだと感じること
(注2) 陶酔感：酔ったように非常に気持ちがよいこと
(注3) 摂食：食物をとること
(注4) 分泌する：体の中に特殊な物質をつくる
(注5) 飢餓：食べ物がなくて飢えること
(注6) グルメブーム：おいしいものを食べたり、探したりすることの流行
(注7) 席巻する：激しい勢いで自分の勢力を広げる
(注8) デパ地下：デパートの地下食品売り場
(注9) スイーツ：甘いもの、菓子類

問1 ①別腹は気分の問題ではありませんとあるが、これはなぜか。
1 別腹は気分が悪いときでも作られるものだから。
2 別腹は食欲によって作られるものではないから。
3 別腹は満腹状態でなければ作られないから。
4 別腹は科学的に説明される仕組みだから。

問2 ②甘味刺激は別腹を作り出すとあるが、この仕組みの最も重要な点は何か。
1 脳内のβ‐エンドルフィンが満腹状態の胃に新しいスペースを作る。
2 脳内にドーパミンが作られると、満腹状態の胃に新たなスペースができる。
3 脳内にオレキシンができると、満腹状態の胃に新たなスペースが生まれる。
4 飢餓と闘っている間に、満腹状態の胃に新たなスペースが作られる。

問3 筆者が③別腹という言葉がこれほど頻繁に使われるようになった理由として考えるのはどんなことか。
1 グルメブームのときに別腹の仕組みが人々に知られるようになったこと
2 グルメブームで人々がデザートをよく食べるようになったこと
3 この言葉がどの地域でもよく使われるようになったこと
4 甘い菓子がデパートの地下で売り始められたこと

問4 ④「もう結構です」などとはとても言えない状況に私たちを追い込むとあるが、これは例えばどのようなことか。
1 満腹したのに「甘いものは別腹です」と言いたくなる。
2 満腹していても「もう少しなら食べられます」と言いたくなる。
3 満腹してからも「もっとたくさん食べたい」と言いたくなる。
4 満腹していないのに「もっと食べたい」と言えなくなる。

第2回 内容理解 長文

次の文章を読んで、後の問いに対する答えとして、最もよいものを1・2・3・4から一つ選びなさい。

2番

もともと畳の上で生活していた日本人は、イス坐の生活様式が導入されても、再び下へ降りていく傾向がある。

あるとき、立川駅で驚くべき光景を目にした。駅のホームのはじで、女子高生たちが制服を着たまま、車座(注1)になって坐り込んでいたのである。幸い、まわりの人に迷惑をかける場所ではなかったが、汚くないのだろうかとびっくりしてしまった。やはり日本人は、坐の文化が好きなのかと、思わず微笑してしまった。

それは極端にしても、イスの上でいかに坐るかも重要だが、そのような私たち日本人に親しい生活習慣を肯定し、並立させることも大事ではないだろうか。

幕末頃(注2)の文章を読んでいると、話をするとき、二人が寝ころがって話すというシーンによく出会う。西郷隆盛(注3)は、ゆっくり話そうと言って奥の座敷に枕を二つ並べたという。山内容堂(注4)も、勝海舟(注5)に寝ころぶことを勧めた。日本人は、とりわけ、寝ころがることを好む。放っておけばユカに寝ころがってしまうし、ソファの上でも寝ころがるし、テレビを見ていても寝ころがる。

寝ころがる姿勢は、どうしても①娯楽的な姿勢ととらえられがちだ。生産的な行為とは対極にあると考えられがちである。だが、日本人はもともと寝ころがりたい人たちなのだから、寝ころがる人生を積極的に生活のなかに取り入れていきたい。

たとえば本などは、机に向かって読むより、むしろ寝ころがって読むほうがずっと楽なのは誰もが経験して知っているだろう。私の場合も本を読む場合、寝ころがって読んでいる時間がかなり長い。ソファに完全に仰向け(注6)になってしまうとつらいから、コーナーのところにクッションなどを置いて、上半身を軽く起こしながら本を読む。そうしている人は多いだろう。

寝ころがるときのもうひとつの姿勢は、うつぶせ(注7)がある。ただ、完全にうつぶせになっても、とても本は読みにくい。ひじで上半身を持ち上げても、ひじで体を支え続けるのはつらい。そういう場合は、枕やクッションをお腹や胸の下に置くと、快適に読書できる。頭と本の間に距離ができるから、三色ボールペンで本に線を引くことも可能になる。

机の前に坐るのは、文字を書いたりパソコンを打ったりするなど、集中が必要で、

何か生産をしなくてはいけない場面だ。喫茶店などの机も、そういう作業に向いている。しかし読む行為は、寝ころがってもできる。あるいはテレビやビデオを観るのも、寝ころがっていたほうが楽だ。そのような情報収集には、長時間その姿勢に耐えられる、寝ころがりがとても向いている。

　寝ころがることは頭をゆるませることだという②思い込みから解放されたい。寝ころがっているときにも、頭は活性化させていてよい。体が楽なのだから、持続もしやすくなる。

（齋藤孝『坐る力』文藝春秋）

(注１)　車座：大勢の人が輪になって座ること
(注２)　幕末：江戸時代の末期
(注３)（注４)（注５)　西郷隆盛・山内容堂・勝海舟：幕末期に活躍した人物
(注６)　仰向け：顔や体を上に向けて寝る姿勢
(注７)　うつぶせ：顔や体を下に向けて寝る姿勢

問1　筆者が言う①娯楽的な姿勢とは、どのような姿勢か。
　　1　無理がなく、体のためによい姿勢
　　2　休息するときの、非生産的に見える姿勢
　　3　仕事の後の、体の疲れが取れるような姿勢
　　4　楽しい仕事をするときの姿勢

問2　②思い込みとは、ここではどんなことか。
　　1　寝ころがる姿勢は頭を使う作業に向いているという正しい考え
　　2　寝ころがる姿勢は長時間する仕事に向いているという正しい考え
　　3　寝ころがる姿勢は頭を使う仕事には向いていないという間違った考え
　　4　寝ころがる姿勢は頭を休める良い効果があるという間違った考え

問3　筆者自身が読書をするときによいと言っている姿勢はどれか。
　　1　完全に仰向けになった姿勢か、うつぶせになって寝ころがった姿勢
　　2　仰向けに寝ころがるか、うつぶせになってひじで体を支える姿勢
　　3　喫茶店などの机の前で文字を書いたりパソコンを打ったりするときの姿勢
　　4　仰向けかうつぶせになって上半身は少し起こした姿勢

問4　次の文のうち、筆者の意見に合っているものはどれか。
　　1　日本人が座り込んだり寝ころんだりする習慣は生産的な行為とは言えない。
　　2　寝ころがる姿勢は集中力を保つにはよいが、頭を活性化することが難しい。
　　3　寝ころがる姿勢を否定的に考えずに、生活の中に積極的に取り入れるべきだ。
　　4　寝ころがるのは日本人に合った習慣であり、どんな作業にも向いている。

第3回
内容理解 長文

日付	/	/	/
得点	/4	/4	/4

次の文章を読んで、後の問いに対する答えとして、最もよいものを1・2・3・4から一つ選びなさい。

3番

　一時期、コンピューターがどんどんすすんでいけば、脳を上回る機能を持つようになるのでは、と思われていました。たしかに、チェス(注1)でコンピューターが人間の名人をうち破るなど、コンピューターが人間の能力を超える場面も出てきました。

　ならば、このままコンピューターが進化を続ければ、人間の脳を超えてしまう日がくるのでしょうか。

　①（　　　　）。いくら記憶の量とか、計算速度でコンピューターが圧倒的にリードしていようと、それだけでは人間の脳を超えることは決してできないことがわかってきています。

　脳とコンピューターの一番大きな違いは、脳は変わりつづける存在であるのに対して、コンピューターは変化しないということです。

　脳は、新しい情報を効率よく処理するために、それ自体をどんどん変化させていきます。入ってきた情報に対して、脳のネットワーク、つまり、脳神経細胞のネットワークが変化していくのです。②脳の存在の目的そのものが、脳の中のソフトウエアの書き換えであるようにも見えます。

　一方、コンピューターは決められたソフトウエアにそって、入ってきた情報に順番に反応して、結果を出します。入ってきた情報に対して、コンピューター自体が変化することはないのです。

　コンピューターはいくら使っても処理速度が速くなることはありません。性能をアップするにはＣＰＵ(注2)を取り替えるしかありません。しかし、脳は使うごとに脳の中のアルゴリズム（情報処理の方法）が変化していきます。脳は使えば使うほど、より状況に応じた答えを出しやすくしていくのです。

　脳は他人の顔を異常に速いスピードで認識して、誰だか思い出すことができます。そのスピードには、いまのスーパー・コンピューターをもってしても追いつけません。もちろん、似た人に反応してしまったりして、脳の精度が落ちることもあります。しかし、だからこそすばやい反応が可能であり、危険があった場合はすぐにそれから身を守ることもできるのです。

　頭をよくするには、やはり頭をどんどん使うことが重要といえるでしょう。

（米山公啓『もの忘れを防ぐ28の方法』集英社）

(注1) チェス：西洋のゲームのひとつ。日本の将棋に似ている。
(注2) ＣＰＵ：central processing unit の略。中央処理装置。コンピューターの中枢部分に当たり、さまざまなプログラムを実行する。

問1　①(　　　)に入るものを選びなさい。
1　それだけではないのです
2　そんなことはありません
3　そうでないとも言えません
4　そうとしか言えません

問2　②脳の存在の目的そのものが、脳の中のソフトウエアの書き換えであるの説明として適当なものはどれか。
1　脳は、脳の中のソフトウエアを新しいものに変化させるためにある。
2　脳が存在するために、脳の中のソフトウエアが変化し続ける。
3　脳の中のソフトウエアが変わると、脳の存在の目的も変化する。
4　脳自体が変化し続けるからこそ、脳が存在する目的も新しくなる。

問3　脳とコンピューターを比較した結果について、文章の内容と合うものを選びなさい。
1　記憶の量や計算の速度に差がある。
2　入ってきた情報に対する変化の程度に違いがある。
3　新しい情報に対する処理や反応のし方が異なる。
4　どちらもその機能は常に進化し、使えば使うほど性能が高くなる。

問4　筆者の考えに合っているものを選びなさい。
1　人間の脳と同じ程度に発達しているコンピューターを積極的に活用すべきだ。
2　脳の中を自分で変えていかないと、頭がよくならない。
3　人間の脳を超えられないコンピューターを使うより、脳を鍛えたほうがよい。
4　頭をよく使っていれば、脳が鍛えられて、反応も鋭くなる。

第4回 内容理解 長文

日付	/	/	/
得点	/4	/4	/4

次の文章を読んで、後の問いに対する答えとして、最もよいものを1・2・3・4から一つ選びなさい。

4番

　わたしは文具店の前を通るたびに、どうしようもない店だなあと思いつつ、なぜかショーウインドウを覗いてしまうのだった。ひょっとしたら今日は何か変化でも起きているかもしれないなどと、あり得ない期待をしていた。漂流物(注1)でも探すような気分が、いつもしていた。

　気落ちするようなことがいくつも重なっていたせいかもしれない。ある日わたしは、鬱々と(注2)しながら件の(注3)ショーウインドウの前で立ち止まっていた。普段は歩調をゆるめながら覗く程度だが、その日に限っては動きを止めていた。自分の影が黒々とショーウインドウの内部へ伸び、地球儀(注4)がひっそりと影の中に鎮座して(注5)いる。

　とりとめもなく地球儀を観察していた。するとわたしは①あることに気づいた。この地球儀はもう長い長いあいだ回転することもなく、いつも同じ側面を陽にさらしつづけてきた。それがために、カラフルな筈の表面は色褪せている。だが、ちょっと注意して見れば、直射日光にはさらされない「向こう側」の半球は新品のときの鮮やかな色彩がそのまま保たれている。視角を変えて覗けば、ちゃんと片鱗(注6)が窺えるではないか。

　その瞬間、わたしは理由もなく②救われた気分に包まれたのである。この地球儀を半回転させれば、目の前にはたちまち真っ青な海や色とりどりに塗り分けられた国々が出現するのである。誰にも知られることなく陰となったまま保持されてきた鮮烈な(注7)色彩に気づいて、わたしは心を揺さぶられていた。みずみずしく発色している「地球儀の裏側」の秘密に、ショーウインドウのガラス越しに気づいたのである。

　その事実に勇気づけられたわけでもなければ、思い入れをしたわけでもない。が、日常の中から率然として(注8)思いも寄らぬ現実が浮かび上がってきたことによって、わたしは閉塞感(注9)から抜け出していた。スイッチが切り替わったみたいに、感情が変化した。

　自分が生きている世界には、見えるものもあれば、見えないものもある。気がつくこともあれば、気付くことなく終わってしまうものもある。目の前の覇気(注10)を欠いた風景、倦怠(注11)に満ちた空気の中にも、不意打ちのようにして清新な存在は浮かび出てくるのかもしれない。

三好達治(注12)は『昼』という詩の中で書いている。「すべてが青く澄み渡つた正午だ。そして、私の前を白い矮鶏(注13)の一列が石垣にそつて歩いてゐる。ああ時間がこんなにはつきりと見える！」
　時間すらがはっきりと見えたように思える瞬間が、我々にはあり得るのだ。③そうした事実を人生の一部としてさりげなく織り込むことが出来たとき、我々は幸福の手触りをほんの少しだけでも知っていることになるだろう。

（春日武彦『幸福論』講談社）

(注1)　漂流物：風や波に流されてきたもの
(注2)　鬱々と：心が晴れないようす
(注3)　件の：前に述べた、あの
(注4)　地球儀：地球の模型
(注5)　鎮座して：その場所にあって
(注6)　片鱗：一部分
(注7)　鮮烈な：鮮やかではっきりした
(注8)　率然として：急に
(注9)　閉塞感：閉じてふさがっている感じ
(注10)　覇気：積極的に取り組もうという気持ち
(注11)　倦怠：飽きていやになること
(注12)　三好達治：詩人
(注13)　矮鶏：ニワトリを品種改良して小形にした鳥

問1　①あることに気づいたとあるが、筆者は何に気づいたのか。
　　1　地球儀が店のショーウインドウの影の中にひっそりと置かれていること
　　2　地球儀が長い間回転することなくいつも同じ側面に日に当たっていたこと
　　3　地球儀の表面の色が日に当たってあせてしまっていること
　　4　地球儀の日に当たっていない半球には鮮やかな色彩が残っていること

問2　②救われた気分に包まれたのはなぜか。
　　1　どうしようもない店ではないことがわかったから
　　2　日常的に感じていた行き詰まった気持ちが消えたから
　　3　自分の心の動揺をだれにも知られずにすんだから
　　4　自分が探していたものが見つかったから

問3　③そうした事実を人生の一部としてさりげなく織り込むことが出来たとはどういうことか。
　　1　時間が見えるということが理解できた
　　2　見えると思わなかったものが見えるようになった
　　3　人生で、見えると思わなかったものを見ることができた
　　4　人生には見えるものもあれば見えないものもあることがわかった

問4　この文章にある「地球儀の裏側」とは何を表しているか。
　　1　変化がない日常の中に隠れている生き生きしたもの
　　2　ありふれた日常の中では見たくても見られないもの
　　3　平凡でつまらない日常の中にほんの少しある幸福な時間
　　4　ありえないと思ってもあきらめずに追い求めるもの

第1回 統合理解

日付	／	／	／
得点	／3	／3	／3

1番

問題　次のAとBは大学教育についての2つの意見である。AとBの両方を読んで、後の問いに対する答えとして、最もよいものを1・2・3・4から一つ選びなさい。

A

　大学教育は職業教育にもっと力を入れるべきである。学生に早くから自分の仕事に対する適性や考え方を見極めさせ、自分にあった職業を選ぶ能力を身につけさせることが必要だ。不況が続く中、企業は新入社員を企業内で研修し育成する余力がなくなってきている。したがって、学生に期待されるものは学術研究で得た学識よりも、即戦力となる実践的な能力や技術である。それゆえ、社会ですぐに通用する能力を養うためのカリキュラムを作成することが大学に求められている。企業で活躍するエキスパートを講師として招くなどの試みもするべきだろう。今後の大学には、将来を担う若者を企業と共同して育てていく役割があると私は考える。

B

　大学教育はあくまで学術研究に主眼をおくべきである。学術研究が社会に出てすぐに役立つとは限らないが、長い目で見れば、将来の社会を担う若者の育成につながるはずだ。実践的な即戦力をつける役割は専門学校に任せればよいと思う。近年、企業の採用活動が早期化するとともに、大学生の就職活動も早期化し、これが大学教育に弊害をもたらしている。3年から就職活動のために授業を欠席する学生が増えている事実、また、早期に就職が決まった学生の学習意欲の低下などが問題になっている。大学は就職の準備をする場ではない。大学生の学力の低下も指摘される今、大学教育がなすべきことは、世界に通用する水準の学識を若者たちに与えることであり、それを阻害するような状況があれば、企業とも連携しながらそれを改善していくべきだろう。

問1　AとBのどちらにも触れられていることはどれか。
　　1　就職活動が早まったことの問題点
　　2　大学生の学力の低下と学習意欲の低下
　　3　大学で職業教育をする必要の有無
　　4　大学で行う研究と企業で受ける研修との関連性

問2　就職活動の早期化が学生にどんな影響を与えていると言っているか。
　　1　専門的な技術を身につけることができないこと
　　2　仕事に対する自分の適性を見極める力が育たないこと
　　3　即戦力を備えた学生が育たないこと
　　4　就職が決まった後は学習する意欲が落ちてしまうこと

問3　社会に出てすぐに通用する即戦力を大学でつけることについて、Aの筆者とBの筆者はどのような立場をとっているか。
　　1　Aは批判的だが、Bは積極的な立場をとっている。
　　2　Aは積極的な立場をとっているが、Bは批判的である。
　　3　Aは明確にしていないが、Bは積極的な立場をとっている。
　　4　Aは積極的な立場をとっているが、Bは明確にしていない。

第2回 統合理解

日付	／	／	／
得点	／3	／3	／3

2番

問題　次のAとBはそれぞれ別の投書である。AとBの両方を読んで、後の問いに対する答えとして、最もよいものを1・2・3・4の中から一つ選びなさい。

A

先日、息子の通う小学校で保護者会が行われ、子供に携帯電話を持たせることの是非について議論が行われました。携帯電話を授業中に使ったり、インターネットで有害なサイトを見てしまったりするというマイナス面についての意見が多く出た一方で、ここまで携帯が普及しているからには、これをむやみに禁止するのも考えものだという意見も出て、議論が白熱しました。私は、息子に、居場所がわかる機能が付いた携帯電話を持たせています。小学生が遠距離通学をするという状況では何が起こるかわからないのが今の世の中です。犯罪や事故から子どもを守りたいと思うのは親として当然でしょう。もちろん、携帯電話を持っていれば安全が保障されるというわけではありません。でも、持っていないよりは不安感が少ないのではないかと考えてのことです。子どもを守る自衛手段は、今のところ携帯電話以外にはないのではないでしょうか。（東京都在住　H・T）

B

小学校五年生の娘を持つ母親です。学校や塾への行き帰りに何かあったら、と思って娘に携帯電話を持たせましたが、最近、彼女が携帯電話に依存しすぎているのでは、と心配になっています。電話を肌身離さず持ち歩き、食事の時でも画面から目を離さないのです。ひどい場合は、お風呂にまで持ち込んで画面を見ています。最近、子どもに携帯電話を与える親が増えているということです。帰りが遅くなる時や緊急の連絡にはこれがあれば安心だと考えてのことでしょう。確かに一応の安心感はありますが、いざというときにどれほどの力を発揮するでしょうか。期待はほとんどできないと私は思います。家の中でも離さないのですから、教室でも使っているのではないか、勉強に集中できないのではないか、成績が下がってきたのはそのせいではないかなどと心配も広がります。いっそのこと娘から携帯電話を取り上げてしまおうかとも思うこのごろです。（神奈川県在住　K・N）

問1　AとBのどちらにも触れられている内容はどれか。
　　1　インターネットの有害なサイトを見てしまう子供の例
　　2　子供に携帯電話を持たせた親がもつ安心感
　　3　遠距離通学をする子供にとっての携帯電話の必要性
　　4　子供達の多くが携帯電話を使っているという実態

問2　携帯電話を持つことの効用についてA、Bはどのように考えているか。
　　1　携帯電話を持つことで子供の安全は守られる。
　　2　携帯電話を持っていても子供の安全は守られない。
　　3　携帯電話を持っていれば必ず子供の安全が守られるとは限らない。
　　4　携帯電話を持っていれば犯罪や事故に巻き込まれることはない。

問3　子供に携帯電話を持たせることについて、Aの筆者とBの筆者はどのような立場をとっているか。
　　1　Aは消極的に肯定しているが、Bは批判的である。
　　2　AもBも、ともに立場を明確にしていない。
　　3　Aは全面的には肯定していない。Bは明確にしていない。
　　4　AもBも、ともに否定的である。

第3回 統合理解

日付	/	/	/
得点	/3	/3	/3

3番
問題　次の文章は「お年寄りに席を譲ること」について学生Ａ、Ｂの意見である。2つの意見を読んで、後の問いに対する答えとして、最もよいものを1・2・3・4から一つ選びなさい。

＜Ａの意見＞
　電車に座っていて一番困るのは、自分の前に立っている人が「お年寄り」なのかどうか判断に迷うときだ。以前、前に立った女性に席を譲ろうと声をかけたら、「私はそんな年寄りじゃありません」と怒られたことがある。親切のつもりが断られ、しかも怒られてしまい、人に親切にするのは難しいものだと、つくづく思った。
　よく新聞で席を譲らない若者のことが非難されているが、彼らの中には私と同じように迷ったあげく、老人扱いしない方が相手を傷つけないと判断した人がいるかもしれない。しかし、先日この話を友人にしたところ、「席を譲らない親切」は本当の親切ではなく、ただ自分が不愉快な思いをしないための言い訳じゃないかと言われた。そう言われてみると、確かに私は、相手を老人扱いして傷つけるのを避けているのではなく、親切にしたつもりが相手に迷惑がられることを恐れていたのかもしれない。

＜Ｂの意見＞
　席を譲らない若者が目立つという声がしばしば聞かれる。その多くが、今の日本の社会には礼儀や道徳心がすたれてしまったと嘆いている。しかし一方で、若者の多くがお年寄りに席を譲ろうとして断られた経験が少なからずあるという。問題は、若者の礼儀や道徳心の欠如というより、他者と関わろうとする意欲の低下ではないだろうか。初対面の相手が何を望んでいるかを察するのは難しい。自分は親切のつもりでしたことなのに、相手の意に沿わないということもあるだろう。しかし、わずらわしい思いをしたくないと思うあまり、他者との関わりをもつことを避けてしまうのはよくない。「断られてもいい」と思って、家族や友人に向けるような親切を他者にも広げていけばいい。そうしないと、この社会の空気は、乾いた温かみのないものになってしまう。席を譲ることは小さな行為だが、勇気をもって他者との関係を築く一歩(いっぽ)になるものだと思う。

問1　AとBの両方が触れている内容はどれか。
1　断られることを避けようとする気持ち
2　お年寄りかどうかを見分けることの難しさ
3　日本人に礼儀や道徳心が薄れていること
4　他者と関わろうとする意識が若者に欠けていること

問2　お年寄りに席を譲ることについて、Aの筆者とBの筆者はどのような立場をとっているか。
1　Aは積極的だが、Bは消極的である。
2　Aは消極的だが、Bは明確にしていない。
3　AもBも、ともに明確にしていない。
4　Aは明確にしていないが、Bは積極的である。

問3　AとBは、それぞれ何を問題としているか。
1　Aは席を譲る側の気持ちを、Bは席を譲られる側の気持ちを問題としている。
2　Aは席を譲るときの心理を、Bは他者と関わろうとしない傾向を問題としている。
3　Aはいろいろな親切があることを、Bは若者の礼儀や道徳心の欠如を問題としている。
4　AもBも、お年寄りに席を譲ることと温かい社会をつくることとの関係を問題としている。

第1回
主張理解

日付	／	／	／
得点	／4	／4	／4

次の文章を読んで、後の問いに対する答えとして、最もよいものを1・2・3・4から一つ選びなさい。

1番

　現代社会は進んでいて、世のなかも豊かになっているのだから、子供たちにとっても、昔よりもずっといい環境になっているはずだと、大人は思いがちですが、現実はそうではないのです。それはいま述べてきたように、消費社会の実現が、まさに過剰な欲望を生み出してきたからです。その過剰な欲望をわれわれはコントロールできなくなっているのです。①それが衝動(注1)を突出させることになります。

　さらに、個人主義が行き過ぎた面があります。何でも自分のやりたいことをやるのがいいのだという風潮(注2)です。今や子供の犠牲になりたくないという女性がふえています。子育てに時間や労力をとられることを、子供の犠牲になっていると受け取るのです。「ほんとうは、私にはもっとやりたいことがあるのに」というわけです。

　子供を保育園などに預けて働く女性もふえています。それがそのまま幼児期のしつけの低下に結び付くというのではありませんが、子供にかかわる時間はやはり少なくなるのは確かです。そこで、共働きのような場合には、短い時間でも密接に子供とかかわる、父親が育児のある部分を負担するという工夫も必要になってくるわけです。

　また、専業主婦であっても、子育てのストレスを解消するために、趣味や習い事、あるいは時にはパチンコなどで憂さを晴らす(注3)という人も多くなっています。子供が生まれても、女性の関心は、子供以外のいろいろなところに向けられています。その背景には、やはり子供の犠牲になりたくない、自分は自分の世界があるのだという、個人主義が浸透(注4)したがゆえの、女性の自立の問題がかかわっています。

　さらに、離婚もふえています。相手を嫌いになったら、簡単に別れればいいという風潮です。かつては、問題があっても、子供のために離婚しないという女性も多かったものです。②それがいいというわけではありませんが、今は、子供がいても、簡単に離婚します。そのときには、子供が邪魔な存在となってしまいます。離婚すれば、家庭は混乱して、なかなか一貫した(注5)育児ができません。子供に与える影響も大きいのです。

　もちろん、日本にはまだ子供を大切にするという風潮は残っていますが、豊かなゆえにかえって、自分の生きがいを求めて自己本位になってしまっている面があるので

す。それが離婚の増加や育児能力の低下を招いているということは否定できないことです。

　そういうことを考えると、まさに、豊かであるがゆえに育児能力が低下して、③<u>衝動的な若者</u>が多くなっているといえます。そして、それがまた青少年の犯罪の増加、凶悪(注6)化につながっているというのが現状なのです。

（町沢静夫『「自己チュー」人間の時代』双葉社）

（注1）衝動：突然あることをしたくなって、抑えることができない気持ち
（注2）風潮：その時代の傾向
（注3）憂さを晴らす：憂鬱な気持ち、いやな気持ちを消す
（注4）浸透する：多くの人にだんだん広がる
（注5）一貫する：始めから終わりまで1つの考え方で行う
（注6）凶悪（な）：非常に悪いことを平気で行うこと

問1　①それが衝動を突出させることになりますとあるが、これはなぜか。
　　1　自分の欲望を満たそうとするから
　　2　子供の過剰な欲望を満たそうとするから
　　3　自分の欲望をコントロールしようとするから
　　4　昔よりも環境がよくなっているから

問2　②それは何を指すか。
　　1　相手が嫌いになったら別れればいいという風潮
　　2　子供の犠牲にはなりたくないと思っても離婚をしないこと
　　3　子供のために結婚生活を続けること
　　4　子供がいても簡単に離婚すること

問3　③衝動的な若者とあるが、この例として考えられるものはどれか。
　　1　生きがいを求めて積極的に進んでいく若者
　　2　育児能力が低いために犯罪にかかわることが多い若者
　　3　子供を犠牲にしてもいいと考えて離婚する若者
　　4　我慢することを知らず、自己本位で行動する若者

問4　この文章で筆者が最も言いたいことはどんなことか。
　　1　生活が豊かになったのだから、子供中心の家庭にして子供を大切に育てよう。
　　2　豊かさが自己中心的な親を増やし、その子供に良くない影響を与えている。
　　3　自分本位に自立を望む女性が増えたために家庭が崩壊している。
　　4　共働きや離婚は子供に悪影響を与え、青少年の犯罪の増加につながる。

第2回 主張理解

次の文章を読んで、後の問いに対する答えとして、最もよいものを1・2・3・4から一つ選びなさい。

2番

　よく新聞の記事などで、①特定の登場人物の特定の物語が出てくることがあります。たとえば難病対策の遅れを語るのに、話のまくら(注1)としてその患者のひとりを採り上げるとか。あるいは被災地の苦難を伝えるのに、特定の家族のキャンプ生活を採り上げるとか。また単に特定の人物が登場するだけではなく、ある程度、起－承－転（－結(注2)まではなくても）があるのが特徴です。

　理屈を超えて、情動(注3)に直接訴えかける、読者を説得するという意味で、特定人物のエピソードを伝えるのは、どうやら定番化した効果的なやり方のようです。またその効果は何も新聞記事に限らず、映像ドキュメンタリーでも、映画でも一緒のようです。

　否応なく説得されてしまうという意味で、エピソードや物語というのは、情動に特化してアピールするような、よく出来た仕掛けと言えます。言うなれば、人類が発明した一種の②「装置」なのです。

　この装置が、文学やフィクションの世界で使われているうちは、③まだよかった。また報道でも、実在に基づいて誇張なく全体の真実を代表させているうちは、③まだよかったのです。ところが昨今では、これが政治的な世論操作にも活用されるようになっています。

　一九九七年のハリウッド映画『ワグ・ザ・ドッグ』はロバート・デ・ニーロとダスティン・ホフマンの二大スターが競演した傑作でした（この変わった題名は、犬が尻尾を振るのではなく、逆に犬が尻尾に振られてしまうということから、本末転倒といった意味です）。ハリウッドの辣腕(注4)プロデューサーと大統領がグルになって戦争を演出し、捏造(注5)までしてしまうというとんでもない話。大衆操作を巡る政治状況を、フィクショナル(注6)に誇張し揶揄した(注7)という点で秀逸な(注8)政治コメディだったのです。が、その後の現実の経過を見ていると、もはや誇張などと言っていられなくなってきました。

　戦場の孤児、片足を失った少女。イラクで人質になって生還し、一躍「戦場のヒロイン」となった女性兵士。そして戦火の中、あえてボスニアを訪問したヒラリー・ク

リントンなど（この最後の例はすぐに嘘がバレてしまいましたが）。

　米国の政権担当者は明らかに意図的に、こうしたエピソードの力を使っています。半面で、たとえばイラク国民の死者総数など、自分に都合の悪い情報は「戦時」を言い訳に徹底的に報道管制し、その結果おおよその桁数の推定すらおぼつかない(注9)状況が続いています。

　　　　　　　（下條信輔『サブリミナル・インパクト―情動と潜在認知の現代』筑摩書房）

（注1）まくら：本題を導入するために、はじめにする話
（注2）起承転結：文章の組み立て
（注3）情動：怒り、喜び、悲しみなど感情の急激な動き
（注4）辣腕：物事を処理する能力が優れていること
（注5）捏造：事実でないことを事実として出すこと
（注6）フィクショナル：本当のことではない、作り事の
（注7）揶揄する：冗談や皮肉を言って相手をからかう
（注8）秀逸な：他よりも特に優れている
（注9）おぼつかない：はっきりしない、わからない

問1　①特定の登場人物の特定の物語が出てくるのはなぜか。
　　1　報道の抽象的な内容を具体的に示すため
　　2　論理的なことを理解しやすくするため
　　3　報道の内容を心情的に理解できるようにするため
　　4　フィクションの世界をわかりやすくするため

問2　②「装置」という言葉を筆者が使っているのはなぜか。
　　1　新聞や映像の世界では必ず使用されるものだから
　　2　機械のように、使用すると必ず一定の効果が得られるものだから
　　3　目的のために人が意図的に開発した機械だから
　　4　人類が発明した機械の一種であるから

問3　③まだよかったという表現の説明として最も適当なものはどれか。
　　1　そこまでは許せたが、もっと悪い事態に発展してしまった。
　　2　その程度でもよかったが、さらに良い事態に発展した。
　　3　それ自体は問題なかったが、別のところで問題が起きた。
　　4　その時はそれでいいと思ったが、その後で悪化してしまった。

問4　「特定人物のエピソードを添える」という手法について筆者が言いたいことは何か。
　　1　使い方を誤ると危険だから、なるべく使わない方がよい。
　　2　使い過ぎさえしなければ、どんな場面で使用してもよい。
　　3　誇張があっても政治的な目的でなければ使用して問題はない。
　　4　政治的な場面で使用して世論操作を行うのは問題だ。

第3回 主張理解

次の文章を読んで、後の問いに対する答えとして、最もよいものを1・2・3・4から一つ選びなさい。

3番

　最近、青山通り(注1)でやたら女性ドライバーが目立つ。結構若い女の子が、外車(注2)を乗りまわしているのだ。
　最近の傾向として、可愛い女の子ほど二人連れだ。
「もー、男と一緒にいるのなんか飽きちゃって、飽きちゃって……」
　という風情(注3)が憎らしい。長い髪の毛なんかサラッとしちゃって、やや顎を上向き加減にしてハンドルを握っているのだ。私はそういう光景を目にするたびに、いつもタクシーの中でひとりつぶやく。
「どうやったら、あんなふうに、お気楽でいられるのかしらん」
　綺麗な格好で外車に乗っているのが羨ましいのではない。想像力が全く欠如している(注4)ことに私は感嘆している(注5)のだ。
　青山通りを曲がって、路地に入ったところで子どもがとび出してくるとは、どうして考えないのだろう。そして、その子どもをひいちゃうということが、チラッとでも頭をかすめないのかしらん。
　自分たちは永遠に、こうして楽しくドライビングできると思っている。その精神がすごい。私なんか教養と自己分析ゆえの、①想像力が異常に発達してるから、とてもこんなことはできませんわ。
　事故が起きたら、たちまち地獄よね。病院に行って泣いておわびをする。万が一、子どもが亡くなったりしたら、どうなる!? お葬式に焼香に行くとする。すると、四方から鋭く冷たい視線がとびかう。女がとび出してきて、むしゃぶりつく(注6)。
「あの子を返してちょうだい！ 返してよお！！」
　おお、嫌だ。ぶるぶる。そういうことを考えると、女子大生雑誌の「初めての車」特集に②空恐ろしいものを感じてしまう、今日この頃の私なのである。
　しかし、こういうことを言うと、たいていの人は言うのだ。
「そんなこと、いちいち考えたら、なんにもできないじゃないですか。子どもをひくなんて、よっぽど運が悪くて、めったに無いことなんだから、ふつうの人は考えませんよ」

③果してそうであろうか。私はそこいらのボディコン娘（注7）に一度聞いてみたい。「あんたたち、今の状態が永遠に続くと思ってるの？　何か大きなアクシデントが起こるとは考えたりしないの？」

　しかし、こんなこと言っても無駄かしら。年増（注8）のとりこし苦労（注9）と思われるかしらん。若いというのはそれだけで傲慢（注10）なものだ。自分にだけは不幸が訪れないと過信している。だからいろいろ大胆なこともできるわけですがね。

（林真理子『女のことわざ辞典』講談社）

（注1）青山通り：東京の中心部にあり、しゃれた店などが多い通り
（注2）外車：外国製の自動車
（注3）風情：様子
（注4）欠如する：欠ける
（注5）感嘆する：すばらしいと驚く
（注6）むしゃぶりつく：激しく強く取り付く
（注7）ボディコン娘：体の線を強調した服を着た若い女性
（注8）年増：少し年を取った女性
（注9）とりこし苦労：不要な心配
（注10）傲慢（な）：自分は偉い、自分はすごいと思い上がっているようす

問1　①想像力が異常に発達してるとあるが、この結果、どんなことが起こるか。
　　1　いつも楽しくドライビングすることができる。
　　2　病院に行って泣いてお詫びをしたり、事故の後始末をする。
　　3　子どもをひいてしまった後の不幸な状況が想像できる
　　4　路地に入ったところで子どもが飛び出してくると考えない。

問2　②空恐ろしいものを感じてしまうのはなぜか。
　　1　外車を欲しがる若い女性が増えそうだから
　　2　車を買って気楽に乗り回す若い女性が増えそうだから
　　3　雑誌の特集に事故に対する注意が書いてあるとは思えないから
　　4　初めての車を運転すると、事故を起こしやすいと思うから

問3　③果してそうであろうかとあるが、「そう」はどんなことを指すか。
　　1　事故のことをいちいち考えたら何にもできない
　　2　運が悪いと子どもをひくかもしれない
　　3　事故はめったに起こるものではない
　　4　事故が起きないという今の状態が永遠に続く

問4　この文章で筆者が言いたいことを最もよく表している諺は次のどれか。
　　1　一寸先は闇
　　2　転ばぬ先の杖
　　3　楽あれば苦あり
　　4　石橋をたたいて渡る

第4回 主張理解

次の文章を読んで、後の問いに対する答えとして、最もよいものを1・2・3・4から一つ選びなさい。

4番

　ヒトの言語の特徴を考えるうえで、動物の行動研究から得られるデータは重要である。
　よく知られているように、動物は多種多彩なコミュニケーション手段を発達させている。有名な例では蜜蜂(注1)のダンスがある。蜜蜂は蜜の多い花の集落(注2)を見つけると、巣へ戻って、仲間の前でダンスを始める。ダンスの数と角度が花の方向と距離を表現する。このダンスは、そこにないもの（＝花の位置）を、まったく違う手段（＝個体の運動）で表わすという点で、明らかに記号性を有している。もしこのダンスが、蜂が生まれてから社会の中で獲得するものだとしたら、この①記号はヒトの言語ときわめて類似した機能を持っていると考えてよいであろう。
　ニホンザル(注3)が数多くの音声を状況に応じて使い分けていることも、よく知られている。多い場合、この数は五〇を超えると言われる。ただしこれらの音声は、満足を示す、威嚇する(注4)、危機の接近を示す、など、ある大きな状況を知らせるものであって、特定の物体（たとえばジャガイモ）、あるいは特定の敵（たとえば人間）を表わすことができるタイプの音声ではない。つまりこれらの音声は、ある状況を知らせる「信号」ではあるが、記号ではない。
　進化の系統樹(注5)でヒトにもっとも近いチンパンジーは、言語能力でもヒトとつながるところがあるようである。たとえば、チンパンジーには、ある種の記号をあやつることを教え込むことができる。チンパンジーには音声を分節する(注6)だけの構音器官がないため、実験は手話やレキシコグラフ（語を一つの図形で表わす）を用いて行われる。彼らは、これら手や目を使って覚えこんだジェスチュア(注7)や絵が、そこにないあるモノを表わすことができる「②しるし」であることを理解し、それらを用いて、そこにないモノを要求し、あるいは目前のモノに対応するジェスチュアを示したり、図形を選び出したりすることができる。彼らはこのような記号を何十も覚えることができるばかりか、ときにはこれらをつなぎ合わせて、今までにない表現を作り出すことすらできる。このような驚くべき事実は、チンパンジーの大脳の働きがヒトにつながる高度さを有していることを証明している。彼らの大脳には、ヒトの言語出現を可能にした組織構造の萌芽(注8)が存在しているのである。

ただ、これらのデータは衝撃的ではあるが、実験室のデータであることを忘れてはならない。ヒトと暮らし、ヒトに教えられて、ヒトとの交信方法を覚えたこれらのチンパンジーは、もはや野生に返しても仲間に受け入れられず、孤立してしまう、という報告もある。チンパンジーのこうした能力はヒトが教え込んだものであり、ヒトの媒介(注9)なしに、チンパンジー同士のあいだで自発的に出現したものではない。あくまで強制的に開発されたもので、特殊な能力である。

　また、ヒトの子供は、ことばをある程度マスターすると、その後は語彙も表現能力も短期間に幾何級数的(注10)に増加し、他者とことばを交換することができるようになるが、チンパンジーの語彙は、教え込まれた以上に増加することはない。

（山鳥重『ヒトはなぜことばを使えるか』講談社）

(注1) 蜜蜂：ハチの一種。蜂蜜をとるために飼われる
(注2) 集落：人の家の集まり。小さい村
(注3) ニホンザル：日本に住む猿の一種
(注4) 威嚇する：相手が怖がるようにおどす
(注5) 系統樹：生物の進化を1本の木にたとえて表したもの
(注6) 分節する：ひとつづきのものを区切る
(注7) ジェスチュア：ジェスチャー、身振り
(注8) 萌芽：新しいもののはじまり
(注9) 媒介：2つの間に入って情報を伝えるもの
(注10) 幾何級数：2、4、8、16のように同じ比率で増えていく数

問1　ここで言う①記号の説明として最も適当なものを選べ。
　　1　蜜蜂のダンスのように、そこにないものを、そのものとは違う手段で表すこと
　　2　コミュニケーションのために使われる信号のようなもの
　　3　蜜蜂のダンスのように、仲間にある状況を知らせること
　　4　コミュニケーションのために、生まれてから社会の中で獲得するもの

問2　本文中で②しるしと同じ意味で使われている言葉はどれか。
　　1　言語　　2　状況　　3　記号　　4　モノ

問3　ニホンザルとチンパンジーのコミュニケーション手段について、文章の内容と合っているものはどれか。
　　1　チンパンジーがある種の記号を覚える能力は人間以上だ。
　　2　ニホンザルは音声によって特定のモノを知らせる能力を持つ。
　　3　チンパンジーは音声によって言葉を表現することができる。
　　4　ニホンザルは特定のモノを仲間に知らせる能力を持たない。

問4　この文で筆者が伝えたいことは何か。
　　1　動物のコミュニケーション能力に共通するのは、動物が「記号」を使用することである。
　　2　動物のコミュニケーション能力の中でヒトの言語は他と異なる。
　　3　どんな動物もヒトと同じように、状況を伝える手段を持っている。
　　4　動物には、人間を超える驚異的なコミュニケーション能力を持つものがある。

第1回 情報検索

日付	／	／	／
得点	／2	／2	／2

1番

問題　次は、クレジットカードの利用明細である。下の問いに対する答えとして、最もよいものを1・2・3・4から一つ選びなさい。

問1　太郎さんはどのように支払いをしなければならないか。

1　10月4日に銀行で振り込む。
2　10月4日までにコンビニで振り込む。
3　10月3日までに自分の銀行口座に入金する。
4　10月3日までにカード会社に郵送する。

問2　太郎さんのポイントと商品の交換について、正しいものを選びなさい。

1　貯まったポイントで6416円分の買い物ができる。
2　来年になると無駄になってしまうポイントがある。
3　交換する商品を実際に見て選ぶことができる。
4　必要であれば、自宅以外の住所にも配達してもらうことができる。

ご利用代金明細書

いつも当社のクレジットカードをご利用いただき、誠にありがとうございます。
日本　太郎　様　の今月のご利用代金をご案内申し上げます。

会員番号	＊＊＊＊－1234－5678－＊＊＊＊
ご請求額	34,481 円
支払期限	20XX 年　10 月　04 日

口座へのご入金は支払期限の前日までにお願いいたします。
　　　　　　口座名義　　　：　ニホン　タロウ
　　　　　　金融機関・支店　：　はなまる銀行　橋田駅東口
　　　　　　口座番号　　　：　＊＊＊＊＊＊＊＊
　　　　　　お支払い方法　：　口座振替

ポイント交換のご案内

貯まったポイントを素敵な商品と交換できます。

	ポイント
前回までの獲得残高	6348
今回獲得	68
ポイント残高	**6416**

> このうち 1012 ポイントは、今年中の申し込みがなければ無効となりますのでお気をつけください。

◇**商品交換**の申し込み方法
① <u>プレゼント専用電話でのお申し込み</u>　0120-123-456（8～21 時）
② <u>インターネットでのお申し込み</u>　URL：www.happy-card.co.jp
③ <u>郵送でのお申し込み</u>　同封の申込用紙にご記入の上、お送りください。

※ カタログの商品番号をお確かめのうえ、お間違いのないようご明記ください。
※ ご応募いただいた商品の返品、交換はいたしかねます。
※ 商品の送り先は会員登録されている自宅住所のみとさせていただきます。
※ お届けまでに約 2～3 週間かかります。

第2回
情報検索

2番

問題　次は、美術館の案内である。下の問いに対する答えとして、最もよいものを1・2・3・4から一つ選びなさい。

問1　Aさんは来週の月曜日（3月21日）が祝日で休みなので、日本の現代絵画（特に、1945年以降のもの）を見に行きたいと思っている。家族4人（Aさん43歳、妻40歳、長女 高校生、長男 中学生）で行く場合、いくらかかるか。複数ある場合は最も費用が少なくてすむところを選びなさい。

1　1900円
2　2790円
3　2900円
4　3100円

問2　高校の美術教師のBさんは4月30日土曜日に美術部の生徒25名を連れて、美術館見学に行く計画を立てている。予算として、生徒1人の入館料を500円以下に抑えたい。条件に合う美術館はいくつあるか。

1　1つ
2　2つ
3　3つ
4　4つ

みどり区近郊美術館案内

白山美術館
企画展：「浮世絵〜江戸の風景」　前期　4月12日（火）〜4月25日（月）
　　　　　　　　　　　　　　　　後期　5月1日（日）〜5月26日（木）
江戸時代の浮世絵を中心に、明治大正の美術作品を多く展示
10：00〜17：00　休館日：月曜日（祝日の場合は翌日）展示替え期間　年末年始
大人1000円（800円）大学生・高校生800円（600円）中学生以下無料
（　）内の料金は団体20名以上　※4月26日〜4月30日まで展示替えのため休館

みどり区現代美術館
現代美術専門の公立美術館。常設展では日本の第二次世界大戦後からの現代美術の流れを見ることができる。絵画・彫刻など約150点を常設展示。
11：00〜19：00（水曜日は21：00まで）休館日：月曜日（祝日の場合は翌日）年末年始
一般900円　大学生・高校生700円　中学生以下400円（団体20人以上3割引き）

中田記念美術館
明治時代から現代までの日本美術を集めた美術館
特別展「白山日本画展」20世紀の名作250点を展示
2月4日（金）〜4月13日（水）
10：00〜17：30　休館日：月曜日（祝日の場合は翌日）毎月27日〜月末
大人1000円　大学生・高校生700円　中学生以下400円（いずれも土日祝日は1割引き）

県立西洋美術館
ヨーロッパ近代美術作品約200点を常設展示
企画展：「江戸時代の浮世絵展」（7月・8月）
9：30〜17：00（金曜は20時まで）
休館日：月曜日（祝日の場合は翌日）年末年始
常設展：一般850円　大学生700円　高校生600円　中学生以下無料　※20名以上2割引き

大和美術館
日本と東洋の美術（近世）を中心に大和グループ創業者が収集した美術品一万点を収蔵
企画展：「中国の秘宝展」　3月12日（土）〜6月12日（日）
9：30〜17：00　企画展期間中無休
一般1400円　大学生900円　高校生700円　中学生以下無料（団体20名以上200円引き）

みどりの森美術館
みどり区出身の芸術家の作品の展示
企画展：写真展「みどり区の風景〜昭和から平成へ」　3月18日（金）〜6月26日（日）
10：00〜17：00　休館日：月曜日（祝日の場合は翌日）展示替え期間　年末年始
一般700円　大学生・高校生600円　中学生以下無料　団体30名以上半額

第3回 情報検索

3番

問題　次は、ある会社内で行われる講習会の案内である。下の問いに対する答えとして、最もよいものを1・2・3・4から一つ選びなさい。

問1　九州支社経理部の田中氏（一般職・入社4年）が最短で研修を終えられるのはいつか。ただし、1月18日～19日は大阪支社へ出張予定だが、それ以外は九州から離れることができない。
   1　1月23日
   2　1月24日
   3　1月25日
   4　1月28日

問2　大阪支社経理部課長の高橋氏（総合職・入社8年）が受講できる「入力方法」と「経理処理」の研修は合計で何回あるか。
   1　2回
   2　3回
   3　4回
   4　5回

新経理システムに関する講習会

　既にお知らせしましたように来年度より新経理システムが導入されます。導入に先立ち下記の要項で講習会を実施しますのでご出席願います。

1．講習会日程（実施時間は各回 10：00 ～ 11：00）

　ビデオ中継が「○」の日は全ての場所からビデオ中継での受講が可能です。（一部を除く。備考欄参照）

日付	講習内容	場所	中継	備考
1/15	全体概要	東京	○	
1/16	入力方法	東京	○	大阪のみビデオ中継なし
1/17	入力方法	東京	○	総合職の受講不可
1/18	伝票承認	東京	×	
1/19	経理処理	東京	○	大阪のみビデオ中継なし
1/22	全体概要	大阪	×	
1/23	入力方法	大阪	○	
1/24	経理処理	大阪	○	
1/25	伝票承認	大阪	○	
1/28	全体概要	九州	○	大阪のみビデオ中継なし
1/29	入力方法	九州	×	
1/30	経理処理	東京	○	総合職のみ受講可
1/31	伝票承認	東京	○	

2．対象者別の必修コース

部門	職位	勤務年数	必修コース
経理部門	一般職	4年以下	全体概要、入力方法、経理処理
		5年以上	入力方法、経理処理
	総合職	全	入力方法、経理処理、伝票承認
その他	一般職	3年以下	全体概要、入力方法
		4年以上	入力方法
	総合職	全	入力方法、伝票承認

著者紹介

問題作成＋解説：
　　星野 恵子（ほしのけいこ）：元　拓殖大学日本語教育研究所講師
　　辻 和子（つじかずこ）：ヒューマンアカデミー日本語学校東京校顧問

問題作成：青柳 恵（あおやぎめぐみ）
　　　　　小座間 亜依（おざまあい）
　　　　　桂 美穂（かつらみほ）
　　　　　小島 美奈子（こじまみなこ）
　　　　　高田 薫（たかだかおる）
　　　　　高橋 郁（たかはしかおる）
　　　　　横山 妙子（よこやまたえこ）

翻　訳：　英語　　　山上 富美子（やまがみふみこ）
　　　　　中国語　　張 一紅（チョウ・イイコ）
　　　　　韓国語　　徐 希妊（ソ・ヒジョン）

録　音：　勝田 直樹（かつたなおき）
　　　　　かとうけいこ

イラスト：　花色木綿 / 杉本 千恵美（すぎもとちえみ）

カバーデザイン：　木村 凜（きむらりん）

ドリル＆ドリル 日本語能力試験 N1 聴解・読解

2011年9月1日 初版発行　　2025年11月1日　第9刷発行

[監修]　星野恵子（ほしのけいこ）
[著者]　星野恵子・辻和子（ほしのけいこ・つじかずこ）　2011ⒸⒸ
[発行者]　片岡 研
[印刷所]　シナノ書籍印刷株式会社
[発行所]　株式会社ユニコム
　　　　　Tel.042-796-6367　Fax.042--850-5675
　　　　　〒194-0002 東京都町田市南つくし野 2-13-25
　　　　　https://www.unicom-lra.co.jp

ISBN 978-4-89689-480-6

■本文、音声等の無断転載複製を禁じます

ドリル&ドリル
日本語能力試験 N1 聴解・読解

著者：星野恵子＋辻 和子

正解・解説

強く引っぱるとはずせます

UNICOM Inc.

課題理解

第1回

1番
「見当たらない」=探しているものが見つからない

申請書	しんせいしょ	application form	申请书	신청서
事項	じこう	matter, article	事项	사항
学生証	がくせいしょう	student ID	学生证	학생증

2番

視察(する)	しさつ(する)	inspect(ion)	视察	시찰(하다)
件	けん	matter, affair, case	事,事件,事情	건
会食	かいしょく	dining together	聚餐	회식
支社	ししゃ	branch office	分公司,分行	지사

3番

陳列ケース	ちんれつケース	display case	陈列橱	진열케이스
右利き	みぎきき	right-handed	右手比左手灵,用右手(的人)	오른손잡이
目線	めせん	viewpoint	视线	시선
目に付く	めにつく	stand out, catch one's eye	在眼中停留,醒目	눈에 띄다, 눈에 보이다

4番

| 展示会 | てんじかい | exhibit | 展览会,展示会 | 전시회 |
| イベント | | event | 集会,活动 | 이벤트 |

「ずらす」=少し動かす

| またがる | | extend/stretch over | 骑,跨,横跨 | 걸치다 |

「(会場を)押さえる」=(会場を)確保する/予約する
「とりあえず」=(他にもいろいろあるが)今はまず

| キャンセル | | cancel(lation) | 取消 | 캔슬, 취소 |

5番

| サボる | | skip (class, work) | 怠工,偷懒 | 빼먹다, 빠지다 |

「書き写す」=文字、文章、絵などをその通りに書く

課題	かだい	theme, assignment	课题	과제
逃れる	のがれる	escape	逃跑,逃走	피하다, 면하다
差し当たり	さしあたり	for now	当前,目前	당장, 우선

6番
「商品券」=商品を買うことができる券

差額	さがく	difference	差额	차액
手持ち	てもち	on hand, in stock	手头有的,手头	수중에 갖고 있음, 현재소유
キャンペーン		campaign	运动,宣传活动	캠페인

第2回

7番

| 花柄 | はながら | floral patterns | 花样 | 꽃무늬 |
| 野暮(な) | やぼ(な) | senseless, tasteless | 庸俗,俗气 | 촌스럽고 멋이 없음 |

「いまひとつ」=あまりよくない

| 広報誌 | こうほうし | information bulletin | 广告册子 | 홍보지 |

「小物」=小さい物

| 華やか(な) | はなやか(な) | gorgeous, luxurious | 华丽的,华美的 | 화려(한) |

8番

| なんだか | | somehow, somewhat | 是什么,总觉得 | 웬일인지, 어쩐지 |
| なんだかんだ | | one thing or another | 这样那样 | 이래저래, 이것저것 |

「ひょっとしたら」=もしかしたら

N1 ことば

見極める	みきわめる	discern, grasp	看清，看透	규명하다，확인하다，분간하다
生身	なまみ	flesh and blood	肉身，肉体，活人	살아있는 몸，생고기 (생살)
チーフ		chief	头目，主任，首长	주임，우두머리

9番

訂正	ていせい	correction	订正	정정
切替	きりかえ	change, conversion	转换，调换	전환，변환
戸籍	こせき	family register	户籍	호적
戸籍謄本	こせきとうほん	copy of an entire family register	户籍誊本，全部户口抄件	호적등본
戸籍抄本	こせきしょうほん	partial copy of a family register	户籍抄本	호적초본
無効	むこう	not valid	无效	무효

「とりあえず」= いろいろすることがあるだろうが、今はまず

交付 (する)	こうふ (する)	issue	交，交纳，提交	교부 (하다)

10番

引率者	いんそつしゃ	leader	率领者，领头人	인솔자
真正面	ましょうめん	head on, straight ahead	正面	정면，바로정면
しぶき		spray, splash	飞沫	물보라
ステージ		stage	舞台	스테이지，무대

11番

「〜部」= 印刷物を数える言葉

入力	にゅうりょく	input	输入数据	입력
伝票	でんぴょう	payment slip	发票	전표

12番

毎時	まいじ	every hour, hourly	每小时，每时	시간마다
精算	せいさん	payment	结算，结帐	정산

第3回

13番

ゆかり		in connection with	姻缘，关系	연고，관계
アニメ		animation, anime	动画片	애니메이션
学生課	がくせいか	student affairs section	学生部	학생과
設立	せつりつ	foundation	设立	설립
部員	ぶいん	club member	成员，部员	부원
顧問	こもん	advisor, consultant	顾问	고문
ゼミをとる		take a seminar	上研究班课程	세미나를 듣다 (참가하다)
声を掛ける	こえをかける	speak to	搭话，打招呼	말을 걸다，얘기하다

14番

「当たる」= 調べて確かめる
「となると」= そういうことなら / そういう事情なら

収まる	おさまる	fit into a frame/category	容纳，收纳	수습되다，정리되다

「その旨」= そのこと

手順	てじゅん	procedure	次序，程序	순서，절차

「何なら」= 必要なら

キャンセルする		cancel	取消	캔슬하다，취소하다

15番

縄跳び	なわとび	rope jumping	跳绳	줄넘기
連帯感	れんたいかん	sense of solidarity	连带感，一体感	연대감
タイミング		timing	时机	타이밍

「それでいて」= そうであるのに

一体感	いったいかん	sense of unity	一体感	일체감
対抗する	たいこうする	play against, rival	对抗	대항하다
バドミントン		badminton	羽毛球	배드민턴
手配	てはい	arrangement	筹备，安排	준비

16 番

控え	ひかえ	copy	预备，记录，副本	부본，사본
「受診」= 診察を受けること				
「初診」= 初めて診察を受けること				
扱い	あつかい	handling, treatment	使用，操纵	대우，대상，취급
「診察券」= 診察を受けるときに使うカード				
レントゲン		Xray	X 光, X 射线	엑스레이

17 番

浸す	ひたす	soak	浸，泡	적시다,(물, 액체에) 담그다
押し付ける	おしつける	force work	压上，按上，强使人接受	밀어붙이다，내리누르다
一気に	いっきに	at a time	一口气	단숨에
仕上げ	しあげ	finishing	做完，完成	마무리，완성

18 番

控える	ひかえる	stay away from	节制	삼가다
ティッシュペーパー		tissue	餐巾纸	고급 화장지
トイレットペーパー		toilet paper	手纸	화장실용 화장지
「ティッシュ」= ティッシュペーパー				

第 4 回

19 番

教科書	きょうかしょ	textbook	教科书	교과서
「持ち込み可」= 持って入ることができる				
自筆	じひつ	autograph	亲笔	자필
チェックする		check	检查，核对	체크하다
「事前に」= その前に				
ボールペン		ballpoint pen	圆珠笔	볼펜

20 番

お疲れ様 (仕事が終わったときの挨拶)	おつかれさま	greeting used when work is finished	辛苦了	수고했어
「～に回る」= ～へ行く				
取引先	とりひきさき	customer, client	客户，交易户	거래처
先方	せんぽう	the other party	对方	상대편

21 番

振り込み	ふりこみ	bank transfer	存入	불입，입금
「当行」= この銀行				
キャッシュカード		cash card	提款卡	현금인출카드
限度額	げんどがく	maximum amount	限度额	한도액
「恐れ入りますが」= すみませんが				
取り扱う	とりあつかう	deal with, handle	对待，接待，使用	취급하다,처리하다,다루다
「ご本人様」= 本人				
社員証	しゃいんしょう	employee ID	工作证	사원증
印鑑	いんかん	stamp	印，图章	인감
番号札	ばんごうふだ	number card	号码牌	번호표

22 番

登録書	とうろくしょ	registration form	登录证，注册证	등록서
健康診断書	けんこうしんだんしょ	health certificate	健康诊断书	건강진단서
所定	しょてい	designated	指定，规定	소정
入学金	にゅうがくきん	entrance fee	入学费	입학금

23番

機材	きざい	mechanical equipment and materials	机械材料	기재
点検する	てんけんする	check	检点，检查	점검하다
前もって	まえもって	in advance	预先，事先	사전에，미리
取引先	とりひきさき	customer, client	客户，交易户	거래처
別件	べっけん	another matter	另外的事件	다른 건，별도용건

24番

登山用シューズ	とざんようシューズ	mountain-climbing boots	登山用果汁	등산용신발
スニーカー		sneakers	轻便运动鞋	운동화
滑り止め	すべりどめ	skidproof, slip-proof	防滑	미끄럼방지
足場が悪い	あしばがわるい	footing is bad	脚下不稳	발디디기어렵다(나쁘다)
足首	あしくび	ankle	踝，脚脖子	발목
杖	つえ	walking stick, cane	手杖，拐杖	지팡이
リュック		knapsack, backpack	帆布背包，登山背囊	배낭
山頂	さんちょう	mountain top	山顶	산꼭대기
重ね着する	かさねぎする	wear layers of clothing	重叠地穿	껴입다，겹쳐입다
繊維	せんい	fabric	纤维	섬유
保温	ほおん	keep warm	保温	보온

ポイント理解

第1回

1番

ネットワーク		network	网，广播网，电视网	네트워크

「やつ(奴)」= 人 (少し乱暴な言い方。この会話では親しみをこめている)

2番

視点	してん	viewpoint	视点	시점
偏り	かたより	imbalance, disparity	偏，偏向一方	치우침，편향

3番

携帯電話 / 携帯	けいたいでんわ / けいたい	cell phone	手机	휴대전화
塾	じゅく	cram school	私塾	학원

4番

混戦	こんせん	close fight	混战	혼전，일진일퇴의 시합
終盤	しゅうばん	endgame, final phase	最后阶段	종반
逃げ切る	にげきる	manage to hold on	逃跑，逃掉	추격을 따돌리고 승리하다

「抜きつ抜かれつ」= 抜いたり、また抜かれたり
※「抜く」= 追い抜く

新人	しんじん	new member, new comer	新人，新手	신인
世代交代	せだいこうたい	generation change	世代交替	세대교체
脱落する	だつらくする	drop out	漏掉，脱落	탈락하다
ふらふら		stumble	蹒跚，摇晃	비틀비틀，휘청휘청

「あわや」= もうちょっとのところで

棄権	きけん	abstention from voting	弃权	기권

5番

経済学	けいざいがく	economics	经济学	경제학
概論	がいろん	introduction	概论	개론
中継	ちゅうけい	relay	中继，转播	중계
録画する	ろくがする	videotape	录像	녹화하다
生放送	なまほうそう	live broadcasting	直播，现场直播	생방송
オーケー		OK	好，行	오케이

6番

モデルルーム		model room	样品展示厅，样板房	모델룸, 견본제품전시실
「キッチン」=台所				
「予算オーバー」=予算より高い				
ローン		loan	贷款，借款	대출, 대부금
施設	しせつ	facility	设施	시설

7番

仕上げ	しあげ	finishing	做完，做完的结果	완성, 마무리

第2回

8番

話を詰める	はなしをつめる	wind up a discussion	总结，充分讨论	이야기를 매듭짓다
ご無沙汰する	ごぶさたする	not keep in touch	久不访问，久不问候	오랫동안 연락못드리다, 격조하다

「手土産」=人を訪問するときに持っていくおみやげ（菓子など）
「(甘いものは)苦手だ」=(甘いものは)好きではない

(お)煎餅	(お)せんべい	rice cracker	用面粉或米粉烤制的脆饼干	센베이, 전병

9番

「似たり寄ったり」=同じようで、違いがあまりない

クイズ		quiz	智力竞赛，考问，猜谜	퀴즈

「見ごたえのある(見ごたえがある)」=見る価値がある

チャンネル		channel	频道	채널
チェック		check	检查，核对	체크
おっくう(な)		hassle, a lot of trouble	慵懒，感觉麻烦	귀찮음

「手っ取り早く」=簡単に/すぐに

10番

映像	えいぞう	picture	映像，影像	영상

11番

ドタバタ(騒ぐ)	ドタバタ(さわぐ)	romp(ing) around	乱跳乱闹	쿵쾅쿵쾅(떠들석거리다)
手当	てあて	benefit, allowance	津贴，补贴	수당
住宅手当	じゅうたくてあて	housing allowance	住房补贴	주택수당
経費削減	けいひさくげん	cost reduction	削减经费	경비삭감
資格試験	しかくしけん	qualifying examination	为了取得资格的考试	자격시험

12番

普通電車	ふつうでんしゃ	local train	慢车	보통전차
(鉄道)ファン	(てつどう)ファン	(railway)enthusiast	(铁道)爱好者	(철도)팬

13番

ダイエットする		go on a diet	摄取给定的饮食	다이어트하다

14番

こだわり		obsession	拘泥	구애, 까다로움
調理	ちょうり	cooking	烹饪，做菜	조리
限定する	げんていする	limit, restrict	限定	한정하다
商品開発	しょうひんかいはつ	developing merchandise	商品开发	상품개발
ミセス		married woman	太太，夫人	미세스, 기혼부인
シンプル(な)		simple	简单，朴素，式样简单的	심플(한)
思い切って	おもいきって	courageously	下决心，大胆地	과감히, 큰맘먹고
差別化	さべつか	discrimination	有差别的	차별화
図る	はかる	devise, project	图谋，策划	도모하다, 꾀하다

第3回

15番

連休	れんきゅう	consecutive holidays	连续的假日	연휴

N1 ことば

初日	しょにち	first day	第一天	첫날
巻き込む	まきこむ	involve	卷入	말려들게 하다
いっそのこと		would rather	索性	차라리
いくらなんでも		whatever the circumstances	无论怎么样	아무리 그렇다 해도

16番

超高速	ちょうこうそく	super high-speed	超高速	초고속
ジェットコースター		roller coaster	轨道飞车	제트코스터
真っ逆さま	まっさかさま	head over heels	头朝下, 倒栽葱	완전히 거꾸로
ふわっと		(float) gently/lightly	蓬松柔软	둥실
宙	ちゅう	space	空中, 背空	공중
くるっと		around, (change) abruptly	(灵活地)转	획
刺激的(な)	しげきてき(な)	stimulative, provocative	刺激的	자극적(인)

17番

色合い	いろあい	coloring, tone, tint	颜色的配合	색조
金箔	きんぱく	gold leaf	金箔	금박
技法	ぎほう	technique	技术, 技巧	기법
(想像力を)かきたてる	(そうぞうりょくを)かきたてる	arouse/stir up (imagination)	凭想象力大写特写	(상상력을) 자아내다, 불러일으키다

18番

「年末年始」=12月の末から1月の初めまでの時期
「例年」=いつもの年 / 毎年
「大晦日」=12月31日

19番

衝動買い	しょうどうがい	impulsive shopping	一时冲动而买下	충동구매
アイデアグッズ		original/novel product	构思新颖的商品	아이디어상품
「ナンバーワン」=第1位				
ドーナツ		doughnut	炸面饼圈	도넛
ポイント		point	要点	포인트
「意外と」=意外に				
「いける」=良い / おいしい				
ダイエット		diet	给定的饮食	다이어트

20番

損なう	そこなう	destroy, ruin, harm	损坏, 破损	망가프리다, 파손하다
経費	けいひ	expense	经费	경비
見積もり	みつもり	estimate	估计	견적
「～はさておき」=～はともかく				
大幅(な)	おおはば(な)	major, dramatic	大幅度	대폭(적인)
快く	こころよく	willingly	高兴, 愉快	흥쾌히, 기꺼이

21番

勤務時間	きんむじかん	working hours	工作时间	근무시간
取引先	とりひきさき	client, customer	客户, 交易户	거래처
「もとはと言えば」=最初の事情は				

第4回

22番

「バイト」=アルバイト

学習塾	がくしゅうじゅく	private cram school	学习的私塾	학원
残業	ざんぎょう	overtime work	加班	잔업
応募する	おうぼする	apply	应聘	응모하다

23番

| 思い切って | おもいきって | courageously | 下决心 | 과감히, 큰맘먹고 |

聴解

24 番
履修登録	りしゅうとうろく	course registration	学完登记，学习完成注册	이수등록
ゼミ		seminar	研究班，研究班课程	세미나
先着順	せんちゃくじゅん	first-come-first-served	已到达先后为序	선착순
リサーチ		research	研究，调查	리서치
楽する	らくする	have an easy time	做快乐，舒适的事	수월하다，손쉽다
ばれる		be discovered	暴露，败露	들통나다
訂正	ていせい	correction	订正	정정

25 番
照明	しょうめい	lighting	照明，舞台灯光	조명
中途半端（な）	ちゅうとはんぱ（な）	unfinished, incomplete	半途而废，不明朗	어중간（한），어설픔

26 番
「今月いっぱい」＝今月末まで
「倒れる」＝病気になる

介護	かいご	nursing care	照顾老年人或病人的日常生活	개호，간호

27 番
ハンバーガー		hamburger	汉堡包	햄버거
携帯（携帯電話）	けいたい（けいたいでんわ）	cell phone	手机	휴대전화

28 番
「勘定をする」＝支払う

ご馳走する	ごちそうする	treat	盛宴，酒席，款待，请客	음식을 대접하다，한턱내다

「気がすまない」＝申し訳ない／「すみません」と思う

ご馳走になる	ごちそうになる	be treated	承您款待	음식을 대접받다

概要理解

第 1 回

1 番
下見	したみ	preliminary inspection	预先检查，预习	예비검사
連絡を蜜にする	れんらくをみつにする	maintain close contact	密切联系，密切联络	연락을 면밀히 하다

「事前に」＝前もって

対処する	たいしょする	deal with, handle	处理	대처하다
メール		email	邮件，电子邮件	메일

「不十分（な）」＝十分ではない、足りない

認識	にんしき	recognition, realization	认识	인식
ギャップ		gap	裂缝，间隙	갭，간격

2 番
「とかく〜」＝〜（し）がちだ／〜（する）傾向がある

まる（1日）	（まる）いちにち	a whole day	整整一天	하루종일

「嫌気がさす」＝嫌になる

限定する	げんていする	limit, restrict	限定	한정하다
こつ		knack, secret	窍门，要领	요령

3 番
概して	がいして	in general	一般，普通	대체로，일반적으로

「平たく言えば」＝易しく言うと

4 番
現役	げんえき	be in active service	現役	현역

「めったにない」＝稀な／珍しい
「質疑応答」＝質問を出し、それに答えること

設ける	もうける	set up	预备，设置	마련하다，준비하다

N1 ことば

「事前に」= 前もって

| 業界 | ぎょうかい | business circles | 同业界 | 업계 |
| 有意義（な） | ゆういぎ（な） | meaningful | 有意义的 | 가치있음, 뜻있음 |

5番

「足」=（ここでの意味）交通機関

6番

エリート		elite	杰出人物, 尖子	엘리트
セールス		sales	推销, 推销员	세일즈, 영업
本題	ほんだい	main theme	本题, 正题	본제, 본론

第2回

7番

デジタル		digital	数字, 计数	디지털
逆行する	ぎゃっこうする	move backwards	逆行, 倒行	역행하다
切り抜く	きりぬく	clip	剪下, 切下	오려내다
貼り付ける	はりつける	paste	贴上, 粘上	붙이다
イラスト		illustration	插图, 解说图	일러스트
メリット		merit	优点, 好处	메리트, 장점
ひょっとすると		probably	也许, 或许, 说不定	어쩌면
（手帳）ブーム	（てちょう）ブーム	pocket notebook boom	（笔记）本热	（수첩）붐
反動	はんどう	reaction	反作用	반동
携帯電話	けいたいでんわ	cell phone	手机	휴대전화
組み込む	くみこむ	incorporate	编入, 入伙, 排入	짜 넣다, 포함시키다, 편입시키다
電子	でんし	electron	电子	전자
オリジナリティー		originality	原物, 原创, 原形	독창성

8番

| チラシ | | flyer | 广告单 | 전단, 광고지 |

「公開講座」= その大学の学生だけでなく一般の人も受けられる講座

受講する	じゅこうする	take a class	听讲	수강하다
体系的（な）	たいけいてき（な）	systematic	体系的	체계적（인）
知的（な）	ちてき（な）	intellectual	智慧的	지적（인）
活性化する	かっせいかする	activate	活性化	활성화하다
老いる	おいる	get old	老, 老化	늙다, 나이먹다

「キャンパスライフ」=（大学の）学生生活

9番

出世する	しゅっせする	succeed in life	成功, 出息	출세하다
やる気	やるき	motivation	干劲	할 마음, 의욕
（努力が）報われる	（どりょくが）むくわれる	(one's efforts) are rewarded	（努力）得到了回报	（노력을）보답받다
充実感	じゅうじつかん	sense of fulfillment	充实感	충실감
（よい結果を）もたらす	（よいけっかを）もたらす	bring about (a good result)	带来了（好的结果）	（좋은 결과를）가져오다, 초래하다
成果	せいか	result	成果	성과
要領のいい（要領がいい）	ようりょうのいい（ようりょうがいい）	be capable of doing things well	得要领	요령이 좋다
わりの悪い（わりが悪い）	わりのわるい（わりがわるい）	not pay off, unprofitable	不上算的	수지가 안맞다, 이익이 적다

「いやというほど」= たくさん

| フルに | | fully | 充分, 最大限度 | 최대한 |

10番

魚介類	ぎょかいるい	fish and shellfish	鱼类和贝类	어패류
呼吸器	こきゅうき	respiratory organs	呼吸器	호흡기
食物アレルギー	しょくもつアレルギー	food allergy	食物过敏	식물알레르기

アレルギー		allergy	过敏	알레르기
粘膜	ねんまく	mucous membrane	粘膜	점막
花粉	かふん	pollen	花粉	꽃가루
花粉症	かふんしょう	pollen allergy	花粉症	화분증, 꽃가루 알레르기
発症する	はっしょうする	(a symptom) appears	发病	발생 (발증) 하다
ケース		case	事例, 实例	케이스, 경우

11番

| 圧倒的に | あっとうてきに | overwhelmingly | 绝对的 | 압도적으로 |

12番

嗅覚	きゅうかく	sense of smell	嗅觉	후각
弊社	へいしゃ	our company	敝公司, 本公司	폐사, 저희 회사
「ボトル」= びん				
キャンペーン		campaign	运动, 宣传活动	캠페인

第3回

13番

核家族	かくかぞく	nuclear family	小家庭	핵가족
「耳にする」= 聞く				
「同居する」= 同じ家に一緒に住む				
気を使う	きをつかう	keep on one's toes	关心	신경을 쓰다
三世代	さんせだい	three generations	三代	3 세대

14番

(報道) キャスター	(ほうどう) キャスター	(news) caster	报道员	(보도) 캐스터
「(手術を) 控える」=(ここでの意味)(手術を受ける日が) 近い				
中継	ちゅうけい	broadcasting	中继, 转播	중계
ひたむきに		devotedly	只顾, 一心	한결같이, 변함없이
取材 (する)	しゅざい (する)	interview, gather information	取材, 采访	취재 (하다)

15番

進化する	しんかする	evolve	进化	진화하다
気象	きしょう	climate	气象	기상
花粉	かふん	pollen	花粉	꽃가루
視聴者	しちょうしゃ	viewer	收看者, 观众	시청자
おせっかい (な)		interfering, meddlesome	多管闲事 (的)	참견, 간섭

16番

導く	みちびく	result in, draw out	引导, 指导	인도하다, 이끌다
アロマセラピー		aroma therapy	用花香及药草的香气来减轻精神压力的疗法	아로마테라피
ミント		mint	薄荷	민트
ユーカリ		eucalyptus	桉树	유칼리
(1) 滴	(1) てき	drop	一滴	(1) 방울
たらす		drip, pour	滴, 流	떨어뜨리다, 흘리다
活性化する	かっせいかする	activate, stimulate	活性化	활성화하다
こめかみ		temple	鬓角	관자놀이
マッサージする		massage	按摩	마사지하다
手軽に	てがるに	casually, easily	简单, 轻易	손쉽게

17番

「同情を禁じえない」= 同情する気持ちをおさえられない				
「発想の転換」= 考え方を変えること				
「目を転じる」= ちがうところを見る				
先端技術	せんたんぎじゅつ	advanced technology	先端技术	첨단기술
担う	になう	take on	担, 挑, 肩负	짊어지다, 담당하다
選択肢	せんたくし	choice, option	选择项目	선택지

N1 ことば

18番

フレックスタイム制	フレックスタイムせい	flexible time system	弹性工作时间制	가변적노동시간제, 근무시간자유선택제
導入する	どうにゅうする	adopt, introduce	导入	도입하다
「ちょこちょこ」＝すぐに、何度も				
私生活	しせいかつ	private life	私生活	사생활
システム		system	系统	시스템
効率	こうりつ	efficiency	效率	효율

第4回

19番

超高齢化社会	ちょうこうれいかしゃかい	extremely aging society	超高龄化社会	초고령화사회
伴う	ともなう	accompany	伴随, 陪伴	따르다, 걸맞다
医療制度	いりょうせいど	medical service system	医疗制度	의료제도
見直し	みなおし	reconsideration	重看, 重新	재검토
薬を処方する	くすりをしょほうする	prescribe medicine	开药方	약을 처방하다
細やか(な)	こまやか(な)	precise, careful	浓厚的, 细腻的	세심함, 자상함
対応	たいおう	tackling, dealing with	对应, 调和	대응
両者	りょうしゃ	both parties	两者	양자
(信頼関係を)築く	(しんらいかんけいを)きずく	build up (a relationship of trust)	建立(信赖关系)	(신뢰관계를) 쌓다
程遠い	ほどとおい	way far from	相当远	거리가 멀다, 차이가 많다
提供	ていきょう	offer, sponsoring	提供	제공
モットー		motto	标语, 格言	모토, 표어, 좌우명
きめ細かい	きめこまかい	careful, precise	皮肤细腻, 表面光滑	빈틈없이 꼼꼼하다
目標に掲げる	もくひょうにかかげる	hold up a goal	提出目标, 亮出目标	목표로 두다
取り組み	とりくみ	tackling, grappling	搭配, 配合	대처
「お手元の」＝みなさんが今持っている				
掲載する	けいさいする	publish	刊登, 登载	게재하다
支援	しえん	support	支援	지원

20番

コマーシャル		commercial	商业广告, 广告节目	방송광고
「ぴたっと」＝急に、完全に(止まる)				
マスコミ		media	大规模宣传	매스컴
「あっという間に」＝短い間に／すぐに				
市販する	しはんする	sell an item on the market	在市场上出售	시판하다, 판매하다
解明	かいめい	solution, clarification	解释清楚, 阐明	해명
衣装	いしょう	costume	服装	의상
目を引く	めをひく	appealing	引人注目	눈길을 끌다
映像	えいぞう	picture (of a screen)	映像	영상
ペット		pet	宠物	애완용동물
行き過ぎ	いきすぎ	going too far	过头, 过分	지나침, 도를 넘음

21番

インターネット		Internet	因特网	인터넷
無断で	むだんで	without getting permission	擅自, 自作主张	허락없이, 무단으로
対処する	たいしょする	deal with	处理, 对付, 应付	대처하다
頭を悩ませる	あたまをなやませる	bothering, troublesome	让人烦恼	골머리를 썩히다, 고민하다
提供する	ていきょうする	offer, provide	提供	제공하다
システム		system	系统	시스템
照らし合わせる	てらしあわせる	check A against B	核对, 对照	대조하다, 비교해 보다

判定する	はんていする	judge	判定	판정하다, 판가름하다
対応する	たいおうする	tackle, deal with	対応	대응하다

22番

企画書	きかくしょ	project report	规划书	기획서
上司	じょうし	boss	上司	상사
秘訣	ひけつ	secret	秘訣	비결
インターネット		Internet	因特网	인터넷
サイト		website	网站	사이트
応募	おうぼ	application	应募, 应聘	응모
実例	じつれい	example	実例	실례

「手っ取り早い」= 手間がかからなくて簡単だ

23番

消費税	しょうひぜい	consumption tax	消費税	소비세
大幅(な)	おおはば(な)	major, dramatic	大幅度	대폭(적인)
負担	ふたん	burden	負担	부담
不公平(な)	ふこうへい(な)	unfair	不公平	불공평(한)
税率	ぜいりつ	tax rates	税率	세율
目下	もっか	currently	当前, 目前	현재, 당장
財政	ざいせい	financial affairs	財政	재정

「もはや」= もう / すでに

増税	ぞうぜい	tax increase	増加税額	증세
福祉	ふくし	wellfare	福利	복지
対処する	たいしょする	deal with	処理, 対付, 应付	대처하다
方策	ほうさく	policy, strategy	方略, 対策	방책

24番

外国為替市場	がいこくかわせしじょう	foreign exchange market	外汇交易市場	외환시장
頻繁に	ひんぱんに	frequently	頻繁的	빈번하게
円高 / 円安	えんだか / えんやす	strong yen/weak yen	日元汇价高 / 日元汇价低	엔화강세 / 엔화약세
要因	よういん	factor	主要原因	요인
見当たらない	みあたらない	cannot be found	找不到, 看不到	찾을 수 없다
投資家	とうしか	investor	投資家	투자가

「(素人)同然」=(素人)とほとんど同じ

認識する	にんしきする	recognize, realize	认识, 理解	인식하다

統合理解

第1回

1番

まことに		very, really	真的, 非常	진심으로

「(運転を)見合わせる」=(運転を)しないで、しばらく様子を見る

現場検証	げんばけんしょう	inspection of the scene	現場検験, 現場验证	현장검증

「見通しが立つ」= 今後どうなるか分かる

待機する	たいきする	stand by	待命, 待机	대기하다
振り替え	ふりかえ	transfer	转入, 转账, 調換	대체해
遠回り	とおまわり	roundabout way	绕远路	멀리 돌아감
取引先	とりひきさき	client, customer	客户	거래처
先方	せんぽう	the other party	対方	상대편

2番

栄誉	えいよ	honor, distinction	荣誉	영예
光栄	こうえい	honor, glory	光荣	영광

「受賞の一報」= 受賞の連絡
「厚く御礼申し上げます」= 大変ありがとうございます

N1 ことば

いつわり		lie	假，虚伪	거짓
反響	はんきょう	response, reaction	反响	반향
精進する	しょうじんする	devote oneself (to)	精进，修行	정진하다
背く	そむく	act against, disobey	背着，背向，违背	등지다
冒頭	ぼうとう	beginning	起首，开头	서두，첫머리
現地	げんち	actual spot, locale	现地，现场	현지
真実味	しんじつみ	truthfulness, credibility	真实感	진실미
細やか（な）	こまやか（な）	tender, thoughtful	浓厚，细腻，细致	세밀（한），세세（한）
描写	びょうしゃ	description	描写	묘사
あどけない		innocent, childlike	天真，天真无邪	천진난만하다，티없다

3番

合宿	がっしゅく	training camp	集训，共同寄宿	합숙
異議	いぎ	objection	异议	이의，다른 의견

「吹っ飛ぶ」＝なくなる
「海産物」＝海で採れるもの

4番

気象	きしょう	climate	气象	기상

「関東」＝東京を含む地方
「近畿地方」＝大阪を含む地方

太平洋	たいへいよう	the Pacific Ocean	太平洋	태평양
ポカポカ		onomatopoeia for nice and warm weather	暖和	포근포근（따스하게 느껴지는 모양）

「日和」＝何かをするのに適した、よい天気

花粉	かふん	pollen	花粉	꽃가루

「下り坂」＝（ここでの意味）だんだん悪くなること
「〜並み」＝〜と同じ程度

サングラス		sunglasses	太阳眼镜	선글라스

第2回

5番

指摘する	してきする	point out	指出，指摘	지적하다

「ひょっとしたら」＝もしかしたら
「弱々しい」＝とても弱い感じで、元気がない様子

朝礼	ちょうれい	morning meeting	早会，朝会	조례
張り	はり	firmness	有力，劲头	생기，활기
受け答え	うけこたえ	making responses	对答，答应	대답，응답

6番

カタログ		catalogue	目录，商品目录	카탈로그，상품목록
（スーツケース）自体	（スーツケース）じたい	(suitcase) itself	（旅行用手提式衣箱）本身	（여행가방，슈트케이스）자체
衝撃	しょうげき	impact	打击，冲撞	충격
頑丈（な）	がんじょう（な）	strong	坚固，结实	튼튼（한），견고（한）
ゆったり		spaciously	宽敞舒适，舒畅	넉넉히
こだわる		be obssessive about	拘泥	구애받다，까다롭다
コンパクト（な）		compact	小型而内容充实的，小型	콤팩트（한），휴대편（한）

7番

デジタル		digital	数字，计数	디지털
画質	がしつ	quality of pictures	图像质量	화질
軽量	けいりょう	light	分量轻	경량
耐久	たいきゅう	durability	耐久	내구
こなす		carry out, complete	做完，掌握，运用自如	해내다，소화해내다

「習い事」＝習っていること

気軽に	きがるに	casually	轻松愉快，舒畅	가벼운 맘으로，맘편히

手軽に	てがるに	easily	简单,轻易	손쉽게
振動	しんどう	vibration	振动	진동
耐える	たえる	endure, persevere	忍耐,容忍	견디다
扱い	あつかい	treatment, handling	对待,使用,处理	조작,취급
充実	じゅうじつ	fulfillment	充实	충실
手本	てほん	model	字帖,模范,榜样	본보기,모범
ジョギング		jogging	跑步	조깅

8番

準備万端	じゅんびばんたん	completely ready	一切准备就绪	준비완료,만단의 준비

「ドタキャン」= 直前にやめること

キャンセル		cancel(lation)	取消	캔슬,취소

「メールを流す」= みんなにメールを出す
「今さら」= 今になって(もう遅い)

幹事	かんじ	event organizer	干事	간사
失格	しっかく	disqualification	失去资格	실격
嘆く	なげく	lament	叹息,悲叹	한탄하다

第3回

9番

「はめ」= よくない状況

値引きする	ねびきする	discount	减价	가격을 깎다

10番

日頃	ひごろ	usually	平时	평소
癒す	いやす	cure	治疗,医治	치료하다
オープンする		open	敞开,开放	오픈하다
フロア		floor	地面,地板,楼面,层	플로어,바닥

「自由気ままに」= 自由で気楽に

心が和む	こころがなごむ	become relaxed	温柔,温和,缓和	온화해지다
スイーツ		confectionery	甜食,糖果,甜点心	케이크종류의 디저트
パスタ		pasta	面食类	파스타
オムライス		omelette rice	蛋包饭	오므라이스
充実する	じゅうじつする	plenty of	充实	충실하다

「特製」= 特別に作られた

キャットフード		cat food	猫食	캣푸드(고양이먹이)

「無用」= 必要ない
「病みつき」= 大好きになって、やめられない状態

11番

空腹	くうふく	hunger	空腹	공복
まっしぐらに		straight forward	一直猛进,勇往直前	쏜살같이
小魚	こざかな	little fish	小鱼	작은 물고기
飛びかかる	とびかかる	jump, pounce on at	猛扑过去	덤벼들다
傷つく	きずつく	get hurt	受伤	다치다,상처입다
好物	こうぶつ	one's favorite food	爱吃的东西,嗜好	좋아하는 것(음식)
固定	こてい	fixation	固定	고정
たどる		trace, head for	沿路前进,追寻	따라가다
突き進む	つきすすむ	rush ahead	突破,冲破	돌진하다,힘차게 나아가다

12番

配布する	はいふする	distribute	散发	배포하다
ホチキス		stapler	订书机	호치키스
弱	じゃく	below, a little less than	不足	약(숫자뒤에 붙어 반올림했음을 나타냄)
セッティング		setting	舞台装置,安排	세팅

N1 ことば

プロジェクター		projector	投影机，放映机	프로젝터
名札	なふだ	name tag	姓名牌	명찰
懇親会	こんしんかい	get-together	联欢会，联谊会	친목회
見積もる	みつもる	estimate	估计	견적하다，어림잡다
しゃれた		fancy, stylish	诙谐的，幽默的，漂亮的	멋있는
盛り付け	もりつけ	dishing up	把食物放在盘中	(접시에) 담음

第4回

13番

「イベント」= 催し

タイム		time	时间	타임
競う	きそう	compete	竞争	겨루다，경쟁하다
ゴールする		reach the goal	确立奋斗目标	결승선을 통과하다

「給水ポイント」= 水を飲むところ

格別（な）	かくべつ（な）	special	特别，特殊	각별（한）
ペース		pace	步调，速度	페이스
励ます	はげます	encourage	鼓励	격려하다

「よし」= いい

振り返る	ふりかえる	look back on	回头看，回过头去	뒤돌아보다
黙々と	もくもくと	silently	不声不响，默默	묵묵히
応募する	おうぼする	apply	应聘，应募	응모하다
棄権する	きけんする	withdraw	弃权	기권하다
気をつかう	きをつかう	keep on one's toes	用心，留神，照顾	신경을 쓰다

14番

| 上司 | じょうし | boss | 上司 | 상사 |
| 棚に上げる | たなにあげる | shut one's eyes to one's own faults | 佯装不知，置之不理 | 제쳐놓다，덮어두다 |

「ガミガミ言う」= うるさく怒る
「なってない」= だめだ

散々	さんざん	harshly, severely	狠狠，痛痛，彻底	심하게，호되게
けなす		criticize	贬低，贬斥	질책하다，비방하다
発掘する	はっくつする	excavate, discover	发掘	발굴하다
部下	ぶか	one's subordinate	部下	부하

「暴言を吐く」= とても悪い言葉を言う
「パワハラ」= パワーハラスメント（権力を使って相手を傷つけること）
「慢性的に」= ほとんどいつも

指令	しれい	direction	指令	지령
手当	てあて	benefit, allowance	补贴，津贴	수당
拘束する	こうそくする	bind	拘束，束缚，限制	구속하다
不当（な）	ふとう（な）	unfair	不当，不妥	부당（한）

15番

習得	しゅうとく	mastering	收受，取得	습득
マナー		manner	礼貌，礼节，态度，举止	매너
実践	じっせん	taking into action	实践	실천
養成する	ようせいする	train, educate	培养	양성하다
得点	とくてん	score	得分	득점
アップ		raise	增高，提高	업，향상，올림

「TOEIC」「TOEFL」= 英語能力を測るテスト

| 狙う | ねらう | aim at | 瞄准，寻找机会 | 겨냥하다 |

「即」= すぐに

| コーディネーター | | coordinator | 协调，协调员 | 코디네이터 |
| 要望 | ようぼう | request | 要求，迫切希望 | 요망 |

「月単位で」= 月ごとに
| 転勤 | てんきん | business transfer | 调动工作，调换 | 전근 |

「選考」= 試験
「ものを言う」=（ここでの意味）効果がある
| 出題 | しゅつだい | exam question | 出题 | 출제 |

16番

論じる	ろんじる	discuss	论述，阐明	논하다
配付する	はいふする	distribute	分发	배포하다
トピック		topic	话题	토픽

「目を通す」= さっと読む
| 自主的に | じしゅてきに | voluntarily | 自主地 | 자주적으로，스스로 |
| 身に付ける | みにつける | acquire | 穿，戴，掌握（知识，技能） | 몸에 익히다 |

内容理解 短文

第1回

1番

長らく	ながらく	for a long time	久，长久	오랫동안
入荷	にゅうか	delivery of goods	进货，到货	입하
かつ		also, at the same time	且，并且	게다가, 또
完売する	かんばいする	be sold out	售完	다 팔리다, 완매하다
入手する	にゅうしゅする	obtain	得到，到手	입수하다
購入する	こうにゅうする	purchase	买，购买	구입하다

2番

航海	こうかい	voyage	航海	항해
南下する	なんかする	travel down to the south	南下	남하하다
海峡	かいきょう	strait	海峡	해협
実在する	じつざいする	actually exist	实际存在	실재하다, 존재하다
推測	すいそく	guess, conjecture	推测	추측

「海図」＝航海用の海の地図
「～隻」＝船を数える言葉

率いる	ひきいる	lead, be in command of	带领，率领	인솔하다, 거느리다
賭ける	かける	bet	赌	걸다, 내기하다

3番

回答	かいとう	answer	回答	회답
定か（な）	さだか（な）	sure, certain	清楚，确实	확실함, 분명함
決め付ける	きめつける	assume, jump to a conclusion	不容分说地指责	단정짓다
画一的（な）	かくいつてき（な）	one-size-fits-all	划一的，统一的	획일적(인)
度合い	どあい	degree	程度	정도
可変的（な）	かへんてき（な）	changeable	可变的	가변적(인)
当てに（は）ならない	あてに（は）ならない	not dependable	不可依赖的，不能轻信的	기대할 수 없다, 확실하지 않다

4番

早急に	さっきゅうに/そうきゅうに	right away, immediately	紧急，火急	조급히
振り込む	ふりこむ	transfer money	存入，撒入	불입하다, 송금하다
振り込み	ふりこみ	transferring money	存入	송금
行き違い	いきちがい	missing each other	走岔开，相左，弄错	엇갈림

5番

悪化する	あっかする	get worse	恶化	악화하다
うつ病	うつびょう	depression	忧郁症	우울증
（診断を）下す	くだす	diagnose	做出（诊断）	내리다, 하달하다
低下	ていか	decline, drop	降低，低落	저하
欠如	けつじょ	lack	缺乏，缺少	결여
認知症	にんちしょう	dementia	痴呆症	치매, 알츠하이머병
空虚感	くうきょかん	emptiness, hollowness	空虚感	공허감
願望	がんぼう	wish, dream	愿望	원망, 소망
両者	りょうしゃ	both parties	两者	양자
認識する	にんしきする	recognize, realize	认识	인식하다

「～ておかれたい」＝～ておいてください

第2回

6番

著名（な）	ちょめい（な）	prominent, famous	著名的	저명(한)
さぞかし		indeed, certainly	想必，一定是	틀림없이, 필시
業績	ぎょうせき	accomplishment	业绩	업적

後者	こうしゃ	latter	后来人	후자
他者	たしゃ	another person, others	別人, 他人	타자, 다른사람
察する	さっする	guess, conjecture	推擦, 推測	짐작하다, 추측하다
「たける(～にたけている)」= 非常に上手だ				
意思	いし	will, intension	意思, 想法	의사
「使い手」= 使う人				
「(～の)持ち主」=(～を)持っている人				
「言えよう」= 言えるだろう				

7番

視聴覚	しちょうかく	audio visual	视觉与听觉	시청각
保管	ほかん	keep	保管	보관
磁気	じき	magnetism	磁气, 磁力	자기
紛失	ふんしつ	loss	遗失, 丢失	분실
破損	はそん	breakage	破损	파손
弁償する	べんしょうする	reimburse, compensate	赔偿	변상하다
返却(する)	へんきゃく(する)	return	还, 归还	반환(하다)
カウンター		counter	柜台	카운터
投函する	とうかんする	mail	投进邮筒, 投函	투함하다, 우체통에 넣다

8番

干渉する	かんしょうする	interfere	干涉	간섭하다
人目	ひとめ	public eye	世人的眼睛	남의 눈, 이목
見過ごす	みすごす	overlook	看漏, 没看到	간과하다
親密(な)	しんみつ(な)	intimate, close	亲密	친밀(한)
築く	きずく	build	构筑, 筑	쌓다, 구축하다
無遠慮(な)	ぶえんりょ(な)	rude	不客气	무례하, 멋대로 행동함
違和感	いわかん	uncomfortableness	合不来, 不相容	위화감
親近感	しんきんかん	familiarity	亲近感	친근감

9番

競売	きょうばい	auction	拍卖	경매
財政難	ざいせいなん	budget deficit	财政难	재정난
差し押さえる	さしおさえる	distrain	按住, 扣住, 扣押	억누르다
鑑定する	かんていする	appraise	鉴定	감정하다

10番

異物感	いぶつかん	uncomfortable feeling because of a foreign body	异物感	이물질
使い捨て	つかいすて	disposable	一次性, 用完就扔掉	한번 쓰고 버림, 일회용
心地	ここち	feeling	感觉, 心情	기분, 느낌
従来	じゅうらい	traditionally	从来, 以前, 直到现在	종래
細菌	さいきん	germ	细菌	세균
繁殖する	はんしょくする	breed, multiply	繁殖	번식하다
炎症	えんしょう	inflammation	炎症	염증
失明	しつめい	loss of sight	失明	실명
医療	いりょう	medical service	医疗	의료
必須	ひっす	required, must	必须	필수

内容理解 中文

第1回

1番

| 得点 | とくてん | score | 得分 | 득점 |

N1 ことば

| 兆し | きざし | sign, indication | 兆头，征兆 | 조짐，징조 |
| 前提 | ぜんてい | presupposition | 前提 | 전제 |

2番

初等教育	しょとうきょういく	elementary education	初等教育	초등교육
抗議	こうぎ	protest	抗议	항의
行為	こうい	behavior	行为	행위
自立する	じりつする	be independent	自立	자립하다
急降下する	きゅうこうかする	nose-dive	俯冲，下滑	급하강하다
実家	じっか	one's parents' house	父母之家，老家	친가，친정
乗り込む	のりこむ	burst into a place	乘上，坐进	올라타다
身を任す	みをまかす	yield to	以身相托	몸을 맡기다
当の	とうの	something in question	该，此，这	바로 그，지금 문제가 되고 있는
決断する	けつだんする	make a decision	作出决断	결단하다
衰える	おとろえる	deteriorate	衰弱，衰老，衰退，衰减	쇠약해지다
立ち返る	たちかえる	return, recover	回来	되돌아오다

第2回

3番

不況	ふきょう	bad economy	不景气，萧条	불황
収益	しゅうえき	profit	收益	수익
拡大する	かくだいする	expand	扩大	광대하다
「なす」=する				
模索する	もさくする	grope for	摸索	모색하다
先進国	せんしんこく	developed nations	先进国家	선진국
活路	かつろ	way out	活路，生路	활로
見出す	みいだす	find (out), discover	找到，找出来	찾아내다，발견하다
新興国	しんこうこく	devoloping nation	新兴国家	신흥국
購買	こうばい	purchase	购买	구매
意欲	いよく	will, eagerness	意志，热情	의욕
促進する	そくしんする	promote	促进	촉진하다
定着	ていちゃく	take root, settle	扎根，落实	정착
歯ブラシ	はブラシ	toothbrush	牙刷	칫솔
行為	こうい	behavior	行为	행위
認識する	にんしきする	recognize, realize	认识	인식하다
不可欠（な）	ふかけつ（な）	indispensable	不可缺少的	불가결（한）
立案する	りつあんする	make a plan, design	制定方案，筹划	입안하다
利便性	りべんせい	convenience	便利性	편리성
追求する	ついきゅうする	pursue, seek out	追求	추구하다
もたらす		bring about	带来（去），招致，造成	초래하다
視点	してん	viewpoint	视点	시점
目先	めさき	immediate future, short-sighted view	眼前	목전，눈앞
最先端	さいせんたん	cutting edge	最先端	최첨단
建て直し	たてなおし	rebuilding	重建	재건
図る	はかる	plan, devise	图谋，策划	꾀하다，도모하다
自問する	じもんする	ask oneself	自问	자문하다

4番

概念	がいねん	concept	概念	개념
本質	ほんしつ	essence	本质	본질
極端（な）	きょくたん（な）	extreme	极端	극단（적인）
原典	げんてん	the original text	原著，原书	원전
優勢（な）	ゆうせい（な）	holding a lead	优势	우세（한）

背景	はいけい	background	背景	배경
直後	ちょくご	soon afterwards	刚……之后	직후
つなげる		connect	系，拴，接	연결하다，잇다

内容理解 長文
第1回
1番

満腹	まんぷく	full (stomach)	吃饱	배부름
俗に	ぞくに	commonly called	普通，一般	흔히，일반적으로
仕組み	しくみ	mechanism, setup	结构，构造	구조
快感	かいかん	pleasure	快感	쾌감
刺激	しげき	stimulus	刺激	자극
物質	ぶっしつ	substance, material	物质	물질
促進	そくしん	promote	促进	촉진
小腸	しょうちょう	intestines	小肠	소장
緩める	ゆるめる	loosen	放松，松懈	느슨하게 하다，완화하다，늦추다
摂取する	せっしゅする	intake	摄取	섭취하다
本能	ほんのう	instinct	本能	본능
頻繁（な）	ひんぱん（な）	frequent	频繁的	빈번（한）
指摘	してき	point out	指出，指摘	지적
一気に	いっきに	at a time	一口气，一下子	한꺼번에
俗語	ぞくご	slang	俗话，口语	속어
バブル		bubble economy	泡沫（经济）	거품（경제）
贅沢（な）	ぜいたく（な）	luxurious	奢侈（的）	사치（한）
定着する	ていちゃくする	take root, settle	扎根，定居	정착하다
見た目	みため	appearance	看上去	겉모습，외관
誘発する	ゆうはつする	induce, arouse	引起	유발하다
追い込む	おいこむ	drive into a corner	赶进，撵进，逼入	몰아넣다，몰아붙이다

第2回
2番

畳	たたみ	straw mat, tatami floor	草垫，草席	다다미
導入する	どうにゅうする	introduce	导入	도입하다
光景	こうけい	scene	景象，情景	광경
微笑する	びしょうする	smile	微笑	미소짓다
極端（な）	きょくたん（な）	extreme	极端	극단（적인）
並立する	へいりつする	stand side by side	并立，并存	병립하다
寝ころがる	ねころがる	lie down	横卧，随便躺下	드러눕다，누워뒹굴다

「とりわけ」＝特に
「とらえる」＝(この文章では) 理解する / 考える

行為	こうい	behavior	行为	행위
対極	たいきょく	opposite end	太极	대극
コーナー		corner	隅，角，专柜	코너
収集	しゅうしゅう	collection	收集	수집
活性化する	かっせいかする	become active	活性化	활성화하다
持続	じぞく	continuation	持续	지속

第3回
3番

上回る	うわまわる	surpass	超过，越出	웃돌다，상회하다

「(～を)うち破る」＝(～に)勝つ
「ならば」＝それなら / それでは

圧倒的 (な)	あっとうてき (な)	overwhelming	压倒的 , 绝对的	압도적 (인)
リードする		take the lead	带领 , 率领 , 领先	리드하다
効率	こうりつ	efficiency	效率	효율
ネットワーク		network	广播网 , 电视网 , 网络	네트워크
ソフトウエア		software	软件	소프트웨어
認識する	にんしきする	recognize, realize	认识	인식하다
精度	せいど	precision, accuracy	精度	정밀도 , 정확도
すばやい		fast, quick	快速的 , 敏捷的	재빠르다 , 민첩하다

第 4 回

4 番

ショーウインドウ		display window	橱窗	쇼 윈도 , 진열창
気落ちする	きおちする	feel disappointed	气馁 , 沮丧	낙심하다
歩調	ほちょう	pace, step	步调	보조 , 보행속도
ひっそり		quiet	偷偷地 , 悄悄地	조용히 , 고요히

「とりとめもなく」= はっきりした目的もなく
「陽にさらす」= 日に当てる
「色褪せる」= 色が薄くなる

色彩	しきさい	colors, coloring	色彩	색채
視角	しかく	angle	视角	시각

「色とりどりに」= いろいろな色に

保持する	ほじする	maintain	保持	유지하다
揺さぶる	ゆさぶる	shake, jolt	动摇 , 摇晃	흔들다
みずみずしく (みずみずしい)		refreshing(ly)	水灵灵的	생생하게 (생생하다 , 싱싱하다)
発色する	はっしょくする	produce a color	发色 , 生色	발색하다

「ガラス越しに」= ガラスを通して / ガラスを越して

思い入れ	おもいいれ	emotional attachment	深思的表情	생각에 잠김
不意打ち	ふいうち	surprise attack	突然打击	기습
清新 (な)	せいしん (な)	fresh	清新的	청신 (한)

「澄み渡る」= 全体に澄む

| 石垣 | いしがき | stone fence | 石垣 , 石墙 | 돌담 |

「織り込む」= 織って中に入れる
「手触り」= 手で触ったときの感じ

統合理解

第 1 回

1 番

A

適性	てきせい	aptitude, aptness	适于某人的才能 , 适应	적성
見極める	みきわめる	form a clear view of	看清 , 看透	끝까지 지켜보다 , 확인하다 , 규명하다
身につける	みにつける	acquire	掌握 , 学会	몸에 익히다 , 몸에 지니다
不況	ふきょう	bad economy	不景气	불황
育成する	いくせいする	train, educate	培养 , 培育	육성하다
余力	よりょく	surplus power/strength	余力	여력
学識	がくしき	intelligence	学识	학식
即戦力	そくせんりょく	immediate asset	现有战斗力	즉전력 (훈련받지않고 바로 싸울 수 있는 능력)
実践的 (な)	じっせんてき (な)	practical	实践的	실천적 (인)
養う	やしなう	develop, cultivate	养成 , 培养	기르다

カリキュラム		curriculum	全部课程的教学计划	커리큘럼
エキスパート		expert	专家，内行	전문가
試み	こころみ	trial	尝试	시도，시험
担う	になう	bear responsibility	担，挑，肩负	짊어지다，담당하다
B				
主眼	しゅがん	main purpose	主要之点，主要着眼点	주안
専門学校	せんもんがっこう	vocational school	专门学校，大专，中专	전문학교
採用	さいよう	hired	采用，采纳	채용
弊害	へいがい	harm, damage, bad effect	弊害	폐해
もたらす		bring about	带，招致	초래하다
意欲	いよく	will, motivation	意志，热情	의욕
指摘する	してきする	point out	指出，指摘	지적하다
阻害する	そがいする	hamper, hinder	阻碍，障碍	저해하다
連携する	れんけいする	cooperate	联合，合作	제휴하다

第2回

2番

A

「保護者会」＝学校の先生と生徒の保護者(親など)が集まって話し合いをする会
「是非」＝良いか悪いか

有害(な)	ゆうがい(な)	harmful	有害的	유해(한)
サイト		website	地基，地点，位置	사이트
むやみに		randomly	胡乱，随便	무턱대고，함부로

「考えもの」＝よく考えたほうがいい問題／すぐには賛成できない問題

議論が白熱する	ぎろんがはくねつする	a discussion gets heated	议论变得热烈	토론이 격렬해지다 (최고조에 달하다)
保障する	ほしょうする	secure	保障	보장하다

B

塾	じゅく	cram school	塾，私塾	사설학원
依存する	いぞんする	depend on	依存	의존하다

「肌身離さず」＝いつも体から離さないで(持っている)

画面	がめん	screen	画面	화면
緊急	きんきゅう	urgent	紧急	긴급

「いざというとき」＝事件などの重大な事が起きたとき
「いっそのこと」＝思い切って
「取り上げる」＝無理に取ってしまう／うばう

第3回

3番

A

つくづく		indeed, deeply	仔细思量，深切	절실히，정말，주의깊게
非難する	ひなんする	blame, criticize	非难，责备	비난하다

「(迷った)あげく」＝(迷った)結果

傷つける	きずつける	hurt	弄伤，伤害	상처입히다，손상시키다
不愉快(な)	ふゆかい(な)	unpleasant	不愉快的	불쾌(한)
言い訳	いいわけ	excuse	分辩，辩解	변명

B

すたれる(廃れる)		become obsolete	成为废物，变成无用	한물 가다，쓸모없게 되다，쇠퇴하다
嘆く	なげく	lament	叹息，叹气	한탄하다
少なからず	すくなからず	not a few, not a little	很多，不少	적잖이
欠如	けつじょ	lack	缺乏	결여
意欲	いよく	will, motivation	意志，热情	의욕

初対面	しょたいめん	first meeting	初次见面	초면, 첫대면
察する	さっする	guess, conjecture	推擦, 推測	헤아리다, 짐작하다, 추측하다
意に沿わない	いにそわない	against one's will/intention	没有按照意思行事, 不合意	뜻에 따르지 않는다
わずらわしい		annoying	腻烦, 麻烦	번거롭다, 귀찮다
行為	こうい	behavior	行为	행위
築く	きずく	build	筑, 建筑	쌓다, 구축하다

主張理解

第1回
1番

過剰(な)	かじょう(な)	excessive, extreme	过剩的, 过量的	과잉, 지나침
欲望	よくぼう	desire	欲望	욕망
コントロールする		control	控制	컨트롤하다, 제어(조절)하다
突出する	とっしゅつする	prominent	突出	돌출하다
個人主義	こじんしゅぎ	individualism	个人主义	개인주의
行き過ぎる	ゆきすぎる	go too far	过渡, 过火	지나쳐가다, 지나치다, 과도하다
犠牲	ぎせい	sacrifice	牺牲	희생
労力	ろうりょく	labor	劳力	노력, 수고
保育園	ほいくえん	day care (center)	托儿所	보육원
共働き	ともばたらき	both (husband and wife) working	夫妇都工作	맞벌이
しつけ		discipline, upbringing	教育, 教养	예의범절
密接(な)	みっせつ(な)	close	密接, 紧连	밀접(한)
負担する	ふたんする	bear the expense, pay	负担	부담하다
専業主婦	せんぎょうしゅふ	full time housewife	专职家庭主妇	전업주부
解消する	かいしょうする	be solved, be dispelled	解除, 取消	해소하다
背景	はいけい	background	背景	배경
生きがい	いきがい	a reason for living	生存的意义, 生活的价值	사는 보람
自己本位	じこほんい	selfish	自我中心, 自私自利	자기본위

第2回
2番

難病	なんびょう	intractable disease	难治之症	난치병
被災地	ひさいち	disaster area	受灾区	재해지
苦難	くなん	hardships	苦难	고난
理屈	りくつ	theory, reason	理论, 道理	이치, 도리
説得する	せっとくする	persuade	说服, 劝导	설득하다
エピソード		episode	一段情节, 逸事, 奇闻	에피소드
定番	ていばん	regular routine	需求安定的商品等	(유행권없는)기본(형)
ドキュメンタリー		documentary	实录, 纪实	다큐멘터리
否応なく	いやおうなく	unavoidably	不管愿意不愿意	좋든 말든, 승낙하든 말든
特化する	とっかする	be specialized	特殊化	특화하다
アピールする		appeal	呼吁, 控诉, 有魅力	어필하다
仕掛け	しかけ	device, trick	开始做, 着手	장치, 조작
実在	じつざい	actual existence	实际存在, 实有其事	실재
誇張	こちょう	exaggeration	夸张	과장

昨今	さっこん	nowadays	近来，最近	요즘，근래
競演	きょうえん	competitive performance	竞赛表演	경연
本末転倒	ほんまつてんとう	putting the cart before the horse	本末倒置	본말전도
グルになる		plot together	勾结起来，结成同伙	한통속이 되다
コメディ		comedy	喜剧，滑稽戏	코메디
経過	けいか	process	经过	경과
孤児	こじ	orphan	孤儿	고아
人質	ひとじち	hostage	人质	인질
生還する	せいかんする	return alive	生还，活着回来	살아 돌아오다
一躍	いちやく	in a single bound	一跃	일약
ヒロイン		heroin	女主人公，女英雄	여주인공
意図的	いとてき	intentional	有意图的	의도적
管制	かんせい	control, coordination	管制	관제
桁数	けたすう	number of digits	位数	자릿수

第3回
3番

乗りまわす(乗り回す)	のりまわす	drive	乘车(马)到处走，兜风	타고 다니다
「～加減」=少し～				
つぶやく		whisper; murmur	嘟囔，嘟哝，唠叨	중얼거리다，투덜거리다
「お気楽」=気楽				
路地	ろじ	alley, lane	胡同，小巷，弄堂	골목길
ひく(轢く)		run over	(车)轧(人等)	(차 등으로) 치다
チラッと		at a glance	一闪，一晃，隐约看见或听到	언뜻，잠깐
「頭をかすめる」=ちょっと思う				
自己分析	じこぶんせき	self analysis	自我分析	자기분석
地獄	じごく	hell	地狱	지옥
焼香	しょうこう	incense burning (at a Buddhist funeral)	烧香	분향
視線	しせん	gaze	视线	시선
とびかう(飛び交う)		fly around	飞来飞去	분분하다
「ぶるぶる」=恐ろしくて震えているようす				
特集	とくしゅう	special feature	特刊，专辑	특집
「空恐ろしい」=非常に恐ろしい				
「よっぽど(=よほど)」=きっととても				
「そこいら」=その辺				
過信する	かしんする	over-trust	过于自信	과신하다
大胆(な)	だいたん(な)	brave, bold	大胆的	대담(한)
諺	ことわざ	proverb	谚语	격언

第4回
4番

データ		data	论据，资料，数据	데이터
多彩(な)	たさい(な)	varied	多彩的	다채(로운)
個体	こたい	individual	个体	개체
獲得する	かくとくする	obtain	获得	획득하다
類似する	るいじする	be similar	类以，相似	유사하다
物体	ぶったい	object, substance	物体	물체
あやつる(操る)		manipulate	耍，耍弄	다루다，조정하다
手話	しゅわ	sign language	手语，哑语	수화
大脳	だいのう	the cerebrum	大脑	대뇌
衝撃的	しょうげきてき	shocking	冲动的，冲击	충격적

交信	こうしん	exchanging messages	互相通讯	교신
野生	やせい	wildness	野生	야생
孤立する	こりつする	be isolated	孤立	고립되다
自発的	じはつてき	spontaneous, voluntary	自发的	자발적
強制的	きょうせいてき	mandatory	强制的	강제적
マスターする		master	掌握	마스터하다

情報検索

第1回

1番

クレジットカード		credit card	信用卡	신용카드
誠に	まことに	truly	真实的 , 诚心的	정말로 , 참으로
明細	めいさい	details	详细 , 详细说明书	명세
振り込む	ふりこむ	transfer (money)	存入	불입하다 , 송금하다
口座	こうざ	bank account	户头	구좌
入金 (する)	にゅうきん (する)	deposit money	入款 , 进款	입금 (하다)
ポイント		point	要点 , 得分	포인트
貯まる	たまる	save up	积攒 , 积存钱	저축하다 , 돈을 모으다

「ご案内申し上げます」=案内する/知らせる

名義	めいぎ	(in) name	名义	명의
振替	ふりかえ	transfer	调换 , 用转账汇款	대체
素敵 (な)	すてき (な)	nice	极好的 , 绝妙的	멋짐 , 훌륭함 , 근사함
獲得 (する)	かくとく (する)	obtain	获得	획득 (하다)
残高	ざんだか	balance	余额 , 结余	잔고
無効 (な)	むこう (な)	invalid	无效的	무효 (한)
専用	せんよう	exclusive use	专用	전용
インターネット		Internet	因特网	인터넷
同封 (する)	どうふう (する)	enclose	附在信内 , 随信附上	동봉 (하다)
カタログ		catalogue	目录 , 商品说明书	카탈로그
返品	へんぴん	return merchandise	退货	반품

「いたしかねます」=できない
「のみ」=だけ

明記する	めいきする	specify	记载清楚 , 记明	명기
送り先	おくりさき	recipient's address	送达地点 , 发往地	발송지
登録 (する)	とうろく (する)	register(ation)	登录	등록 (하다)

第2回

2番

入館	にゅうかん	entry into the building/museum	入馆 , 进馆	입관
近郊	きんこう	suburbs	近郊	근교
企画	きかく	plan, project	规划 , 计划	기획

「企画展」=一時的に企画された展覧会
「〜展」=〜の展覧会
「浮世絵」=江戸時代に盛んに描かれた風俗画

江戸	えど	former name of Tokyo, the Edo era	江户	에도
明治	めいじ	the Meiji era	明治	메이지
大正	たいしょう	the Taisho era	大正	다이쇼
展示	てんじ	display	展示	전시
休館	きゅうかん	closed	停止开放	휴관
年末	ねんまつ	end of the year	年末	연말

年始	ねんし	beginning of the year	年初	연시
「展示替え」＝展示するものを替えること				
公立	こうりつ	public	公立	공립
常設	じょうせつ	permanent	常設	상설
「常設展」＝常に展示している作品				
「点」＝物品（ここでは作品）の数を数える語				
県立	けんりつ	prefectural	县立	현립
近世	きんせい	early-modern times	近世，近代	근세
創業	そうぎょう	foundation (of an enterprise)	创业	창업
収集する	しゅうしゅうする	collect	收集	수집하다
収蔵	しゅうぞう	garnering, storage	收藏	수장
秘宝	ひほう	hidden treasure	秘宝	비보
「無休」＝休みがないこと				
昭和	しょうわ	the Showa era	昭和	쇼와
平成	へいせい	the Heisei era	平成	헤이세이
高齢	こうれい	old age	高齢	고령

第3回
3番

講習	こうしゅう	seminar, class	讲习，学习	강습
九州	きゅうしゅう	the Kyushu district	九州	큐슈
支社	ししゃ	branch office	分公司，分行	지사
経理	けいり	accounting	经营管理，会计事务	경리
「一般職」＝企業の中の職名（日常の業務の補助作業を行う）				
大阪	おおさか	Osaka	大阪	오사카
最短	さいたん	shortest (distance)	最短	최단
「総合職」＝企業の中の職名（総合的な判断をする必要がある仕事をする）				
受講（する）	じゅこう（する）	take a class/course	听讲	수강（하다）
入力	にゅうりょく	input	输入数据，输入信号	입력
システム		system	系统，体系	시스템
導入（する）	どうにゅう（する）	introduce, adopt	导入	도입（하다）
先立つ	さきだつ	precede	站在前头，在〜以前	앞장서다，앞서다
下記	かき	written below	记载在下边	하기
要項	ようこう	gist	要点，重要事项	요항
中継	ちゅうけい	relay	中继，转播	중계
概要	がいよう	summary, outline	概要	개요
「のみ」＝だけ				
伝票	でんぴょう	payment slip	发票	전표
必修	ひっしゅう	required	必修	필수
部門	ぶもん	department, section	部门	부문
職位	しょくい	one's position/rank at work	职位	직위
勤務	きんむ	service, duty, work	勤务	근무

N1 解答

課題理解

第1回

1番　正解3

スクリプト

学生と学校の事務の人が話しています。学生はこのあとどうしますか。

M：すみません。あの、学生証をなくしちゃったんですけど…。
F：学生証ですか。落とし物をちょっと見ましょう。…ええと、今届いているものの中には見当たりませんね。
M：そうですか…。じゃあ、再発行していただけますか。
F：そうですね。仕方がないですね。それでは、この再発行申請書に必要事項を記入してください。
M：はい。
F：写真が必要ですが、ありますか。3センチ掛ける4センチの大きさのを1枚。
M：あ、ありませんけど、…これからすぐに撮ってきます。
F：学生証、急ぐんですか。
M：今日アルバイトの面接があって、コピーを提出しなきゃいけないんですが。
F：急ぎますね。じゃあ、この書類だけ書いておくと、早いですよ。書類ができていれば、必要な手続きをやっておきますから。
M：あ、そうですか。ぜひ、お願いします。そしたら、すぐ撮ってきますから。

学生はこのあとどうしますか。

ポイント

①この再発行申請書に必要事項を記入してください→学生証を再発行してもらうための書類を書かなければならない
②写真が必要ですが、
③これからすぐに撮ってきます→今から写真を撮りに行く
④急ぎますね。じゃあ、この書類だけ書いておくと、早いですよ→男の人が写真を撮りに行く前に、先に書類だけ書いて、準備をしておく。そうすると、男の人が写真を撮りに行っている間に、女の人は手続きが進められるので、学生証が早くできる
⑤そしたら、すぐ撮ってきますから＝「書類を書いたら、すぐ写真を撮って、またここに戻りますから」
🔍写真を撮りに行く前に、書類を書く。
⚠️◇「この書類だけ書いておくと」＝「この書類だけ先に書いて、手続きの準備をすれば」
◇「これからすぐに撮ってきます」＝「今、写真を撮りに行って、またここに戻ってきます」

2番　正解2

スクリプト

会社で男の人と女の人が話しています。女の人は最初に誰に連絡しますか。

M：佐藤さん、私の出張のスケジュールのことでちょっと頼みがあるんだけど…。
F：はい。
M：ほら、前に話したと思うんだけど、関西電気の京都工場を視察する件、あれ、実現することになったんだ。さっき工場の担当者の林さんから連絡があって。
F：あ、そうなんですか。
M：それで、工場長の木村さんとも相談して、工場視察は出張3日目の午後に入れることになったんだ。で、その日に予定していた会食なんだけど、時間を遅らせてほしいんだ。
F：はい、京都支社の方との会食ですね。17時からの予定になってましたが。
M：うん、それを19時ぐらいからにできるかな。
F：はい、京都支社の山田さんに伺って、その上で、予約したお店に連絡してみます。19時でいいですか。
M：うん、いいんじゃないかな。ああ、でも、念のため京都工場のほうに視察の時間を確認してもらったほうがいいな。
F：京都工場の担当者に確認するんですね。
M：うん、さっきの木村さんの話だと、17時か18時ぐらいまでって言ってたと思うんだけど。
F：はい、では確認します。

女の人は最初に誰に連絡しますか。

ポイント

①佐藤さん、私の出張のスケジュールのことでちょっと頼みがあるんだけど…→男の人が話している相手は「佐藤さん」
②さっき工場の担当者の林さんから連絡があって→「林さん」は工場担当者
③工場長の木村さんとも相談して→「木村さん」は工場長
④京都支社の山田さんに伺って→「山田さん」は京都支社の人
⑤京都支社の山田さんに伺って、その上で、予約したお店に連絡してみます→山田さんに都合を聞いたあとで、予約した店に連絡する
⑥ああ、でも、念のため京都工場のほうに視察の時間を確認してもらったほうがいいな→山田さんに連絡する前に、視察の時間を確認する
⑦京都工場の担当者に確認するんですね→林さんに連絡する
🔍女の人は視察が終わる時間を確認してから、店に時間変更の電話をする。
⚠️「京都支社の山田さんに伺って、その上で、予約したお店に連絡してみます」＝「京都支社の山田さんに（視察の時間を）聞いて確認してから、予約した店に時間を19時に変更したいと連絡します」

3番　正解4

スクリプト

スーパーの店長と店員が話しています。店員は商品をどこに並べますか。

M：佐藤さん、この「おいしいミルクティー」、今入ったんだ。陳列ケースに並べて。

F：はい。あっ、これ新商品ですね。評判がいいみたいですね。
M：ああ、これはお勧めの商品だから、お客さんの目に入りやすいところがいいね。
F：ええっと、陳列ケースの…どこがいいのかな。
M：うん、右利きの人が多いから、右側の棚に並べるのが基本だよ。
F：はい。ええと、一番上の段でいいですか。
M：いや、上じゃ高すぎる。お客さんの目線に近いところにおかなきゃだめだよ。それに1段じゃなくて2段に並べてくれ。そうすると2倍目に付きやすいんだよ。
F：はい、わかりました。

店員は商品をどこに並べますか。
ポイント
①うん、右利きの人が多いから、右側の棚に並べるのが基本だよ→右側に並べる
②いや、上じゃ高すぎる→一番上の段はだめ
③それに1段じゃなくて2段に並べてくれ→2段に並べる
⚠◇「お客さんの目に入りやすいところがいいね」＝「お客さんによく見えるところがいい」
◇「右利きの人が多いから、右側の棚に並べるのが基本だよ」＝「右手で商品をとる人が多いから右側の棚に並べるのは商品の並べ方の基本だ」

4番　正解 3
スクリプト
男の人と女の人がカレンダーを見ながら話しています。女の人は会場をどの日から予約しますか。

F：部長、ちょっとご相談なんですが。
M：え、何？
F：2月に予定している新商品の展示会ですが、予定していた2月12日からだと、アサヒイベントホールの予約が取れないんです。どうしましょう、会場を変更しましょうか。
M：そう、うーん、毎年アサヒでやっているしなあ、駅から近くて便利だし…日程を変えるか…
F：はい。展示会は土曜日から1週間ということですから…2月26日からはどうでしょうか。それならまだ空いています。
M：でも、発売は3月1日だよ。発売日にかかっちゃまずいよ。その間の週はだめなの？
F：この週は土曜が埋まっていて…イベントを1日ずらせば可能ですね。
M：ああ、それなら週末2回にまたがるし、いいんじゃない。
F：そうですね。
M：じゃあ、あさっての会議で確認して、決まったら会場を押さえよう。
F：はい、でもすぐに空きがなくなる恐れがありますから、とりあえず予約入れときましょうか。1か月前までならキャンセルも可能ですから。

M：そうだな。じゃ、よろしく。

女の人は会場をどの日から予約しますか。
ポイント
①はい。展示会は土曜日から1週間ということですから→展示会は1週間やる
②でも、発売は3月1日だよ。発売日にかかっちゃまずいよ→2月26日からでは遅い
③その間の週はだめなの？＝「19日からの1週間は使えないの？」
④この週は土曜が埋まっていて→19日（土曜日）が使えない
⑤イベントを1日ずらせば可能ですね→イベントを1日早くするか、遅くすれば（18日か20日）大丈夫だ。しかし、19日が使えないから、18日にするのは適当ではない⇒20日からがいい
⑥ああ、それなら週末2回にまたがるし、いいんじゃない→20日（日曜日）から26日（土曜日）までの場合、週末が2回入るからいい
🔑土曜日からではなく、日曜日から1週間展示会をすることにした。
⚠◇「発売日にかかっちゃまずいよ」＝「（展示会が）発売する日に重なってはよくない」
◇「土曜が埋まっていて」＝「土曜日に予約が入っていて」
◇「週末2回にまたがる」＝「2回の週末にかかる」
◇「会場を押さえよう」＝「会場を予約しよう」

5番　正解 1
スクリプト
大学で男の人と女の人が話しています。男の人はこのあとすぐ何をしますか。

M：あのさ、昨日の講義、サボっちゃったんだけど、何か連絡とか重要なことなかった？
F：うーん、特に。授業は予定表通りだったよ。
M：プリントとか、あった？
F：あ、プリントっていうほどのものじゃない、すぐ書き写せるもの。えっと、これこれ。参考資料があげてあるだけだよ。
M：あ、じゃ、今さっと写せるな。いい？
F：どうぞ。あ、そうだ。課題が出たんだった。昨日やったところは範囲外だから大丈夫。
M：え、課題って何？
F：前回までの授業5回分の内容をレポートにまとめて出すんだって。
M：えっ！5回分！大変そうだな。レポート書いたら、テストは逃れられるのかな。
F：何言ってんの。テストはテストよ。
M：だよね。世の中甘くない、か。実は、あのう、おれ、授業には出てたんだけど、ノートちゃんと取れてなくてさあ。悪いけど…。
F：いいよ。貸すよ。でも、詳しい話は来週するって。今日明日にどうこうってことじゃないよ。
M：わかった。今度は必ず出るよ。じゃ、差し当たりできる

のはこれだけだな。

男の人はこのあとすぐ何をしますか。
ポイント
①うーん、特に→特別なことはなかった
②あ、じゃ、今さっと写せるな→参考資料はすぐ写すことができる
③ノートちゃんと取れてなくてさあ。悪いけど…→ノートを貸してほしい
④今日明日にどうこうってことじゃないよ→レポートに関して、今日明日中にしなければならないことはない
⑤差し当たりできるのはこれだけだな→今できることは参考資料を写すことだけだ

🔍今できるのは参考資料を写すことだけだ。
⚠「課題が出たんだった」=「課題が出たことを思い出した」
◇「テストは逃れられるのかな」=「テストは受けなくてもいいのだろうか」
◇「テストはテストよ」=「テストは他のものには変えられない」：レポートを書いてもテストは受けなければならない。

6番　正解2
スクリプト
デパートで店員と女の人が話しています。女の人はこの後どうしますか。

F：すみません、この食器セット、いただきたいんですが…。
M：はい、ありがとうございます。こちらの2万7千円のほうですね。
F：ええ。…あのう、この商品券、使えますか。
M：はい、もちろんご利用いただけます。おいくら分利用されますか。
F：3万円分ありますが。
M：あ、1万円の券ですね。こちらの券は、おつりが出ませんので、2枚お使いになって差額を現金でお支払いいただくか、または、別の商品もいっしょにお求めいただくか、ということになりますが…。
F：あ、そうですか…。今日は現金の手持ちが少ないので、ちょっと…。
M：当店のカードをお持ちではありませんか。今、カード払いの場合は5パーセント割引のキャンペーン中ですが。
F：カードは持ってますけど…、やっぱり、これ、期限が近いので使ってしまいたいから。…じゃ、ちょっとほかの物、見てきます。それ、取っといていただけますか。
M：はい、かしこまりました。

女の人はこの後どうしますか。
ポイント
①こちらの2万7千円のほうですね。
②はい、もちろんご利用いただけます→商品券が使える
③こちらの券は、おつりが出ませんので→商品券はおつりがもらえない
④2枚お使いになって差額を現金でお支払いいただくか、または、別の商品もいっしょにお求めいただくか→商品券2枚（2万円）と現金7000円を払うか、商品券3枚（3万円）を出して、おつり分（3000円）の商品を買うか、どちらかの方法で払う
⑤今日は現金の手持ちが少ないので、ちょっと…→現金で払いたくない
⑥カードは持ってますけど…、やっぱり、これ、期限が近いので使ってしまいたいから→カードはあるが、商品券を早く使いたい
⑦じゃ、ちょっとほかの物、見てきます→おつり分の商品を探す

🔍商品券には使用期限があるので早く使いたい。
⚠「それ、取っといていただけますか」=「それ、取っておいてください」：その食器セットは買う予定なので、他の商品とは別にしておいてほしい。

第2回
7番　正解2
スクリプト
妻が夫に服装について相談しています。妻が明日使う物はどれですか。

F：ねえ、明日の結婚式に着ていく服、どれがいいと思う？この青いスーツは先月の結婚式で着たばっかりだし、かといってこっちの黒のドレスはちょっと地味よね。やっぱりこの花柄のワンピースかな。
M：う〜ん、それ、なんか野暮でいまひとつだな。…この間着たばかりって言っても、来るメンバーは違うからわからないんじゃないか。
F：それが、その時の写真、会社の広報誌に載っちゃったのよ。社員同士の結婚だったから。
M：そうか。じゃ、黒か。それしかないよな。でも、ちょっと暗くて葬式っぽくなるから、なんか小物を加えたら？
F：そうね。今からじゃ買いにも行けないし、あるものでね。ええ、首に白い毛皮のマフラーするのはどう？
M：う〜ん、どうかな。おめでたいパーティーなんだから首から胸の上のほうは開けておいて、アクセサリーをつける方がよくないか。華やかなのがいいな。なんか持ってる？
F：う〜ん、華やかなのは、これだ。これと、バラの飾りもつけちゃおう。
M：お、すごいね。上は派手になったけど腰のあたりがちょっとさびしいかな。そのリボンをつけてみたら？
F：これ？同じ色だから目立たないわよ。
M：じゃ、違う色の、ある？
F：うん、ある。あれ。あれをつけよう。
M：あ、いいね。

妻が明日使う物はどれですか。
ポイント
①う〜ん、それ、なんか野暮でいまひとつだな→花柄のワンピースはよくない

②この間着たばかりって言っても、来るメンバーは違うからわからないんじゃないか→青のスーツがいい
③それが、その時の写真、会社の広報誌に載っちゃったのよ→青のスーツはみんなが知っているから着られない
④じゃ、黒か。それしかないよな→黒のドレスにする
⑤なんか小物を加えたら？→黒のドレスに小物を加える
⑥F：首に白い毛皮のマフラーするのはどう？ M：う～ん、どうかな→白の毛皮はよくない
⑦アクセサリーをつける方がよくないか。華やかなのがいいな→華やかなアクセサリーがいい
⑧う～ん、華やかなのは、これだ。これと、バラの飾りもつけちゃおう→華やかなアクセサリーとバラの飾りもつける
⑨そのリボンをつけてみたら？→リボンをつける
⑩これ？同じ色だから目立たないわよ→黒のリボンはよくない
⑪うん、ある。あれ。あれをつけよう→黒ではないリボンをつける

⚠ ◇「かといって」＝「だからと言って」
◇「アクセサリーをつける方がよくないか」＝「アクセサリーをつける方がいいと思う」
◇「腰のあたりがちょっとさびしいかな」＝「腰のあたりに何もないとさびしい（何かつけたほうがいい）」

8番　正解2
スクリプト
兄と妹が話しています。妹は明日どうしますか。

M：さち子、なんだか顔色がよくないけど、大丈夫か。
F：ん？うん…。
M：最近、帰ってきてからも遅くまで仕事してるな。そんなに忙しいのか。
F：なんだかんだ、いろんなことが重なっちゃって。
M：そうか。ひょっとしたら、頼まれたこと全部引き受けてるんじゃないのか。
F：え？うん。だって、頼まれたら断れないじゃない。
M：バカだな。おまえは昔からそうなんだから。仕事ではね、自分ができる仕事かどうか見極めるのも大事なことだよ。あれもこれも引き受けて、どれもが遅れちゃったら意味ないし。生身の人間なんだから。もし、今、さち子が倒れたりしたらどうなる？
F：担当してる仕事がストップする…。
M：だろう。結局、会社に迷惑をかけることになるかも。だから、できるかどうかよく考えて返事しないとな。「断れないから」はだめだよ。
F：うん。明日、チーフに相談してみようかな。
M：そうしろよ。
F：うん。でも、今晩するべきことは、とにかくやっとかなくちゃ。

妹は明日どうしますか。
ポイント
①頼まれたら断れないじゃない→頼まれた仕事を全部引き受けている
②仕事ではね、自分ができる仕事かどうか見極めるのも大事なことだよ→できないときは断るほうがいい
③あれもこれも引き受けて、どれもが遅れちゃったら意味ないし→引き受けても期限までにできなければ、引き受けたことにならない
④「断れないから」はだめだよ→断れないからと言って引き受けるのはだめだ
⑤明日、チーフに相談してみようかな→断れなくて仕事を引き受けてしまっていることを、明日上司に相談する

🔍「頼まれたら断れないから仕事を引き受ける」というのはだめだ。

⚠ ◇「なんだかんだ、いろんなことが重なっちゃって」＝「あれこれ、いろいろなことがいっしょに起こって」：やらなければならないことがいっぱいある。
◇「頼まれたら断れないじゃない」＝「頼まれたら断れない」
◇「生身の人間なんだから」＝「生きている人間だから」：機械ではないから
◇「今晩するべきことは、とにかくやっとかなくちゃ」＝「今晩しなければいけないことは、いろいろ事情があってもやっておかなくてはいけない」

9番　正解1
スクリプト
男の人と女の人が話しています。女の人はいくら払うことになりますか。

F：すみません。パスポートの名字の変更に来たんですが…訂正申請とか切替申請とか、よく分からなくて…。
M：そうですか。今お持ちのパスポートは有効期限まで、どれくらい残ってますか。
F：はい。あと5年ぐらい。
M：それをそのままお使いになるなら、「訂正申請」ですね。今お持ちのものに、名字が変わったということを書き加えるだけです。
F：はあ。でも、この際、新しいものを作ろうと思うんですが。
M：では「切替申請」になりますね。
F：それだと、必要なものは？
M：新しい名字になったことを証明するために戸籍謄本か戸籍抄本、それと写真が必要になります。切り替えの料金は、10年が14000円、5年が9000円。今のパスポートに残っている有効期限までの5年は無効になります。
F：10年にします。写真はないんですが、とりあえず戸籍の証明は区役所でもらってきました。これです。
M：あ、これでけっこうですね。写真はここで撮れますよ。1000円です。
F：そうですか。で、交付はいつになりますか。旅行会社にコピーを提出しなくちゃいけないんですが。
M：「訂正申請」のほうなら、戸籍の証明がありますから、本日中に交付できます。1時間ほどお待ちいただければ出来上がりますよ。料金は900円です。
F：「切替申請」は？
M：1週間ですね。

F：1週間？コピー、今週中なんです。間に合わないなあ。じゃあ、新しいのはあきらめます。

女の人はいくら払うことになりますか。

ポイント
① では「切替申請」になりますね→「切替申請」をする
② 10年にします→ 14000円かかる
③ 写真はここで撮れますよ。1000円です→写真代を加えると 15000円になる
④「訂正申請」のほうなら、戸籍の証明がありますから、本日中に交付できます→今持っているパスポートに名字が変わったことを書き加える「訂正申請」なら今日中にできる
⑤ 料金は 900円です→「訂正申請」は 900円かかる
⑥ 1週間です→「切替申請」は1週間かかる
⑦ じゃあ、新しいのはあきらめます→「訂正申請」をする

🔍「切替申請」は1週間かかるが、「訂正申請」は今日受け取ることができる。

⚠️「今のパスポートに残っている有効期限までの5年は無効になります」：今のパスポートは今後5年間有効だが、それを新しいパスポートに加えることはできない。

10番　正解 3
スクリプト
水族館にイルカのショーを見にきたグループの引率者2人が話しています。みんなはこれからどこに座りますか。

M：あ〜、もういっぱいだね。子どもたちどこに座らせようか。
F：真正面がいいけど、でも…、しぶきがかかるでしょ。
M：そんなこと、子どもは平気だよ。ほら、早く行こう。…あっ！取られた。席、うまっちゃったよ。もうしょうがない。ほら、右手の柱と柱の間なんかは？全員まとまって座れるし。
F：そうね、でも、あちら側は日が差してて水面に反射してるから、見にくそうよ。
M：じゃ、あそこの、ごみ箱の両側が空いてるよ。通路を挟んで座るってのは？
F：うん、場所はいいけど、席が分かれるのはね。このそばなら全員座れるけど、ちょっとステージが遠いよね。それとも…出口付近。近しいし、しぶきもかからなさそう。でも、斜めで見にくいかあ…あとは…。
M：う〜ん。早く決めないと席がなくなっちゃうよ。10人一緒はもう無理だね。僕は、まぶしいけど、あそこに6人連れていくよ。君は、真ん中あたりの、ほら、通路に面してるところは？足が伸ばせるところ。4、5人なら座れそうだよ。
F：あっ！あそこね。いいとこが空いてるじゃない。ありがとう。じゃ、行こう！！

みんなはこれからどこに座りますか。

ポイント
① あっ！取られた。席、うまっちゃったよ→真正面の席（G）は他の人が座ってしまった

② ほら、右手の柱と柱の間なんかは？全員まとまって座れるし→柱と柱の間の席（F）はみんないっしょに座れる
③ でも、あちら側は日が差してて水面に反射してるから、見にくそうよ→Fは太陽が反射してよくない
④ F：席が分かれるのはね。M：10人一緒はもう無理だね→ごみ箱の両側（E）に座ると、10人が2つに分かれてしまうのでよくない。しかし、10人がまとまって座れる場所はもうないから、分かれて座るしかない
⑤ 僕は、まぶしいけど、あそこに6人連れていくよ→男の人はFへ行く
⑥ 君は、真ん中あたりの、ほら、通路に面してるところは？足が伸ばせるところ。4、5人なら座れそうだよ→まん中の、前が通路の席（C）が空いている
⑦ あっ！あそこね。いいとこが空いてるじゃない。ありがとう→女の人はCに行く

🔍 初めはみんな同じ場所に座りたいと思っていたが、みんながいっしょに座れるような場所がだんだんなくなってきたので、2つに分かれて座ることにした。

⚠️◇「通路を挟んで座るってのは？」＝「通路の両側に分かれて座る**という案はどうか**」
◇「いいとこが空いてるじゃない」＝「いいところが空いているね」

11番　正解 4
スクリプト
会社で女の人と上司が話しています。女の人はこれから何をしますか。

M：佐藤さん、あさっての会議の資料はできたかな？
F：はい。今、プリントしたところです。
M：そうか。あとでコピーしておいて。出席者の数プラス5部頼むよ。
F：すみません、田中さんからまだ出席者の数を聞いていないんです…。
M：田中君は外出中か…。戻り次第、人数、確認してくれ。
F：はい。
M：それから、入力ミスはないだろうね。前回多かったからな。もう一度見直して、私に回して。
F：あのう、鈴木さんから「伝票のチェックを至急頼む」って言われてるんですが、そのあとでもよろしいですか。
M：そうだね…私ももうすぐ出なきゃならないんだ。コピーしちゃってから「あっ」って言っても遅いだろう。
F：はい、わかりました。

女の人はこれから何をしますか。

ポイント
① 今、プリントしたところです→資料の原版はできた
② あとでコピーしておいて。出席者の数プラス5部頼むよ→出席者プラス5部コピーする
③ 戻り次第、人数、確認してくれ→田中さんが戻ったら、出席者の人数を確認する
④ もう一度見直して、私に回して＝「資料にミスがないか見直しをして、私に見せなさい」

⑤あのう、鈴木さんから「伝票のチェックを至急頼む」って言われてるんですが、そのあとでもよろしいですか→先に鈴木さんから頼まれた仕事をしたい
⑥私ももうすぐ出なきゃならないんだ＝「私はもうすぐ出かけるから、その前に見直しをしてほしい」→女の人は課長が出かける前に（＝今すぐ）見直しをしなければならない
⑦コピーしちゃってから「あっ」って言っても遅いだろう＝「コピーをした後で間違いに気がついても遅い」→コピーをする前に間違いがないか確かめなければいけない
🔍 鈴木さんに頼まれた仕事より、先に見直しをする。

12番　正解2
スクリプト
駅で女の人が駅員と話しています。女の人はこれからどうしますか。

F：すみません、緑山公園行きの電車はこのホームでいいでしょうか。
M：このホームからですと、途中の黒川駅でお乗り換えいただくことになります。直通でしたら、6番ホームから特急電車をご利用ください。
F：あ、特急があるんですか。
M：ええ、500円の特急券をお求めいただくことになりますが、お乗り換えの時間を含めますと30分は早く着きます。
F：あ、そうですか。次の特急は何時ですか。
M：ええと…あ、毎時45分発ですから、あと5分で出ます。
F：え、5分。でも、特急券が。特急券は、あの改札を出て、窓口で買うんですね。
M：あ、はい。でも、車内で不足分のご精算もいたしております。
F：あ、そうですか。よかった。
M：6番線です。いちばん向こうの端ですから、お急ぎください。
F：はい！ありがとうございます。

女の人はこれからどうしますか。
ポイント
①500円の特急券をお求めいただくことになりますが、お乗り換えの時間を含めますと30分は早く着きます→特急に乗る場合は特急券が必要だが、30分早く着く
②あ、そうですか。次の特急は何時ですか→特急に乗る
③でも、特急券が→特急券がない
④車内で不足分のご精算もいたしております→特急券は電車に乗ってから買える
⑤6番線です。いちばん向こうの端ですから、お急ぎください→急いで6番線へ行く。6番線は駅のいちばん端のホームにある（このホームではない）
🔍 特急券は電車に乗ってから電車の中で買える。
⚠️◇「特急券をお求めいただくことになります」＝「特急券を買ってもらわなければなりません」：特急券を買わなければならない。

◇「30分は早く着きます」＝「30分以上早く着く」

第3回
13番　正解2
スクリプト
男の学生と女の学生が話しています。男の学生はこれからどうしますか。

F：青木くん、サークル、入ってないの。
M：ええ、そうなんです。実は、僕、歴史が好きだから、歴史のサークルに入って、みんなで本を読んだり、ゆかりの場所を見に行ったりできたら楽しいかなって思ってるんですけど。
F：ふうん、そういうサークル、ないの？
M：ええ、残念ながら。
F：それじゃ、作っちゃえば？私もね、アニメのサークル作ったのよ。だから、やり方、知ってるよ。
M：え？作っちゃう？そんなことできるんですか。
F：うん。学生課で申請するだけ。
M：へえ、やってみようかな。
F：うん。あのね、学生課に申請書があるから、それにサークル設立の目的と活動内容なんかを書くの。そんなに細かくなくてもいいから。あ、それと部員の名前も書くんだった。たしか…5人だったと思うよ。
M：それだけでいいんですか。
F：あ、そうだ。顧問の先生の名前を書く欄があるから、誰か先生に顧問になってもらうのをお願いしとかなきゃ。歴史学の田中先生とか、やってくれそうじゃない。ゼミとってるでしょ。
M：はい。でも、部員が集まらないことにはお願いもできませんよね。
F：そうね。まずはそこからだね。
M：じゃあ、さっそく今日のゼミで声を掛けてみます。
F：うん、きっと、うまくいくよ。

男の学生はこれからどうしますか。
ポイント
①ええ、残念ながら→歴史のサークル活動をしたいけど歴史のサークルはない
②うん。学生課で申請するだけ→学生課で申請するだけでサークルが作れる
③へえ、やってみようかな→サークルを作る
④あ、それと部員の名前も書くんだった。たしか…5人だったと思うよ→申請には、部員が5人必要だ
⑤顧問の先生の名前を書く欄があるから、誰か先生に顧問になってもらうのをお願いしとかなきゃ→申請には顧問の先生も必要だから、先生に顧問になってほしいとお願いしなければならない
⑥M：はい。でも、部員が集まらないことにはお願いもできませんよね。　F：そうね。まずはそこからだね→先に部員を集めないと先生に顧問になってほしいとお願いできない。部員を集めることを先にする
⑦じゃあ、さっそく今日のゼミで声を掛けてみます→今日の

ゼミで学生に歴史のサークルを作ろうと言って、部員にならないかと誘ってみる
🔍 部員を 5 人集めてから先生に顧問になってほしいとお願いする。
⚠ ◇「ゆかりの場所」=「(歴史に) 関係がある場所」
◇「作っちゃえば?」=「作ってしまえば?」:思い切って作ったらどうか。
◇「お願いしとかなきゃ」=「お願いしておかなければならない」

14番　正解 1
スクリプト
会社で女の人と男の人が話しています。女の人はこのあとすぐ何をしますか。

F:あのう、来月の新年会のことなんですが、さっき駅前の店に電話したんですけど、50 人の部屋はもうダメでした。20 人、15 人、15 人に分かれるんなら部屋は空いてるそうですけど。どうします?他の店を当たってみましょうか。
M:う〜ん、ちょっと遅かったかあ。他って言っても、シーズンだからこの辺はどこも混んでるだろうし。遠くなるのもね。でも、分かれるってのはね。困ったなあ。
F:となると、今回は、営業部と販売部が一緒というのは無理かもしれませんね。
M:うーん。そうだね。仕方がない。別々にするか。うちだけだったら 15 人だし、それなら問題なさそうだしね。
F:そうですね。ただ、営業部のほうは人数が多いから、この店は無理ですね。
M:う〜ん。そうだね。いいよ。あっちはあっちで考えてもらおう。悪いけど。
F:わかりました。でも、できれば、先月までうちにいて営業部に移った人たちも呼べるといいと思うんですが。もともとそれで一緒に、って考えたんですよね。
M:うん、そうだったな。でも、20 人以内に収まるかなあ。
F:全員来られるかどうかはわかりませんよね。
M:じゃ、まずその人たちに声かけてみて、人数確認してくれる?
F:はい、わかりました。
M:じゃあ、両方の部長にその旨を伝えよう。
F:あのう、元販売部の人に声をかけることも。
M:もちろん。そっちはぼくがやるよ。両部長の了解がとれ次第、声をかけるっていう手順でいいね。
F:そうですね。人数が決まらないことには予約のしようがありませんから。
M:あ、いや、待って。とにかく部屋だけは押さえとこうよ。大きい方。何ならキャンセルしてもいいから。
F:あ、はい、わかりました。じゃあ、さっそく。

女の人はこのあとすぐ何をしますか。
ポイント
①仕方がない。別々にするか→営業部と販売部は新年会を別々にやる
②でも、できれば、先月までうちにいて営業部に移った人たちも呼べるといいと思うんですが→今月販売部から営業部に変わった人たちも呼びたい
③じゃ、まずその人たちに声かけてみて、人数確認してくれる?→女の人は、営業部に変わった人たちに新年会に出るかどうか聞く
④じゃあ、両方の部長にその旨を伝えよう→男の人は、そのこと (=新年会を別々にすることと販売部から営業部に今月変わった人を新年会に誘うこと) を営業部と販売部の部長に伝える
⑤そっちはぼくがやるよ→男の人が元販売部の人に伝える
⑥両部長の了解がとれ次第、声をかけるっていう手順でいいね→男の人が部長の了解をとった後で、女の人が人数を確認する
⑦あ、いや、待って。とにかく部屋だけは押さえとこうよ。大きい方→人数を確認する前に 20 人の部屋を予約しておく
⑧じゃあ、さっそく→女の人は今すぐ部屋を予約する
🔍 人数を決めるより先に 20 人の部屋を予約しておく。
⚠ ◇「あっちはあっちで」=「あちら(のこと)はあちら(の人)で」
◇「両部長の了解がとれ次第、声をかける」=「両部長の了解がとれたらすぐその後で、声をかける」
◇「人数が決まらないことには予約のしようがありません」=「人数が決まらなければ予約したくてもできない」

15番　正解 2
スクリプト
男の人と女の人が話しています。男の人はかばんに何を入れますか。

M:なに、それ。いろいろ並べて何考えてるんだ?
F:少し体を動かさないとね。最近運動不足だから、近所の人たちと一緒にやろうかってことになってね。
M:へえ。
F:みんながそれぞれうちにあるものを持って行くことになったのよ。でも、いっぱいあって。全部持って行くわけにもいかないしね。
M:へえ。ずいぶんあるね。子供たちとよくやったもんね。あ、かばんに入れるのか?手伝うよ。
F:ありがとう。
M:これ、どう?縄跳びは手軽で運動量が多く、しかも、場所を選ばない。だから経済効率の高いスポーツだよね。ただし、個人競技だから仲間との連帯感は出にくい。
F:あ、そっちじゃなくて、あっちにして。あれだったらみんなで一緒に跳べるでしょ。
M:了解。みんなでするんなら、バレーボールなんかいいよね。
F:確かに。縄跳びほどタイミングを合わせる難しさがないし。それでいて、一体感が楽しめるしね。
M:あとは、これ。これも 11 人、いや 2 チームで対抗するから 22 人で楽しめるよ。
F:それはまだまだ女性はあんまりやっていない。…あ、そうだ。バドミントンも入れて。

M：バドミントンは、2人か4人だろ？大勢でやれないじゃない。
F：それはそうなんだけど、頼まれてるから。
M：じゃあ、テニスも？
F：う〜ん、そうねえ。ただ、コートの手配がね…うん、それだけでいいわ。ありがとう。

男の人はかばんに何を入れますか。
ポイント
①あ、そっちじゃなくて、あっちにして。あれだったらみんなで一緒に跳べるでしょ→一人でする短い縄跳びではなく、みんなでする**長い縄跳び**を入れる
②M：了解。みんなでするんなら、バレーボールなんかいいよね。　F：確かに。縄跳びほどタイミングを合わせる難しさがないし。それでいて、一体感が楽しめるしね→みんなで楽しめる**バレーボール**を入れる
③それはそうなんだけど、頼まれてるから→**バドミントン**は大勢では楽しめないが、頼まれているから入れる
④M：じゃあ、テニスも？　F：ただ、コートの手配がね…→テニスはコートを借りなければならない。手配が大変だから、テニスのラケットは入れない
🔍みんなで一緒に楽しめるスポーツがいい。
⚠◇「場所を選ばない」＝「場所はどこでもいい」
◇「縄跳びほどタイミングを合わせる難しさがない」＝「縄跳びは息を合わせなければいけないので難しいが、バレーボールは縄跳びほど息を合わせなくてもいいので難しくない」

16番　正解 2
スクリプト
男の人が病院の受付の人と話しています。男の人はこのあと何をしなければなりませんか。

M：あのう、1時間前に機械で受付を済ませたのにまだ呼ばれないんですが、診察はまだでしょうか。
F：受付した際の控えをお持ちですか。
M：はい、これです。
F：ああ、3か月間受診がなかったので、初診扱いになっていますね。3か月以上いらっしゃらなかった場合は、機械での受付のあと、受診する科の窓口でもう一度受付をしていただくことになります。診察券をそちらに出してください。
M：ええ？そうなんですか。
F：ええ、こちらに書いてありますので、お読みになってください。その受付が済んだら、看護師が診察券をお返ししますので、それを持ってレントゲン検査室の前でお待ちください。
M：え、先に検査室へ行くんですか。
F：はい。検査結果が出るのに2、30分かかりますので、受診される科にお戻りになって、診察券を窓口に出して、お待ちください。
M：そうですか。わかりました。

男の人はこのあと何をしなければなりませんか。
ポイント
①ああ、3か月間受診がなかったので、初診扱いになっていますね→受付が済んでいなかった
②3か月以上いらっしゃらなかった場合は、機械での受付のあと、受診する科の窓口でもう一度受付をしていただくことになります→受診する科で受付をしなければならない
③その受付が済んだら、看護師が診察券をお返ししますので、それを持ってレントゲン検査室の前でお待ちください→受付が済んだら、レントゲン検査室へ行く
🔍受診する科でもう一度受付をしなければならない。
⚠「初診扱いになっていますね」＝「初診の人として対応されている／初めて来た場合と同じように処理されている」

17番　正解 4
スクリプト
母と息子が話しています。息子は、まず何をしなければなりませんか。

M：大掃除、僕も手伝うよ。何しようか。
F：そうね…じゃあ、窓ガラスをお願い。
M：ええと…どうすればいいの？
F：まずね、この雑巾を水に浸して、軽く絞って、それから、ガラスをざっと拭くのよ。
M：うん、ええと、水だね…
F：あ、そこのバケツに汲んであるから、この洗剤を少し入れてね。それから、それでもって上から下へ押し付けるようにして一気に拭くの。
M：この道具？
F：そう。ゴムの面をガラスに押しつけるようにして使うのよ。で、仕上げね。すぐに乾いたきれで拭くのよ。ガラスが濡れてるうちにね。すっかりきれいになるまでキュッキュッって。あ、外側から先にやったほうがいい。汚れがよく見えるからね。
M：うんわかった。それから次は内側だね。
F：そうそう。

息子は、まず何をしなければなりませんか。
ポイント
仕事の順番：（バケツに水が入れてある）→1.水に洗剤を入れる→2.雑巾をバケツの水でぬらして外側のガラスを拭く→3.道具でガラスを拭く→4.乾いたきれで拭く→5.内側のガラスも同じように拭く
🔍水はもう汲んであるので、息子は汲まなくていい。
⚠「それでもって」＝「それを使って」

18番　正解 1
スクリプト
男の人と女の人が、スーパーの広告を見ながら話しています。男の人はこれから何を買いに行きますか。

F：ねえ、今日は卵が安いよ。
M：そう？じゃあ、買ってこよう。歯磨きはいいの？なくな

F：りかけてたじゃない。
F：この広告に出てるのは、いつも使ってるのじゃないから。
M：何だっていいじゃない。なくなると困るよ。
F：うん、じゃあ、それも。
M：あっ、ビールも買ってこよう。
F：え、しばらく控えるんじゃなかったの。
M：控えることは控えるけど。安いときに買っとこうよ。お得だよ。あ、ティッシュペーパー、これめちゃくちゃお買い得だね。
F：どれ？あ、これは枚数が少ないのよ。1箱400枚じゃないとね。
M：なるほどね。じゃ、行ってくる。
F：あっ、待って。ティッシュ、もうなかったんだ。トイレットペーパーもあと1個になっちゃってる。
M：ええ？そんなに自転車には載らないよ。
F：でも、なくなっちゃったものは買わないとしょうがないでしょ。
M：そりゃそうだけど…載るかなあ。
F：じゃあ、トイレットペーパーとビールは、あとにすれば？
M：ええ、ビールもか。…ほんとに君にはかなわないな。
F：それでなんとか自転車に載るよね。

男の人はこれから何を買いに行きますか。

ポイント
①F：ねえ、今日は卵が安いよ。　M：そう？じゃあ、買ってこよう。→**卵**を買う
②F：この広告に出てるのは、いつも使ってるのじゃないから。　M：何だっていいじゃない。なくなると困るよ。
　F：うん、じゃあ、それも。→広告に出ている歯磨きはいつも使っているのと違うので、女の人は買いたくないと思っていたが、なくなると困る⇒**歯磨き**を買う
③（ビールは）控えることは控えるけど。安いときに買っとこうよ。お得だよ→ビールはあまり飲まないようにしているが、今日は安い⇒**ビール**を買いたい
④M：あ、ティッシュペーパー、これめちゃくちゃお買い得だね。　F：どれ？あ、これは枚数が少ないのよ。1箱400枚じゃないとね。　F：あっ、待って。ティッシュ、もうなかったんだ。→ティッシュペーパーがとても安い。しかし、箱に入っている枚数が少ないから買いたくないと思ったが、ティッシュペーパーがもうないことに気づいた⇒**ティッシュペーパー**を買う
⑤トイレットペーパーもあと1個になっちゃってる→トイレットペーパーを買う必要がある
⑥ええ？そんなに自転車には載らないよ→全部買ったら自転車に載らない
⑦F：じゃあ、トイレットペーパーとビールは、あとにすれば？　M：ええ？ビールもか。…ほんとに君にはかなわないな。→女の人が「今はトイレットペーパーとビールを買わないほうがいい」と言った。男の人は、ビールを買わないのは残念だが、従うことにした⇒**トイレットペーパー**も**ビール**も買わない

⚠️◇「何だっていいじゃない」＝「何でもいいではないか」：歯磨きはいつも使っているものでなくてもいい。どんな歯磨きでもいいから買ったほうがいい。
◇「しばらく控えるんじゃなかったの」＝「しばらく（ビールを飲むのを）控えると言っていたでしょう？そうでしょう？」
◇「控えることは控えるけど」＝「確かに（ビールを飲むのを）控えるけれど、（でも少し飲む）」
◇「君には**かなわない**な」＝「君に**勝つ**ことはできない／君に**従おう**」

第4回

19番　正解 2

スクリプト

男子学生と女子学生が話しています。男子学生は試験に何を持って行きますか。

M：昨日の「近代文学史」の授業、休んじゃったんだけど、試験の説明ってあった？
F：うん。あったよ。**教科書の持ち込み可**だって。
M：そりゃ、ありがたい。あっ、ノートコピーさせてね。ノート、持ち込めるんだよね。
F：それがさあ、自筆のノートのみでコピーはだめだって。試験のはじめにチェックするって。
M：う～ん。そんなに甘くないか。じゃあ、授業中にもらったプリントの資料もだめに決まってるよね。
F：それが、意外。いいんだって。
M：そうなんだ。去年、田中先輩が受けたときは、事前にテーマが発表されて、自分で下書きした原稿用紙なら持ち込んでもいいって言われたんだってよ。
F：そうそう。先生も言ってた。下書きを持ち込んでもいいなんて、そんなの書き写すだけの試験じゃない。意味ないから今回はやめたって。
M：残念だね。でも、原稿用紙に書く練習はしといたほうがいいよね。書くだけ書いておこうかな。
F：試験は、鉛筆使えなくてボールペンだから、あんまり間違えられないしね。
M：うん、漢字とか、けっこう間違えちゃうんだよな。**辞書が持ち込めると助かるんだけどね。**
F：そう何でもうまくはいかないよ。

男子学生は試験に何を持って行きますか。

ポイント
①教科書の持ち込み可だって→試験場に**教科書**を持って入って、見てもいい
②それがさあ、自筆のノートのみでコピーはだめだって→自分で書いたものだけはいいけれど、他の人のノートをコピーしたものは見てはいけない
③M：じゃあ、授業中にもらったプリントの資料もだめに決まってるよね。　F：それが、意外。いいんだって。→**資料**は見てもいい
④M：去年、田中先輩が受けたときは、事前にテーマが発表されて、自分で下書きした原稿用紙なら持ち込んでもいいって言われたんだってよ。　F：今回はやめたって。→去年は自分で下書きした原稿用紙を見てもよかった。しか

し、今年は原稿用紙を見ることはできない
⑤試験は、鉛筆使えなくてボールペンだから、あんまり間違えられないしね→**ボールペンを使う**
⑥M：辞書が持ち込めると助かるんだけどね。　F：そう何でもうまくはいかないよ。→辞書が使えるといいけれど、辞書は使えない

⚠◇「教科書の**持ち込み可**だって」＝「教科書を持って入ることができるそうだ」
◇「そんなに甘くないか」＝「それほど自分に都合のいいようにはならない（それはだめだ）」
◇「だめに**決まってる**よね」＝「**絶対**だめだろう」
◇「書くだけ書いておこうかな」＝「（良い結果になるかわからないが）一応書いておこうかな」
◇「そう何でもうまくはいかないよ」＝「**あなたが考えるように何でもうまくいくわけではない**」

20番　正解 1
スクリプト
女の人が上司と電話で話しています。女の人はこれから何をしますか。

F：もしもし、佐藤です。
M：ああ、佐藤君、お疲れ様。大阪は雨だって？
F：ええ、朝からずっと降っています。
M：会議はどうだった？
F：ええ、予定通りに進んで、先ほど終わりました。
M：そうか、ご苦労様。これからの予定は？
F：2時から、営業部のメンバーと打ち合わせがあります。それから今晩、大阪支社の皆さんから食事に誘っていただいています。
M：そうか。明日ねえ、大阪工場に回ってもらう時間はあるかな？新製品の見本ができてるってことだから、受け取ってきてほしいんだけど。
F：ええと、昼過ぎの新幹線で東京に戻る予定ですが、その前に大阪市内の取引先を2か所ほど回るつもりので…。
M：そうか、明日は夕方、こっちの会議にも出席してもらいたいしなあ、忙しいなあ…。
F：あ、でも、今日、打ち合わせの後、食事会まで少し余裕があるので、先方のご都合さえよければ伺えます。
M：そう？悪いね。工場のほうは「いつでも」って言ってたから。じゃあ、工場の鈴木課長に連絡しておくから、よろしく頼むよ。

女の人はこれから何をしますか。
ポイント
①M：これからの予定は？　F：2時から、営業部のメンバーと打ち合わせがあります。→今日はこの後、2時から、打ち合わせがある
②それから今晩、大阪支社の皆さんから食事に誘っていただいています→今夜は大阪支社の人と食事をする
③明日ねえ、大阪工場に回ってもらう時間はあるかな？→明日、大阪工場へ行ってほしい
④昼過ぎの新幹線で東京に戻る予定ですが、その前に大阪市内の取引先を2か所ほど回るつもりなので…→明日は、昼過ぎの新幹線で東京に戻る。その前に取引先を2か所回る予定だから、明日の午前中は、大阪工場へ行く時間がない
⑤明日は夕方、こっちの会議にも出席してもらいたいしなあ→明日の夕方は東京で会議にでる⇒東京へ戻る時間を遅らせて、大阪工場へは行くことはできない
⑥今日、打ち合わせの後、食事会まで少し余裕があるので、先方のご都合さえよければ伺えます→今日の2時からの打ち合わせの後、大阪工場へ行くことができる
⑦工場のほうは「いつでも」って言ってたから→大阪工場の人はいつでもいいと言っている⇒女の人は、今日、打ち合わせの後大阪工場へ行く
⑧工場の鈴木課長に連絡しておくから、よろしく頼むよ→鈴木課長への連絡は、男の人がする

🔍今日、これから打ち合わせがあるが、その後、夜の食事会までの間には時間が空いている。その間なら、大阪工場へ行ける。

⚠「工場のほうは『いつでも』って言ってたから」＝「工場のほうはいつでもいいと言っていたから（大丈夫だ）」

21番　正解 3
スクリプト
女の人が銀行の人と話しています。女の人はこの後どうしますか。

F：すみません、この機械、振り込みがうまくできないんですが。
M：お客様、当行のキャッシュカードはお持ちでしょうか。
F：いいえ。でも、持っていなくても現金で振り込みはできるでしょう？
M：ええ、そうですが、限度額がございまして…お振り込みの金額はおいくらでしょうか。
F：20万円です。
M：申し訳ありません。10万円以上のお振り込みはＡＴＭではお取り扱いしておりません。恐れ入りますが、窓口の方でお願いできますか。
F：そう。仕方ないわね。
M：それから、ご本人様を確認できる書類が必要なのですが。
F：え？これでもいい？
M：社員証ですね。申し訳ありませんが、それには顔写真が入ってないので…。
F：じゃ、運転免許証？…うちに取りに帰らなくちゃ。
M：当行の通帳とご印鑑をお持ちであれば、本人を証明するものがなくてもお振り込みができるんですが。
F：そうね。あればね。こちら、初めてだから。じゃ、ちょっと。30分ぐらいで戻れると思うわ。
M：申し訳ありません。では、お戻りになりましたら、こちらの伝票に必要事項をご記入の上、番号札をお取りになってお待ちくださいませ。
F：わかりました。

女の人はこの後どうしますか。

ポイント
①恐れ入りますが、窓口の方でお願いできますか→窓口で振り込みをする
②それから、ご本人様を確認できる書類が必要なのですが→本人であることを証明するものが必要だ
③社員証ですね。申し訳ありませんが、それには顔写真が入ってないので…→社員証は顔写真がないので、使えない
④じゃ、運転免許証？…うちに取りに帰らなくちゃ→運転免許証なら使えるが、家にある
⑤そうね。あればね。こちら、初めてだから→この銀行の通帳はない
⑥じゃ、ちょっと。30分ぐらいで戻れると思うわ→運転免許証を取りに家に帰って、戻ってくる
⑦では、お戻りになりましたら、こちらの伝票に必要事項をご記入の上、番号札をお取りになってお待ちくださいませ→運転免許証を持ってきたら、番号札を取って、窓口で待つ
🔍この銀行の通帳と印鑑は持っていない。家にもない。
⚠️◇「限度額がございまして…」＝「決められた額以上のお金は振り込めません」
◇「お取り扱いしておりません」＝「ここでは、それはできません」
◇「あればね」＝「あればできるだろうが、ないからできない」
◇「必要事項をご記入の上、番号札をお取りになって」＝「必要事項を記入してから、番号札を取って」

22番　正解4
スクリプト
学生が大学の入学手続きについて問い合わせています。学生はこのあと何をしなければなりませんか。

M：あの、合格者の入学手続きについてお聞きしたいんですけど。
F：はい、どういったことでしょうか。
M：今週中に送らなければならない書類の中で、ちょっとわからないものがありまして…。この学生登録書にある「学生番号」がわからないんですけど。
F：あ、それは入学式のときに提出していただく書類ですので、今回は送らなくて結構ですよ。学生番号は入学式のときお知らせします。
M：あ、そうなんですか。ええと、それから、「健康診断書」の用紙が入っていなかったんですけど。
F：健康診断書は所定の用紙はありません。そこに書かれている項目を指定して、病院で作ってもらってください。
M：わかりました。
F：健康診断書は病院によっては1週間前後かかるところもあるので、早めに行くことをおすすめします。
M：はい。あと1つあるんですが、今払うのは入学金だけですよね。
F：そうですね。入学金は3月10日までにお願いします。前期の授業料の払込期限はその1ヶ月後ですが、くれぐれも遅れないように注意してください。
M：入学金はもう支払いましたし、大丈夫です。ありがとうございました。
F：どういたしまして。よろしくお願いします。

学生はこのあと何をしなければなりませんか。
ポイント
①学生番号は入学式のときお知らせします→学生番号は入学式のときにわかる。今はわからなくてもいい
②健康診断書は病院によっては1週間前後かかるところもあるので、早めに行くことをおすすめします→健康診断に早く行ったほうがいい
③そうですね。入学金は3月10日までにお願いします→入学金は3月10日までに払わなければいけない
④前期の授業料の払込期限はその1ヶ月後です→前期の授業料は4月10日までに払う
🔍健康診断書を作るのに時間がかかるかもしれないから、早く病院に行ったほうがいい。

23番　正解2
スクリプト
会社で男の人と女の人が、明日の会議の準備をしています。男の人はこのあと何をしますか。

M：会議の準備はどう？何か手伝おうか。
F：うん。大体終わったから大丈夫。資料は人数分コピーしたし、お茶も買ってあるし。
M：ねえ、資料を入れる封筒は用意した？この間は忘れてて、あわてて倉庫に取りに行ったじゃない。
F：もう、あの時のことは忘れて。私、同じ失敗は繰り返さないから。
M：わかった。わかった。じゃあ、機材はそろってる？
F：マイクとプロジェクターね。会議室に行って点検とかないと。
M：じゃあ、それは僕がするよ。あ、そうだ。課長に資料を渡してある？前もって目を通しておきたいって言ってたよね。
F：そうそう、忘れてた。じゃ、それから済ませるわ。
M：あれ、今日は課長、確か午後から取引先に行くんだったよね。早く持って行ったほうがいいんじゃない？会議室に行く前に、寄ろうか。
F：今、何時？
M：12時5分前。
F：うーん、もう12時かあ。今は、もう食事に行っていないだろうし、別件で相談もあるから、それは、午後一番に、私が。
M：そうか。わかった。じゃあ、行ってくる。
F：ありがとう。

男の人はこのあと何をしますか。
ポイント
①マイクとプロジェクターね。会議室に行って点検とかないと→会議室に行って、マイクとプロジェクターの点検を

①しておかなければいけない
②じゃあ、それは僕がするよ→男の人が機械（マイクとプロジェクター）の点検をする
③そうそう、忘れてた。じゃ、それから済ませるわ→女の人がこれから課長に資料を渡す
④M：会議室に行く前に、寄ろうか。　F：それは、午後一番に、私が。→男の人が課長に資料を渡すと申し出たが、女の人は自分が渡すと言っている
⑤じゃあ、行ってくる→男の人は今から会議室へ行く

🔑 課長に資料を早く渡さなければならないが、それは女の人がする。

⚠️ ◇「この間は忘れてて、あわてて倉庫に取りに行ったじゃない」＝「この間は（封筒を用意するのを）忘れていて、あわてて倉庫に取りに行ったでしょう？」
◇「じゃ、それから済ませるわ」＝「じゃ、まず先にそれをするわ」
◇「午後から取引先に行くんだったよね」＝「午後から取引先に行く予定だったね」
◇「それは、午後一番に、私が」＝「午後の仕事の最初に、私がそれをします」

24番　正解 4
スクリプト
女の人がお店の人と話しています。女の人は何を買いますか。

F：夏休みに初めて富士山に登ろうと思っているんですが、ほとんど何も持ってないので…。
M：それでしたら、まず靴ですね。靴は…こちらの登山用シューズがお勧めですよ。
F：あのう、普通のスニーカーじゃだめですか。普段から履きなれている靴のほうがいいんじゃないかと思うんですが。
M：富士山は足場の悪いところが多いので、足首までしっかり保護されるような靴のほうが安全です。靴の底も厚いほうが疲れにくいですし…。下りは特に滑りやすいので、滑り止めがついていないと。
F：はあ、そうなんですか。じゃあ、これですね。杖もあったほうがいいですか。
M：ええ、お楽ですよ。いろいろなのがありますが、こちらは短くできて、リュックにも入れられます。
F：へえ～。便利ですね。では、お勧めのにしましょう。そうそう、リュックは30リットルぐらいのを持ってるんですが、それで大丈夫でしょうか。
M：ええ、十分でしょう。あと、ぜひお勧めしたいのが登山用の下着なんですが。
F：下着？
M：はい。山頂付近は夏でもかなり冷え込みますからねえ。真冬の服装が必要ですが、何枚も重ね着すると動きにくいし。えー、こちらは、こんなに薄いんですが、特殊な繊維が使われていて、保温効果が高く、そのうえ汗も吸収して乾燥させるという、非常に優れた商品です。
F：あ、本当に薄い。2000円かあ。でも、寒さ対策なら、結局厚い下着のほうがいいことはいいでしょう。
M：いえいえ。こちらのほうがずっと優れています。これ1枚あれば、上は普段着でも大丈夫ですよ。
F：そうなんですか。これだけで済むんなら、結局お得ですね。わかりました。
M：あとは、これ。朝日を見るために夜道を登りますからヘッドライトは必需品です。
F：あ、それは友人が譲ってくれるそうなので。
M：では、これはよろしいですね。

女の人は何を買いますか。
ポイント
①足首までしっかり保護されるような靴のほうが安全です。靴の底も厚いほうが疲れにくいですし…→足首まであって、底が厚い登山靴がいい
②こちらは短くできて、リュックにも入れられます→短くなる杖を買う
③F：リュックは30リットルぐらいのを持ってるんですが、それで大丈夫でしょうか。　M：ええ、十分でしょう。→リュックは買わない
④そうなんですか。これ（薄い下着）だけで済むんなら、結局お得ですね。わかりました→薄い下着を買う
⑤M：ヘッドライトは必需品です。　F：あ、それは友人が譲ってくれるそうなので。→友人から譲ってもらうので、ヘッドライトは買わない

⚠️ ◇「滑り止めがついていないと」＝「滑り止めがついていないとだめだ」
◇「これだけで済むんなら」＝「他の物を買わなくてもいいのなら」
◇「これはよろしいですね」＝「これは買いませんね」

ポイント理解
第1回
1番　正解 3

スクリプト

男の人と女の人が大学のサークルについて話しています。女の人がサークルに入らない理由はどんなことだと言っていますか。

F：田中先輩、お久しぶりです。
M：あ、君、うちの大学に入ったんだね。
F：はい、よろしくお願いします。
M：大学生活、どう？もう慣れた？
F：ええ、授業にはだいぶ慣れました。
M：サークルは？どこか入った？
F：いいえ、それが…。
M：え、入らないの？入りたいサークルが見つからない？
F：そういうわけでもありませんが、友だちの話を聞くと、けっこう時間を取られてしまうらしくて…。
M：そう？サークルに入れないほど時間がないというわけでもないんだろう？友だちも増えるし、いいと思うけどね。
F：ええ、友だちのネットワークも広げたいなと思ってるんです。ただ、あんまり時間を取られてしまうと、勉強のほうが…。
M：あ、そういうこと？でも、僕の周囲じゃ、どっちも問題なくやってるやつが多いよ。
F：そうでしょうか。

女の人がサークルに入らない理由はどんなことだと言っていますか。

ポイント

①友だちの話を聞くと、けっこう時間を取られてしまうらしくて…→サークル活動にはかなり多くの時間を使うことになるようだ
②ただ、あんまり時間を取られてしまうと、勉強のほうが…→サークル活動に多くの時間を取られると、勉強する時間がなくなってしまいそうだ
③僕の周囲じゃ、どっちも問題なくやってるやつが多いよ→サークル活動も勉強も、両方をちゃんとやっている人も多い⇒サークル活動と勉強の2つの両立が問題になっている

⚠ 「どっちも問題なくやってる」＝「2つを両立させている」

2番　正解 1

スクリプト

学校の先生と学生が話しています。先生が言いたいことは何ですか。

M：中山さん、あなたのこのレポート、今の政治について、なかなかよくまとめてあるね。参考資料の出し方も工夫してるし…。
F：ありがとうございます。
M：でもちょっと気になる点は、…内閣についての批判や意見の紹介。これはどうやって調べたの？
F：あ、それは家でとっている新聞の社説の中から内閣に関するものを集めておいたんです。
M：あ、そう。何新聞？
F：東日新聞です。
M：それ1つ？
F：はい。
M：そうか…。あのね、それぞれの新聞にはそれぞれの視点っていうものがある。その結果、どうしても意見に偏りがあるんだ。だから、参考資料が新聞1つだけっていうのはねえ。
F：でも、たくさんの新聞を取るのは、うちでは無理ですから…。
M：取らなくてもいいんだよ。図書館に行けば見られるだろう？
F：ああ、そうか。図書館で。そうですよね。

先生が言いたいことは何ですか。

ポイント

①F：東日新聞です。　M：それ1つ？　F：はい。→女の人が資料に使ったのは、東日新聞だけだ
②それぞれの新聞にはそれぞれの視点っていうものがある。その結果、どうしても意見に偏りがあるんだ。だから、参考資料が新聞1つだけっていうのはねえ→新聞が1紙だけでは、その新聞の意見だけを参考にするので、視点が偏ってしまう。それはよくない⇒複数の新聞を参考にしなければならない

⚠「参考資料が新聞1つだけっていうのはねえ」＝「1社の新聞だけを参考資料にするのは、問題だ。よくない」

3番　正解 3

スクリプト

夫と妻が話しています。娘が携帯電話を持つことについて妻はどう考えていますか。

F：最近、花子がね、携帯電話ほしいってしきりに言うの。クラスの友達はほとんど持っているらしいわよ。だから、持ってないと、クラブ活動の連絡なんかも困るんだって。
M：ええっ、花子はまだ中学生だぞ。携帯なんか必要ない！
F：でもねえ、毎晩塾に行ってるでしょ。帰りが遅い時なんか心配よ。携帯を持たせていたら、って思うことがあるわ。
M：新聞やニュースでよく言ってるだろ。子供がメールやインターネットに夢中になって勉強しないとか、メールが原因で友達との関係が悪くなるとか…社会問題にもなっているじゃないか。
F：うん、それは知ってるんだけどねえ…お金もかかることだし、やっぱり、まだ早いかもしれないわね。
M：そうだ。そんなものは、大人になって自分で買えるようになってから持てばいいんだ。
F：それもそうだけど、でも…。

妻はどう考えていますか。

ポイント
①帰りが遅い時なんか心配よ。携帯を持たせていたら、って思うことがあるわ→娘がいつもより遅く帰るとき、携帯電話を持っていれば、親に連絡できるので、親は心配しないですむ
②うん、それは知ってるんだけどねえ…→いろいろな問題があることはわかっているけれど、でも⇒やはり、娘が携帯電話を持っていると安心できるだろう
③それもそうだけど、でも…→大人になって自分で買えばいいという男の人の考えも納得できるけれど、でも⇒やはり、娘が携帯電話を持つほうがいいかもしれない

🔍女の人は、携帯電話の良くない点や夫の反対の考えを理解している。しかし、その一方で、娘が携帯電話を持っていれば安心だと思っている。つまり、2つの考えの間で迷っている。

4番　正解2
スクリプト
男の人と女の人が話しています。マラソンの結果はどうなりましたか。

M：昨日のマラソン、大混戦だったね。見ただろ。
F：うん、途中まで。そのあと寝ちゃってね…あの人、あの前回の優勝者はどうだったの？
M：うん、終盤までレースを引っ張ってたから、そのまま逃げ切るのかと思ったら…。
F：だめだった？
M：それがね、ゴール手前でスピードが急に落ちちゃって、そのあと、新人の日本人選手とアフリカの選手とが抜きつ抜かれつ、っていう展開になったんだ。
F：へえ。新人がねえ。世代交代かしらね。
M：でも、最後の2キロで先頭の5人が次々脱落してったんだ。前回の優勝者もふらふらだったし、あわや途中で棄権か、ってな具合だったよ。
F：あぶなかったんだ。
M：うん、新人とアフリカの人ががんばったけど、やっぱり経験に勝るものなし。優勝経験者は違うね。
F：そっか。見ればよかった。

マラソンの結果はどうなりましたか。

ポイント
やっぱり経験に勝るものなし。優勝経験者は違うね→やっぱり経験がいちばんだ。優勝を経験している人は強い⇒前回の優勝者が勝った

⚠️◇「あわや途中で棄権か、ってな具合だったよ」＝「もうちょっとのところで走るのをやめるか、というような状況だった」
◇「経験に勝るものなし」＝「経験より上のものはない／経験があるのがいちばんだ」

5番　正解3
スクリプト
男の学生と女の学生が話しています。女の学生が言いたいのはどんなことですか。

M：ねえ、来週の経済学概論、授業の後でノート貸してもらってもいい？
F：え？何で？
M：ちょっとね…あのさ、サッカーの中継があるんだ。
F：ああ、世界大会だっけ。中継を録画して、後で見ればいいでしょ。
M：やっぱり生放送で見たいからさ。
F：しょうがないわねえ。でも、先生、言ってたわよ。
M：え、なんて？
F：成績は出席を重視するって。田中先輩は、2回休んだだけでDの評価をつけられたんだって。
M：ええ？それはひどいな。国際経済論の山田教授は、レポートさえ出せばオーケーだってよ。
F：それは先生によって違うでしょ。気をつけたほうがいいわよ。

女の学生が言いたいのはどんなことですか。

ポイント
成績は出席を重視するって。田中先輩は、2回休んだだけで、Dの評価をつけられたんだって→出席が重要だ。ちょっと欠席をすると評価が悪くなる⇒欠席しないほうがいい

6番　正解3
スクリプト
男の人と女の人が新しいマンションについて話しています。女の人がこのマンションについて心配していることは何ですか。

M：あのマンションよかったなあ…。今日まで見てきたモデルルームであれが一番よかった。
F：うん、新築ってやっぱりいいよね。あのキッチン、ほんとに気に入ったな。…でも、少々予算オーバーよねえ。ローン借りられる？
M：なんとかできるんじゃないかな。…あそこに決めようか。
F：ええ？そんなにすぐ決めちゃうの？
M：だめか？
F：だって、マンションが建つのはあそこじゃないのよ。「建設予定地は駅から徒歩10分」って言うけど、実際にはどうなのかな。自分の足で歩いてみなきゃ。
M：そうか、じゃ、明日もう一度行ってみよう。
F：近くの病院とか学校とか、周りの様子、調べてみなきゃ。モデルルーム見て部屋だけ気に入ってもだめよ。
M：そうだな。

女の人がこのマンションについて心配していることは何ですか。

ポイント
①マンションが建つのはあそこじゃないのよ。「建設予定地は駅から徒歩10分」って言うけど、実際にはどうなのか

な。自分の足で歩いてみなきゃ→実際にマンションが建設される場所は、今日見たモデルルームのある場所ではない。実際の場所は、駅から歩いて10分だそうだが、本当に10分かどうか心配だ。自分で歩いて確かめなければならない

②近くの病院とか学校とか、周りの様子、調べてみなきゃ。モデルルーム見て部屋だけ気に入ってもだめよ→近所にある病院とか学校などの施設や周囲の環境はまだ調べていないのでわからない。部屋だけいいと思ってもだめで、外のこと、周囲のことを調べてからでなければ、決めることはできない

7番　正解1
スクリプト
男の人と女の人が話しています。女の人はどこへ何をしに行くのですか。

M：おっはよう。レポート、終わった？
F：うん、大体。今日の夕方6時までに出せばいいんだよね。午後、仕上げをするつもり。
M：そっか。だけど、今日は寒いね。
F：うん、朝なかなか起きられなかった。遅くなっちゃったから、あわてて出かける支度して、…あ！
M：なに、どうしたの。
F：ストーブ。
M：え？
F：スイッチ切ったかなあ。
M：切ったんじゃないの？
F：うーん…記憶がない。
M：気になるんなら、確かめてきたら？
F：ううん…。
M：あ、掲示板に期末試験の日程が出てるみたいだ。見に行こう。
F：私、やっぱり心配。ちょっと見てくる。でも、授業の後半は出られると思うから、前半のノート、後で見せてね。よろしく！

女の人はどこへ何をしに行くのですか。
ポイント
①F：スイッチ切ったかなあ。　F：うーん…記憶がない。
　M：気になるんなら、確かめてきたら？→女の人は、朝出かける前に家のストーブのスイッチを切ったかどうか、はっきり覚えていないので、心配になっている。男の人は、家に行って確かめることを勧めた
②私、やっぱり心配。ちょっと見てくる→女の人は、ストーブを切ったかどうか確かめるために、うちへ帰ることにした

第2回
8番　正解1
スクリプト
会社で上司と部下が話しています。出張の一番の目的は何ですか。

M：鈴木君、来週大阪へ行ってくれないか。
F：出張ですか。AM商事ですか。
M：ああ、来月の展示会について話を詰めて来てもらいたいんだ。AM商事の田中部長にはご無沙汰してるんで、挨拶もしといたほうがいいし。
F：わかりました。昨日の会議で出た意見を参考に企画書を修正して、持って行きましょう。
M：うん、それから、ついでに大阪支店の大川さんに報告書を届けてきてほしいんだが。
F：はい。わかりました。…あのう、何か手土産は要らないでしょうか。田中部長さんと、支店のみなさんに。
M：あ、そうだね。田中部長は…甘いものは苦手らしいよ。
F：そうですか、じゃ、お煎餅(せんべい)なんかがいいですね。わかりました。

出張の一番の目的は何ですか。
ポイント
①来月の展示会について話を詰めて来てもらいたいんだ→上司は「話を詰める」ことを指示している
②挨拶もしといたほうがいいし＝（そのときを利用して）「挨拶」もしたほうがいいから→「挨拶」は、必ずしなければならないことではない
③それから、ついでに大阪支店の大川さんに報告書を届けてきてほしいんだが→「報告書を届ける」のは、（大阪に行く）ついでにすればいい⇒「報告書を届ける」のは一番の目的ではない
⇒②と③は一番の目的ではない。一番の目的は「話を詰める」こと、つまり、「打ち合わせをする」こと。
⚠「挨拶もしといたほうがいい」＝「挨拶もしておいたほうがいい」：田中部長にはご無沙汰していて、失礼しているので、今後のためも考えて、挨拶をしたほうがいい。

9番　正解2
スクリプト
男の人と女の人が最近のテレビについて話しています。男の人はどうしてテレビを見なくなったと言っていますか。

F：最近のテレビって、なんかつまんないね。どの局の番組も、似たり寄ったりの内容だし、出演者も、おんなじ顔が何度も出てくるし…。
M：僕はね、テレビってほとんど見ないんだ。
F：そういう人、けっこういるよね。ほかの娯楽、インターネットとかゲームとかのほうがいいって言って、テレビ見ない人…。
M：たしかにそういうやつもいる。でも、君はけっこうよく見てるよね。
F：だって、テレビがついてないと、なんかさびしい感じがして…。ただ、前はクイズ番組や音楽番組なんかでけっこう見ごたえのある番組があったんだけど、最近はあんまり…。
M：そうなんだよ。ぼくもけっこう見てたんだけど、最近、チャンネルが増えすぎて、なんか番組のチェックがおっくうになっちゃってさ。

F：そう。でも、一見番組が増えたように思えるけど、実は増えていないのよ。
M：うん。結局は、いい番組が見つけにくくなっただけだと思う。その点、ゲームは手っ取り早く楽しめるから人気があるんだろうね。
F：たしかにそうね。

男の人はどうしてテレビを見なくなったと言っていますか。
ポイント
M：最近チャンネルが増えすぎて、なんか番組のチェックがおっくうになっちゃってさ。　M：結局は、いい番組が見つけにくくなっただけだと思う。→最近は、チャンネルが多すぎるので、番組を調べるのに手間がかかって、面倒になった。チャンネルが増えた結果、いい番組が簡単には見つけられなくなった。
⚠️◇「最近のテレビって、なんかつまんないね」＝「最近のテレビはつまらないね」
◇「おんなじ顔」＝「おなじ（同じ）顔」
◇「最近はあんまり…」＝「最近はあまりない」

10番　正解 3
スクリプト
男の学生と女の学生がゼミの発表について話しています。女の人は男の人の発表についてどう思っていますか。

M：いやあ〜、終わった、終わった。緊張した〜。
F：そう？落ち着いてるように見えたけど。
M：じゃ、よかった。でも、なんか緊張したせいか、みんなの反応がよくわからなかったんだけど、どうだったのかなあ。
F：そうねえ。…映像を見せながら話したでしょ。あのとき、話聞きながら映像の文字を目で追うのがちょっと忙しかったな。ま、でも説明の内容はわかったからいいけどね。
M：うーん、そうか。
F：それよりね、全体的に、話がなんかちょっと硬い感じがしたよ。
M：そうかあ？書いて準備した文章、しっかり覚えていったんだけどな…。
F：あ、だからなんだ。あのさ…話し方はもっと普通でよかったんじゃないかな。
M：そうか、普通でね…うん。

女の人は男の人の発表についてどう思っていますか。
ポイント
①F：それよりね、全体的に、話がなんかちょっと硬い感じがしたよ。　M：そうかあ？書いて準備した文章、しっかり覚えていったんだけどな…　F：あ、だからなんだ。→発表の前に説明の文章を書いておいて、それを暗記した。だから、話し方が硬い感じになってしまった
②話し方は、もっと普通でよかったんじゃないかな＝「もっと普通に、自然に話せばよかったと思う」

11番　正解 3
スクリプト
男の人と女の人が話しています。女の人はどうして引っ越しをすることに決めたのですか。

M：引っ越し、決めたんだって？
F：そう。
M：もう、迷惑も我慢の限界か。右隣の人だっけ、夜中にドタバタ騒ぐって…。
F：ああ、それはもう解決したの。引っ越しして、いなくなっちゃって。
M：え、じゃあ、なんで？
F：あのね、うちの会社、来年度から住宅手当が出なくなっちゃうの。経費削減ってことらしい。
M：そっか、それは大変だ。
F：うん。大した額じゃなかったけど、なくなるとやっぱり困る。
M：そりゃそうだ。
F：都心はやっぱり高いからね。今より少し遠くなっちゃうけど、まあ仕方ないかって。通勤の電車で音楽聴いたり読書したりできるし。
M：そうだね。最近、通勤時間に資格試験の勉強してる人とか、多いみたいだね。
F：へえ。私も何か資格、取ろうかなあ。

女の人はどうして引っ越しをすることに決めたのですか。
ポイント
①うちの会社、来年度から住宅手当が出なくなっちゃうの→今まで会社からもらっていた住宅のための手当（お金）がもらえなくなる
②都心はやっぱり高いからね。今より少し遠くなっちゃうけど、まあ仕方ないかって→今まで住んでいた東京の中心部は家賃が高いから、安いところへ引っ越す。少し遠くなるけれど、仕方がない

12番　正解 2
スクリプト
男の人と女の人が話しています。女の人は男の人のどんなことにびっくりしていますか。

F：あー、もう、朝のラッシュ嫌だ！会社の近くに引っ越そうかなあ。歩いて行けるとこ。
M：僕、好きだけどな、電車。朝のラッシュも嫌いじゃないよ。
F：電車が好きとか嫌いとかの問題じゃなくて、混雑に我慢できないってこと。
M：へえ、僕なんか早めに家を出て、普通電車に乗ってるよ。
F：えー！急行に乗らないで？時間かかるでしょ。
M：うん、そうだけど…。
F：わかった。普通電車に乗って、座ってゆっくり寝るんでしょ。
M：寝ることもあるけど、それが目的ってわけじゃない。
F：何？窓の外の景色見るとか？

M：毎朝同じ景色見てもねえ…。あのさ、人間観察、おもしろいよ。電車っていろんな人が乗ってるだろ？人を見て想像するんだ。性格とか職業とかさ。経済状態なんかもね。
F：へぇ～。そういう趣味もあるんだ。びっくり。そういう電車好きもいるのね。鉄道ファンもいろいろなんだ。

女の人は男の人のどんなことにびっくりしていますか。
ポイント
①僕、好きだけどな、電車＝「僕は電車が好きだよ」
②人間観察、おもしろいよ。電車っていろんな人が乗ってるだろ？＝「電車に乗っている人たちを観察するのは、おもしろい」
③へぇ～。そういう趣味もあるんだ。びっくり→女の人は、男の人が変わった趣味（人間観察）をもっていると知って、びっくりした。

13番　正解2
スクリプト
レストランで、男の人と女の人が話しています。女の人はどの定食を注文することにしましたか。

M：お、お昼の定食、3種類あるね。ええと、A定食は肉料理とサラダにデザート、飲み物。肉は…鶏肉だな。
F：B定食は魚、さしみね。これもサラダ、デザート、飲み物が付くんだ。
M：どの定食もサラダなんかが付くんだね。…C定食はえびフライか。どれにする？
F：う〜ん、迷っちゃうなあ。
M：おれは鶏肉にしよう。
F：違うものを注文して分けたほうがいいね。
M：うん、エビフライは？君、えび、好きだよね。
F：でも、ゆうべ、えび食べたんだ。
M：じゃあ、さしみ？
F：そうねえ…。あ、これもある。
M：「本日のおすすめ料理」？今日は何だろう。
F：店員さんに聞いてみようか。あ、でもこれ、定食じゃないから、サラダなんかは別になるんだ。
M：いいよ。ほしいもの、別に頼めば。
F：うん…でも、そうすると高くなるし…量もけっこう多くなっちゃうよ。
M：あ、そうか、ダイエットしてるんだったね。じゃあ、カロリーが低いのは…さしみ定食だな。
F：う〜ん、さしみはねえ…私、やっぱりこっちにする。
M：そうか、好きなものは毎日でもいいってわけ。
F：うん。

女の人はどの定食を注文することにしましたか。
ポイント
①M：君、えび、好きだよね。　F：でも、ゆうべ、えび食べたんだ。＝「えびが好きだけど、昨日の夜えびを食べた」→えびの料理ではないほうがいい
②M：おれは鶏肉にしよう。　F：違うものを注文して分けたほうがいいね。→女の人は鶏肉の定食は注文しない
③M：「本日のおすすめ料理」？　F：…量もけっこう多くなっちゃうよ。　M：あ、そうか、ダイエットしてるんだったね。→女の人はダイエットをしているので、量が多くなる「おすすめ料理」は注文しない
④う〜ん、さしみはねえ…→さしみはあまり食べたくない
⑤F：私、やっぱりこっちにする。　M：そうか、好きなものは毎日でもいいってわけ。　F：うん。→女の人は好きなえびの定食を注文することに決めた。昨日もえびを食べたけれど、好きなものだから続いてもいい

🔍「好きなものは毎日でもいい」：好きな食べ物は毎日続けて食べてもだいじょうぶだ。

14番　正解4
スクリプト
会社で上司と部下が話しています。企画をどうしますか。

M：佐藤さん、今回の企画、一からやり直しだな。
F：はい…こんな結果が出るなんて、予想外でしたね。
M：ああ。しかし、最初は必要ないだろうと思ったけど、社内のアンケート調査も、やってみるもんだな。
F：ええ。男性がこんなに料理に関心を持ってるなんてね。
M：そう。私は自分で料理することなんか全然ないけど、最近の若い人たちは違うんだな。ほら、これ見ると、むしろ男性の方が道具に対するこだわりが強いみたいだね。
F：そのようですね。調理器具の企画だからといって、アンケートの対象を女性に限定しないでよかったですよね。商品開発の新しい可能性が見えてきましたね。
M：こうなったら、思い切って対象を変えてみるか！これまでは働く若いミセスが対象だったけど。
F：課長、この商品、企画はほとんどそのままでも、デザインをもう少しシンプルにするだけで、女性だけでなく男性にも使ってもらえるんじゃないでしょうか。
M：…それもそうだが、思い切って対象を限定してしまった方が、他の会社の商品との差別化も図れるんじゃないかな。斬新な企画になると思うよ。
F：なるほど、わかりました。

企画をどうしますか。
ポイント
①男性がこんなに料理に関心を持ってるなんてね＝「料理に関心を持っている男性がこんなに多いとは考えていませんでした」
②こうなったら、思い切って対象を変えてみるか！これまでは働く若いミセスが対象だったけど→男性が料理や調理器具に関心をもっていることがわかったので、商品を売る対象を変えてみてもいい⇒今までは女性向けだったのを男性向けに変えてもいいと考えている
③M：思い切って対象を限定してしまった方が、他の会社の商品との差別化も図れるんじゃないかな。斬新な企画になると思うよ。　F：なるほど、わかりました。→女性は対象に入れないで、男性だけを対象にする

🔍女の人は、女性と男性の両方を対象にすることを考えた

が、男の人は男性だけを対象にするほうがいいと考えた。女性は同意した。

⚠️ 「社内のアンケート調査も、**やってみるもんだな**」＝「社内のアンケート調査でこれほど役に立つ結果が出るとは思っていなかった。調査を**やってみてよかった**」

第3回

15番　正解 2
スクリプト
女の人と男の人が話しています。2人は何時ごろ出発しますか。

M：明日は連休の初日だから、高速道路、混むよ。早く出発しないと。…あ、もう1時だ。さあ、寝よう。
F：ええ？早く出るの？朝はゆっくり寝て、ゆっくり行ったほうがいいんじゃない。そのほうが運転も楽だよ。
M：でも、この間なんか8時すぎに出て、大渋滞に巻き込まれたじゃないか。
F：じゃあ、むしろ遅めに出る？10時ごろになれば、かえってすいてくるんじゃない？
M：ええ？10時？
F：うん、みんな、同じこと考えて早く出るから、それで渋滞するのかもしれないよ。いっそのこともっと遅くして、昼ごろ出てみない？
M：昼ごろ？！いくらなんでも遅すぎる。だって、先で何があるかわからないし、早いに越したことはないよ。明るくなる頃、出発だ。
F：明るくなる頃？それじゃ3時間ぐらいしか寝られないよ。
M：いや、4時間寝られるよ。
F：だめよ、起きてから支度に1時間はかかるから。
M：なんでそんなに時間がかかるんだ？
F：いろいろあるでしょ。
M：はいはい。さ、とにかく寝る、寝る。早く出て、早く着いて、向こうでゆっくりしよう。
F：う～ん、わかった。でも、車の中でずっと寝てるからね。

2人は何時ごろ出発しますか。
ポイント
①あ、もう1時だ。さあ、寝よう。→今、夜中の1時だ
②F：それじゃ3時間ぐらいしか寝られないよ。　F：起きてから支度に1時間はかかるから。→今(1時)から3時間ぐらい寝て、4時頃起きて、支度をして、5時頃出る
⚠️ 「いっそのこともっと遅くして、昼ごろ出てみない？」「昼ごろ？！いくらなんでも遅すぎる」＝「（早く出たほうがいいと考えるのをやめて、）思い切って、逆にもっと遅くして、昼ごろ出たらどうだろう」「遅くするといっても、昼ごろでは絶対に遅すぎる」

16番　正解 3
スクリプト
女の人と男の人が話しています。女の人は、この乗り物の何に一番驚いたと言っていますか。

F：ねえ、デイジーランドの新しい乗り物、もう乗った？
M：ん？なにそれ。
F：知らないの？超高速のジェットコースター。このあいだ乗ったんだけど、すごいよ。高いビルの上から真っ逆さまに落ちて、うわ～助けて～、っていうような感じで…。
M：そういうの、おれも乗ったことあるよ。
F：うん、今までもあったけどね。でも、すごかったのは、その後。ふわっと宙に浮いたような感じで、びっくりしたなあ。で、いつまで浮いてるの？っていうぐらい、ずっとそのままなんだ。
M：へえ～、ずっと？そんなに長かったんだ。
F：うん、なんかすごく長く感じたけど、実際はたったの10秒なんだって。それでね、最後に、後ろ向きでくるっと回転するの。
M：へえ、変わってるね。
F：本当に刺激的だったよ。

女の人は、この乗り物の何に一番驚いたと言っていますか。
ポイント
でも、すごかったのは、その後。ふわっと宙に浮いたような感じで、びっくりしたなあ。
⚠️ 「なんかすごく長く感じたけど、実際はたったの10秒なんだって」：宙に浮いたような感じはとても長く続いたように感じられたが、実際は短かった。

17番　正解 1
スクリプト
展覧会で男の人と女の人が絵を見ながら話しています。2人はこの絵のどこがすごいと言っていますか。

F：この絵って、なんというか、見る人を引き込むようなものがありますね。
M：そうですね。いくつもの色を重ねて、それが不思議な色合いを生んでいる。大変な手間をかけていますね。
F：ええ。あの、右のほうにちょっと光っているようなところがありますけど、あれは…。
M：あ、あれは金箔を使っているんです。
F：金箔って、金を薄く伸ばしたものでしょう。変わった技法ですね。
M：いや、これはそんなに珍しい技法でもないんです。
F：あ、そうなんですか。
M：それよりも、ちょっとの間、心を静かにして絵を見てみませんか…。
F：ええ。
M：いかがですか。
F：あのう…なんていうか夢の中みたいで…絵にないものが心に浮かんで見えてきて…想像力をかきたてられますね。
M：そうでしょう。そこですよ、この絵のすごさは。何が見えるかは見る人によってちがうでしょうが。
F：この画家はほんとにすごい絵をかきましたね。

2人はこの絵のどこがすごいと言っていますか。

ポイント
F：絵にないものが心に浮かんで見えてきて…想像力をかきたてられますね。　M：そうでしょう。そこですよ、この絵のすごさは→絵に描かれていないものが見えるところがすごい

18番　正解3
スクリプト
母親と息子が電話で休みの予定について話しています。家族が旅行に出発するのはいつですか。

F：年末年始の休み、どうなの？いつこっちに帰ってくるの？
M：うん。まだ仕事の都合がわかんないんだ。例年通りだといいんだけど。
F：例年通りって28日？あのね、久しぶりにみんなで温泉に行きたいねって、お父さんと話しているのよ。
M：あ、いいね。大晦日にはさすがに仕事はないから、大晦日には必ず帰れるよ。
F：31日か。でも、何時ごろ着く？新幹線で帰ってきて、すぐまた出発じゃ、気の毒だわ。でも、元日に出発するっていうのもなんかねえ。
M：前の日、仕事が終わったら、そのまま乗るから、そっちで一晩寝るし、新幹線の中でも寝てるから、大丈夫だよ。翌日温泉行って、また休めるし。
F：そう？あ、それじゃねえ、新幹線の途中の駅で待ち合わせるってのはどう？こっちから行くのと、そっちから来るのと、真ん中あたりの駅ってどこかな。
M：いいよ、いいよ、かえって面倒だから、とにかく家に帰るよ。翌日一緒に行こう。
F：うん、わかったわ。じゃあ、それで温泉、予約しとくね。
M：うん。

家族が旅行に出発するのはいつですか。
ポイント
①大晦日には必ず帰れるよ→男の人は遅くとも12月31日には必ず帰ることができる
②前の日、仕事が終わったら、そのまま乗るから→30日（31日の前の日）に新幹線に乗って帰る
③M：とにかく家に帰るよ。翌日一緒に行こう。　F：うん、わかったわ。じゃあ、それで温泉、予約しとくね。→30日に家に帰って、次の日（31日）に家族と温泉に行く

19番　正解3
スクリプト
男の人と女の人が話しています。女の人がこの調理器具を買った一番の理由は何ですか。

M：あれ、また買ったの。衝動買いするなって言っただろう。先月買ったあれも、まだ一度も使ってないじゃないか。
F：まあまあ。今度のは今までのとはちょっと違うわよ。今人気のアイデアグッズで、売り上げナンバーワンなんだから。
M：そのセリフ、何度も聞いた気がするけど。いったい何が

すごいんだ。
F：これ使うと、ドーナツが電子レンジで簡単にできちゃうのよ。
M：え？ドーナツ？
F：そう。電子レンジで、ってとこがポイントなのよ。1分でできちゃうんだから。
M：へえ。
F：火も油も使わなくて安全だし、お鍋もフライパンも使わないから、水も洗剤も節約できるのよ。
M：それは悪くないけど。
F：ほら、できた！一口食べてみて。
M：…ん？意外といけるな。
F：でしょう。注目点は油を使わないこと。カロリーが普通のドーナツの半分以下になるんだって。お店でそれ聞いたとき、「よし、これだ」って思って買ったの。
M：そうか！ダイエットだったんだ。

女の人がこの調理器具を買った一番の理由は何ですか。
ポイント
注目点は油を使わないこと。カロリーが普通のドーナツの半分以下になるんだって。お店でそれ聞いたとき、「よし、これだ」って思って買ったの→カロリーが半分以下になると聞いたとき、「これを買おう」と思った⇒買うことに決めた大きな理由はカロリーが低いこと

20番　正解4
スクリプト
新しい企画について、女の人が質問をしています。女の人が心配していることは何ですか。

F：この企画のコンセプトは「自然との調和」ということですね。
M：はい。周囲の環境を損なわないような商業ビルの建設を目指しています。
F：ビル全体のデザインはプロのデザイナーが行う、ということになってますね。
M：ええ、デザイナーは、現在3人ほど候補があがっています。企画が通った段階で1人に絞り、本人と交渉して決定するという予定です。
F：そうですか。経費の見積もりは最後のページに書いてある金額でいいんでしょうか。
M：はい、しかしその中にデザイン料は含まれていませんので、その金額にデザイン料がプラスされます。
F：そうですか。経費の問題はさておき、設計変更の可能性はどうでしょうか。デザイナーをこれから決定するとなると、今の設計図が変更される可能性も出てきますよね。
M：そうですね。しかし、大幅な変更はしないようにするつもりです。デザイナーの方にもその点をきちんとお願いするつもりです。
F：そうですか…。でも、それをデザイナーが快く承知してくれるでしょうか。ちょっと引っかかるんですが。
M：はあ。

女の人が心配していることは何ですか。

ポイント
①デザイナーをこれから決定するとなると、今の設計図が変更される可能性も出てきますよね→「デザイナーが決まったとき、その人が、今できている設計図を変えてしまうかもしれない」と心配している
②M：大幅な変更はしないようにするつもりです。　F：それをデザイナーが快く承知してくれるでしょうか。ちょっと引っかかるんですが。＝「大きな変更をしないことを、デザイナーが納得して、問題なく承知してくれるかどうか、私はちょっと不安なんですが」
⚠「引っかかる」＝「（何か問題があるのではないかと）気になる」　例「彼女の言葉が引っかかって、昨夜はよく眠れなかった」

21番　正解3
スクリプト
会社で男の人と女の人が話しています。会議の時間が変わったのはどうしてですか。

F：ねえ、聞いた？今日の会議、3時からだって。
M：え？5時からじゃなかったの？
F：勤務時間内にやることになったのよ。
M：会議室が予約できなかったのかな？
F：それはないでしょう。いつも5時からやってたんだし。
M：あ、課長のスケジュールを調整するのが難しいんだろうね。取引先との打ち合わせなんかもあって、このところ大忙しだから。
F：そうよね。もとはと言えば、課長の都合で今の時間に変わったんだもんね。でも、上田さんの話によると、勤務時間外にやるのはおかしいっていう声があったんだって。
M：へえ。そうかあ？僕は仕事がすっかり終わってからのほうがいいと思うんだけど。その日あったことや新しい情報の交換もできるし。
F：そうお？私は、夜、英会話のレッスンがあるから、早く帰りたいの。

会議の時間が変わったのはどうしてですか。

ポイント
勤務時間外にやるのはおかしいっていう声があったんだって＝「決められた勤務時間の間にやらないで勤務時間の後で会議をするのはよくない、という意見があったそうだ」
⚠「（勤務時間外にやるのは）おかしい」＝「変だ、よくない、問題だ」　例「おかしい。電気を入れても、動かない。故障かな」「残業しても残業手当がもらえないなんて、おかしいですよ」

第4回
22番　正解1
スクリプト
男の学生と女の学生がアルバイトの募集広告を見ながら話しています。女の学生はどうして応募しないのですか。

M：君、バイト探してるんだったよね。…これなんか、いいんじゃない？
F：え、どれ？
M：これこれ。学習塾。
F：え、塾？私、教えるのは無理だよ。
M：事務の仕事だよ。
F：うーん。事務の仕事も経験ないから、ちょっと心配。でも、給料は悪くないね。
M：週3日でいいって。場所は…大学の近くだ。時間は…10時半までだって。近くだから便利だよ。
F：10時半まで？
M：あ、でも、車の運転免許がないとだめみたい。免許持ってなかったよね。
F：ううん、去年取った。
M：そう。じゃ、行ってみれば？
F：うーん。塾は、残業もきっとあるだろうしねえ。うち、駅から遠いから、親がうるさいのよ。
M：そうか、じゃあ、またってことだね。
F：うん、ごめん。

女の学生はどうして応募しないのですか。

ポイント
F：10時半まで？　F：塾は、残業もきっとあるだろうしねえ。うち、駅から遠いから、親がうるさいのよ。→塾の仕事だと、残業もあって帰りが遅くなるだろう。家が駅から遠いので、夜、帰りが遅くなってはいけないと親が言っている⇒もっと早い時間に終わる仕事がいい
⚠「親がうるさい」＝「親が（子に対して）あれこれ注意する」

23番　正解3
スクリプト
男の学生と女の学生が話しています。男の学生が海外に行かないのはどうしてだと言っていますか。

M：聞いたよ。卒業後アメリカに留学するんだって？
F：うん、アメリカの語学学校で英語を勉強して、それからダンスの学校に通いたいと思ってるんだ。
M：へえ～、アメリカでダンスの勉強なんて、すごい。
F：田中君、海外は？あんまり興味ない？
M：興味ないわけじゃないけど…お金かけて海外に行っても、帰ってきてから就職先を探すのが難しいって。そういう話を聞くとねえ…。
F：まあ、そういう不安はあるかもしれないけど、でも、思い切って日本を離れて世界を見ておくのも、いいんじゃない。
M：うん、でも、将来、チャンスがないわけじゃないだろうし。…今はさあ、周りの友達もどんどん進路が決まってるんで、それ見てると、海外どころじゃないよ。
F：ふーん。

男の学生が海外に行かないのはどうしてだと言っていますか。

ポイント
①M：お金かけて海外に行っても、帰ってきてから就職先を

探すのが難しいって。そういう話を聞くとねえ…。　F：まあ、そういう不安はあるかもしれないけど　→「外国から帰ったあと、日本で仕事を探すのは難しい」という話を聞くと、不安になる⇒今、日本で就職したほうがいいと思う
②今はさあ、周りの友達もどんどん進路が決まってるんで、それ見てると、海外どころじゃないよ→今は、友だちと同じように自分も進路を決めることが重要だ。海外へ行くことは全然考えていない⇒早く就職を決めたい

24番　正解1
スクリプト
男の学生と女の学生が話しています。男の学生がまだ履修登録をしない理由は何ですか。

F：ねえ、履修登録、もうやった？
M：まだ。来週の金曜日までだから、まだいいよ。
F：だけど、早くやった方がいいんじゃない？人気のある教授のゼミだと、先着順ってうわさもあるし。
M：おれはそんな人気のあるゼミは取らないから大丈夫だ。
F：へえ、何を取るの？
M：もう大体は決めてあるんだけど、今週末に同じ学科の先輩に会ってアドバイスをもらうことにしてるんだ。ちゃんとリサーチをしといた方がいいだろ。評価の方法とかね。
F：なんだ、そういうことか。評価の方法って、つまりは、楽できるかどうかってことでしょ。
M：ばれたか。でも真面目な話、あわてて出すと、科目を間違えたり、必要ないのまで取っちゃったりしそうだし。
F：そういう場合は、1週間後に登録の訂正もできるのよ。
M：そうか、そういうこともできるのか。再来週の金曜日に？
F：うん、知らなかったの？

男の学生がまだ履修登録をしない理由は何ですか。
ポイント
今週末に同じ学科の先輩に会ってアドバイスをもらうことにしてるんだ。ちゃんとリサーチをしといた方がいいだろ→先輩からいろいろ話を聞いて、アドバイスしてもらって、ゼミについてよく調べる。それから登録するゼミを決めるつもりだ

⚠ F：評価の方法って、つまりは、楽できるかどうかってことでしょ。　M：ばれたか。=「あなたが調べたいのは、試験やレポートなどの成績の評価が甘いかどうか、きびしくないかどうか、ということでしょ」「わかっちゃったか」

25番　正解2
スクリプト
女の人と男の人がテニス大会の場所について話しています。場所を選ぶ際のポイントになったのは何ですか。

F：来月のテニス大会をどこでするか、場所を考えたんだけど。
M：どっか、いいとこ見つかった？
F：去年と同じところ、覚えてるでしょ。あそこ、会社から近くて便利なの。コートも4つ使えるからいいんだけど、使用料が1時間1,500円でちょっと高いのよね。夜間は照明代が追加になるし。
M：仕事終わってからだから照明は要るよね。2時間借りるとして、コートだけでも1万円を超えるね。これに照明代がかかるとなると…。
F：きびしいでしょう？それで他を探して、去年のとこよりちょっと離れているんだけど、2つ見つけたの。これ。
M：どれ？
F：まずこっちだけど、コート代は同じで、照明代がかからないの。
M：ってことは、去年のとこより安くなるんだ。どこにあるの？
F：会社から歩いて20分ぐらい。準備運動だと思って歩けば、なんてことないと思うんだけど。
M：仕事の後で20分歩くのきついんじゃない？でもタクシーに乗るにも中途半端な距離だな。
F：もう1つのほうは、一駅電車に乗らなきゃならないんだけど、駅から1分。料金は照明代入れても前の2つより安いわよ。ただ、ここはコート3つしか借りられないの。
M：電車に乗るのは問題ないけど、3つじゃね。4つないと。…やっぱり、こっちだ。がんばって歩くんだな。
F：わかった。じゃ、早速予約するね。

場所を選ぶ際のポイントになったのは何ですか。
ポイント
①（費用が多くかかって）きびしいでしょう？それで他を探して、去年のとこよりちょっと離れているんだけど、2つ見つけたの＝「去年のところはお金がかかるから、もっと安いところを2つ見つけた」→費用の安さが第一のポイントになっている
②F：まずこっちだけど、コート代は同じで、照明代がかからないの。　M：ってことは、去年のとこより安くなるんだ。　F：会社から歩いて20分ぐらい。→こっちのテニスコートは、安いのはいいけれど、20分歩かなければならない
③もう1つのほうは、一駅電車に乗らなきゃならないんだけど、駅から1分。料金は照明代入れても前の2つより安いわよ。ただ、ここはコート3つしか借りられないの→もう1つのテニスコートは、安いのはいいけれど、3つ（コート3面）しか借りられない
④3つじゃね。4つないと。…やっぱりこっちだ。がんばって歩くんだな→3つだけでは足りない。4つないとだめだ。だからもう1つのほうがいい。20分歩くのは大変だが、がんばって歩こう⇒借りられるコートの数もポイントになっている

⚠ ◇「ってことは」＝「ということは」＝「それなら／そういうことなら」
◇「なんてことない」＝「なんともない／大したことはない／大丈夫だ」

26番　正解 4
スクリプト
女の人と上司が話しています。女の人はどうして会社を辞めるのですか。

F：課長、ちょっとご相談があるのですが。
M：どうしたの。
F：実は、今月いっぱいで会社を辞めさせていただきたいと思いまして…。
M：えっ！突然どうしたの。もしかしておめでたい話？
F：いえ…実は、だいぶ前から付き合ってる人がいるんですが、彼のお父さんが倒れて、介護が必要な状態になってしまったんです。彼は仕事で忙しいし、兄弟もいないので、頼れる人がいなくて。お母さんも体が弱いので無理はできませんし。
M：それで君がそこまでする必要があるのかな？
F：はい。もう家族のような感じで、とてもかわいがってもらってるんです。私の両親も理解してくれていますし。
M：じゃ、近々結婚というわけか。
F：いえ。まだ具体的には何も決まっていません。でも、いずれは…。
M：そうか。そういうことなら仕方がないな。

女の人はどうして会社を辞めるのですか。

ポイント
彼のお父さんが倒れて、介護が必要な状態になってしまったんです。彼は仕事で忙しいし、兄弟もいないので、頼れる人がいなくて。お母さんも体が弱いので無理はできませんし→彼のお父さんが病気になった。彼は忙しいし、お母さんも体が弱いので、介護を頼める人がいない⇒女の人が彼のお父さんの介護をしなければならない

⚠◇「おめでたい話」：結婚など
◇「(親の)面倒を見る」＝「(親の)世話をする」　例「小さい子供3人の面倒を見るのは大変だ」

27番　正解 2
スクリプト
会社で男の人と女の人が話しています。男の人はどうして講師の先生が怒ったと言っていますか。

M：あ〜あ、しまったな。講演会の講師の先生を怒らせちゃったよ。
F：ええっ、じゃあ、あの先生に講演してもらえなくなっちゃったの？
M：ううん、謝って何とかやってもらえることになったんだけど。
F：そう。じゃよかったけど、何があったの？
M：いやあ、大変だったよ。今日会社で打ち合わせをすることになってたんだけど、車を運転してくるっていうから僕は会社で待ってたんだよ。そしたら、電話がかかってきて、道がわからなくなって、駅前のハンバーガーの店の前で待ってるって言うから、急いで行ったんだよ。
F：ああ、西口の。
M：そう。でも、いないから、携帯に電話したんだ。そしたら、駅の反対側にある店の前で待ってたんだよ。僕、知らなくってさ。あの店、2つあったなんて。
F：ああ、東口にもあるから…それで、怒っちゃったわけ。
M：いや、それは、説明してわかってもらえたんだ。
F：そう。
M：大体、昨日電話で話したとき、もっとちゃんと説明しておけばよかったんだけどね。
F：説明が悪かったって？
M：それより、僕が書いた地図なんだ。「最初にもっとわかりやすい地図を送ってくれさえすればよかったのに」って言われちゃってさ。
F：まあ、でも、とにかく講演はしてもらえることになってよかった。

男の人はどうして講師の先生が怒ったと言っていますか。

ポイント
①「最初にもっとわかりやすい地図を送ってくれさえすればよかったのに」って言われちゃってさ→先生は「わかりにくい地図だった。もっとわかりやすい地図を送ってくれれば、こんなことにならなかったのに」と言った⇒「いろいろなことがあったけれど、はじめに送った地図がよくなかったことが問題だ」と先生は怒った
②事実の整理：
1. 男の人は、前もって先生に地図を送っておいた。
2. 先生は、来る途中で道がわからなくなって、男の人に電話をした。
3. 男の人はハンバーガーの店まで先生を迎えに行った。でも、同じ名前の店が2つあったので、2人は会えなかった。
4. 携帯電話で連絡して、やっと会うことができた。

28番　正解 1
スクリプト
男の人と女の人がレストランで食事をした後、レジで話しています。だれがどのようにお金を払いますか。

M：ここは、私が勘定をしますから。
F：あ、それはいけません。
M：いえ、今日は私に。いろいろお世話になりっぱなしだったので。
F：そんなあ。困ります。私の分だけでも払わせていただかないと。
M：いえいえ、とんでもない。ここは、どうぞ私にお任せください。
F：う〜ん、困りました。ん、じゃあ、これから隣の喫茶店でお茶でもご馳走させてください。お時間ありますよね。
M：それではまた私の気がすまなくなりますから。どうぞお気づかいなく。
F：う〜ん、そうですかあ…今日はすっかりご馳走になってしまって…。

だれがどのようにお金を払いますか。

ポイント

①ここは、私が勘定をしますから＝「この食事代は、私が払います」

②ここは、どうぞ私にお任せください＝「この食事代は、私が払います。あなたは払わないでいいです」

③F：じゃあ、これから隣の喫茶店でお茶でもご馳走させてください。　M：それではまた私の気がすまなくなりますから。どうぞお気づかいなく。→女の人は、食事代を払わない代わりに、このあと喫茶店でお茶を男の人にご馳走したいと言った。しかし、男の人は、「そんなに気をつかわないでください」と言った

④うーん、そうですかあ…今日はすっかりご馳走になってしまって…→女の人は、男の人が2人の食事代を払うことに同意した

概要理解

第1回

1番　正解 3

スクリプト

会社で男の人が話しています。

M：今回の展示会では、前回以上のお客様にお越し頂いて、無事に終えることができました。これもみなさんのおかげです。ただ、反省点も何点かあるのではないでしょうか。準備した資料の部数が不足して、お客さま全員に行き渡りませんでしたね。また、会場の下見は、担当者全員でやっておくべきだったということもあります。こういった点は、担当者同士の連絡をもっと密にしていれば事前に対処できたはずです。メールによる連絡は行っていたと思いますが、それだけでは不十分ですね。直接顔を合わせて情報の交換をしないと、お互いの認識に違いがある場合など、そのギャップが埋められないということもありえますから。この反省点は、次回に必ず生かしてもらいたいと思います。

男の人は、一番大きな反省点は何だと考えていますか。
1. 前回の反省点を生かさなかったこと
2. 会場の下見をしなかったこと
3. 連絡を直接会ってしなかったこと
4. 担当者の認識に違いがあったこと

ポイント

① こういった点は、担当者同士の連絡をもっと密にしていれば事前に対処できたはずです→もっとよく連絡をすれば、このような問題はおきなかったにちがいない⇒もっと良く連絡をするべきだった。
② メールによる連絡は行っていたと思いますが、それだけでは不十分ですね。直接顔を合わせて情報の交換をしないと、お互いの認識に違いがある場合など、そのギャップが埋められないということもありえますから→メールだけでなく、直接会ってやり取りをするべきだ。そうしないと、誤解がある場合など、その誤解を解決することができないから。

2番　正解 2

スクリプト

女の人が話しています。

F：家の中を片付けるときの基本は、不要なものを捨てることなんですが、捨てるっていうのも、そう簡単ではありませんよね。戸棚の中の物を一つ一つ、これどうしようか、まだ役に立つかもしれないなんて考えていると、時間ばかりかかってしまって、片づけが進みません。休みの日を1日つかったのに、ちっとも片付かなかった、なんていう人がよくいます。こういう人は、とかく、一度に全部片づけてさっぱりしたいと思う傾向があるようですね。例えば洋服ダンスの中。マフラーなどの小物から大きなコート類まで一度に整理しようとすると、洋服ダンス1つだけでまる1日かかってしまったりするし、とにかくくたびれますよね。そうすると嫌気がさして、あとが続かなくなります。では、どうするかというと、1回に片づける範囲を一部分だけに限定してしまうことです。例えば、今日は一番上の棚だけにしようと決めますね。要らないと判断したものは、迷わずに捨てましょう。必要なものだけ残して、これで1回の片づけは終わり。短い時間で目標の場所が片付いたという満足感もあります。もうちょっとやろうかなと思うぐらいのところでやめてしまう、それがこつなんですね。

上手に片付けるためには、どうしたらいいと言っていますか。
1. 全体を一度に片付けること
2. 一度に広い範囲を片付けようとしないこと
3. 休みの日に1日かけて片付けること
4. もっとやろうかなと思ったら、そこでやめないこと。

ポイント

では、どうするかというと、1回に片づける範囲を一部分だけに限定してしまうことです→一度に広い範囲を片付けようと思ってはいけない

3番　正解 3

スクリプト

テレビで男の人が話しています。

M：自己紹介をするとき、私たちは趣味について話すことが多いんですが、そういうときに、「私の趣味って一体何だろう」と考えてしまう人もいるようです。「あなたの趣味は？」と聞かれた場合も同じで、答えに困ってしまう。考えたあげく、自分には「趣味」といえるほどのものは見つからないので、「私は無趣味なんです」と答えたりします。概してそういう人は、「趣味」というと、教室に通って習ったり学んだりするもの、または、一生懸命に続けている特別なこと、などと考えているようですね。でもそれはどうでしょう。楽しみながらしていることなら、どんなことだって趣味と言えると、私は思いますよ。平たく言えば、好きなこと全部です。小さなこと、例えば昼寝だって、散歩だって趣味になります。「趣味」なんて硬い言葉を使うからいけないんです。「好きなことは？」と聞かれれば、気楽に答えられるでしょう。「私は無趣味です」なんて言う人も減ると思います。好きなことが全然ない人なんていませんからね。

この人は、どう考えていますか。
1. 趣味とは一生懸命に続けていることだ
2. 小さなことでもいいから趣味をもつべきだ
3. 趣味は特別なことではない
4. 好きなことが全然ない人も趣味をもっている

ポイント

① 概してそういう人は、「趣味」というと、教室に通って習ったり学んだりするもの、または、一生懸命に続けている特別なこと、などと考えているようですね。でもそれはどうでしょう→何が自分の趣味かわからないという人は、た

いてい、趣味は特別なことだと考えているようだ。でも、それは違うと思う
②楽しみながらしていることなら、どんなことだって趣味と言えると、私は思いますよ→楽しいと思うことなら、特別のことでなくても、なんでも趣味だと言える

4番　正解1
スクリプト
大学で教授が話しています。

M：この授業では、毎回、実際に企業の経営者として活躍している方を招いてお話ししていただきます。いろいろな体験談が聞けますので、興味深いと思いますよ。講義のスケジュールは、今配ったプリントにある通りです。あ、教科書はありません。毎回プリントを配ります。評価については…出席とレポートが評価の対象になります。テストは行いません。レポートは毎回提出してもらいます。あ、今、「大変だな」という顔をしたみなさん、大丈夫です。書く内容に困ることはないと思いますよ。とにかく、毎週、現役の経営者から直接話が聞けるなんてめったにない機会です。講義の最後には質疑応答の時間も設けますから、是非、積極的に発言してください。いつ、どんな方が来てくださるかは、スケジュール表にある通りですから、事前にその会社やその業界について情報を集めておくと、いっそうよい勉強になると思います。半年間、この講義で有意義な勉強をしてください。

教授は何について話していますか。
1．講義の内容
2．講義のねらい
3．講義のスケジュール
4．勉強の仕方

ポイント
①この授業では、毎回、実際に企業の経営者として活躍している方を招いてお話ししていただきます
②教科書はありません。毎回プリントを配ります
③出席とレポートが評価の対象になります。テストは行いません。レポートは毎回提出してもらいます
④講義の最後には質疑応答の時間も設けますから
→この講義で何をするか、講義の内容について話している

5番　正解4
スクリプト
女の人が話しています。

F：ほんと、困っているの。お金がないわけじゃないのに、ほしいものが買えないのよ。昔からずうっと買い物をしてきた近所の商店が、最近次々に閉店して、商店街はすっかり人気がなくなっちゃって…。しょうがないから、郊外の大きいスーパーへ行くしかないんだけど、それが、歩いて1時間かかる。年寄りの足だと買い物が一日がかりになっちゃうし、疲れるしね…。ここは田舎町だけど、バスもあることはあるんですよ。昔からの商店街がある中心部や駅まで行くバスはね。でも、新しいスーパーとか大きい病院なんかみんな郊外にできているでしょう。若い人たちはみんな車で行っているけど、運転できない私みたいな人、一人暮らしの年寄りは、買い物に不自由しているの。せめてスーパーや病院に行くための足ぐらい、なんとかならないかしらねえ…。

女の人が一番言いたいことは何ですか。
1．昔からの店が閉店しないようにしてほしい
2．近くにスーパーや病院を作ってほしい
3．昔からの商店街へ行く交通を整備してほしい
4．買い物に困る人がないように交通を整備してほしい

ポイント
①新しいスーパーとか大きい病院なんかみんな郊外にできているでしょう→スーパーや病院は郊外にあって、中心部にはない
②せめてスーパーや病院に行くための足ぐらい、なんとかならないかしらねえ…→スーパーや病院のある郊外に行く交通機関がないので、バスなどがあるといい

⚠「なんとかならないかしらねえ」＝「なんとかしてほしい」＝「（バスなどの交通機関の整備は）簡単ではないかもしれない。でも、やってほしい」

6番　正解2
スクリプト
男の人が話しています。

M：「仕事の上で大切にしていることは何ですか」と営業部のエリート社員に聞いてみました。回答で多かったのは「第一印象」でした。ある学者の分析によると第一印象に影響を与えるのは、「行動や態度」が55パーセント、「話し方」が38パーセント、そして「話の内容」はわずか7パーセントにすぎないということです。「行動や態度」とは、何をするか、どのようにするかということ、つまり振る舞い方です。また、「話し方」には声の調子なども含まれています。つまり、セールスをするときは、どんなにすばらしい内容の話をしても、行動や態度、話し方に問題があれば、お客によくない印象を与えてしまいます。すると、本題の商品についての話に入る前に、お客様を、もう話を聞きたくないという気持ちにしてしまう恐れがあります。まず相手に良い印象を与えられないと、せっかくの深い商品知識も活躍の場がないということです。

お客と話をするうえで最も大切なことは何だと言っていますか。
1．商品に関する知識
2．振る舞い方
3．話の内容
4．声の調子

ポイント
①回答で多かったのは「第一印象」でした→(仕事の上で大切にしていることは)「第一印象」だという人が多い
②第一印象に影響を与えるのは、「行動や態度」が55パーセント→「第一印象」に大きく関係するのは「行動や態度」だ
③「行動や態度」とは、……、つまり振る舞い方です→「行動や態度」とは振る舞い方だ⇒大切にすることは、振る舞い方

第2回

7番　正解1
スクリプト
女の人が話しています。

F：現代はデジタルの時代とも言われていますが、それに逆行するようなある物に人気が集まっているのをご存じでしょうか。それは、予定を自分の手で書き込む手帳です。この手帳、特に若い女性に人気があり、新しい店や商品などの情報を切り抜いて貼り付けたり、ちょっとしたイラストを描き込んでみたり、使う人のアイデアで自由に使えるのがメリットだといえそうです。ひょっとすると、この手書きの手帳のブームは「デジタル時代」の反動なのかもしれません。パソコンや携帯電話に組み込まれている電子手帳は、デジタルならではの高い性能を備えてはいますが、使う人それぞれの特徴とかオリジナリティーが出しにくいということもあるようです。一方、手書きの手帳には使いながら少しずつ自分の好きなように変えていく楽しみがあって、それも人気の一要素なのではないでしょうか。

この人は手帳についてどう考えていますか。
1．手書きの手帳にはデジタルの手帳にはない良さがある
2．手書きの手帳は自由に使えて、性能が高い
3．手書きの手帳は電子手帳より人気がある
4．パソコンや携帯電話の手帳を好きなように変えるのは楽しい

ポイント
この手書きの手帳のブームは「デジタル時代」の反動なのかもしれません→手書きの手帳に人気があるのは、デジタルには無いものを求める結果なのかもしれない

8番　正解4
スクリプト
男の人が大学の公開講座について話しています。

M：2年前に、市役所に置いてあったチラシを見て、うちの近くの緑が丘大学に公開講座があることを知りました。私のような年寄りにも勉強するチャンスがあるとわかって、受講してみることにしたんです。学生の頃アメリカの文学に夢中になってたんですが、それをもう一度読み返してみたいと思いましてね、英米文学に関する科目を選択しました。私は若い頃、決して勉強が好きなほうではなかったんです。でも、今この講座で勉強していると、これまでの経験から得たいろいろな知識が体系的にきちんと整理されていくのを実感しています。しかし、こういった知的な満足感はもちろんですが、それ以上に、孫と同じ世代の若者と机を並べて学ぶこと、これがいい。心と体を活性化させてくれます。これからも、老いてなお学べることに感謝しながら、キャンパスライフを充実させていきたいと思っています。

男の人がこの講座に通うようになって一番よかったと思っていることは何ですか。
1．英米文学が体系的に学べること
2．学生時代にできなかったことができること
3．これまでに得た知識が整理されること
4．若者との交流によって元気になれること

ポイント
それ以上に、孫と同じ世代の若者と机を並べて学ぶこと、これがいい。心と体を活性化させてくれます→若者との交流によって元気になれる

9番　正解2
スクリプト
男の人が話しています。

M：会社の中で出世するには競争に勝つしかないという競争主義。私はこの考え方には大きな疑問をもっています。確かに競争意識というのは人にやる気を持たせますし、競争に勝つことで、努力が報われたという充実感も味わえます。一人一人がそうやってがんばることが会社によい結果をもたらすということも否定はできません。しかし、競争主義の中では、結果だけが評価され、成果だけが求められる。結果に至るまでの努力というものは無視されてしまいます。要領のいい人が、わりの悪い仕事を他の人にうまく押し付けながら、自分だけ実績をあげて出世していくのを、私はいやというほど見てきました。人はそれぞれ得意な分野をもっています。各社員が得意なことを組織の中で生かしていくことができれば、会社全体の成果をあげることができるはずです。勝つか負けるかではなく、各社員がそれぞれの能力をフルに発揮できること、それが会社全体の発展につながるのではないでしょうか。

男の人が一番言いたいことは何ですか。
1．競争に勝つことが会社によい結果をもたらす
2．一人一人の能力を生かすことが会社のためになる
3．社員一人一人ががんばるのは会社のためになる
4．能力のある社員が活躍することが会社全体のためになる

ポイント
「各社員が得意なことを組織の中で生かしていくことができれば、会社全体の成果をあげることができるはずです」「各社員がそれぞれの能力をフルに発揮できること、それが会社全体の発展につながる」→一人一人の能力を生かすことが会社のためになる

10番　正解 4
スクリプト
医者が話しています。

F：卵や魚介類など、特定の食物を食べると、呼吸器や皮膚に異常が現れたりする食物アレルギーのことはみなさんご存じでしょう。この食物アレルギーに新しいタイプがあることが最近明らかになってきました。この新しいタイプのアレルギーは、口の中に異常が現れるアレルギーで、果物や野菜を食べたときに、口の中に刺激を感じたり、痛みやかゆみを感じるものです。これは、食べたものが口の粘膜から吸収されることによって起きるもので、目や鼻にまで広がっていくこともあります。このアレルギーは年齢の低い子供に多く見られます。また、このアレルギーの原因となる物質は花粉と共通していることから、花粉症と関係して発症するケースもかなり多く確認されています。

この新しいタイプのアレルギーにはどのような特徴がありますか。
1. 目や鼻に症状が出やすい
2. 口の中以外には症状が出ない
3. 呼吸器、皮膚に症状が出やすい
4. 幼児や花粉症の患者に症状が出やすい

ポイント
①このアレルギーは年齢の低い子供に多く見られます→このアレルギーは幼児に多い。
②花粉症と関係して発症するケースもかなり多く確認されています→このアレルギーは花粉症の人にも多い。

11番　正解 1
スクリプト
旅行会社の人が話しています。

F：最近の新婚旅行の傾向ですか。そうですね…ええ、90年代ごろまでは結婚式がすんだら空港に向かい、そのまま海外へ出発するという旅行プランが一般的でした。でも、最近では、結婚式のすぐあとに出発することを避けるカップルが増えていますね。この傾向の裏には、以前より結婚が遅くなり、20代後半から30代に結婚する人が多くなった結果、結婚が仕事の忙しい時期と重なってしまうことがあるんじゃないかと思います。旅行先も、以前は圧倒的に多かった「とにかく海外へ」という人は少なくなってきています。それに代わって最近よく聞くのは、自分たちだけの、自分たちらしい体験がしたいという希望です。思い出の場所をもう一度訪ねるとか、共通の趣味を楽しむとか、2人にとって特別な意味がある場所を選ぶ傾向が強くなってきているようですね。

最近の新婚旅行について、どのような点が変わったと言っていますか。
1. 旅行に行く時期も場所もさまざまになった
2. 結婚式のすぐあとに出発する人が増えた
3. 忙しい旅行を避けるようになった
4. 特別な珍しい体験をする旅行が増えた

ポイント
①90年代ごろまでは結婚式がすんだら空港に向かい、そのまま海外へ出発するという旅行プランが一般的でした。でも、最近では、結婚式のすぐあとに出発することを避けるカップルが増えていますね→前は結婚式のすぐあとに旅行に出発するのが普通だったが、最近はそうしないカップルが多くなった⇒旅行に行く時期が同じではない。人によってちがう
②「旅行先も、以前は圧倒的に多かった『とにかく海外へ』という人は少なくなってきています」「2人にとって特別の意味がある場所を選ぶ傾向が強くなってきているようですね」→最近は海外へ行くよりも、自分たちにとって重要な場所を選ぶようになった⇒旅行に行く場所はそれぞれの希望で決められるので、人によってちがう

12番　正解 1
スクリプト
女の人が話しています。

F：ある匂いを嗅いだ瞬間に、ある記憶が突然蘇ってきたという経験、ありませんか？この現象、ちょっと不思議に思えるんですが、科学的に研究されているということです。嗅覚は他の4つの感覚とは違って、人間の脳に、記憶としてずっと残るんだそうです。記憶されて長く残るのだったら、素敵な匂いがいいですね。そこで、こちらの新商品『アローム』をご紹介しましょう。弊社が研究に研究を重ねて、ついに商品化に成功いたしました香りです。これまでのものとは全く違う技術で作られた香りですから、まずはお使いになっていただきたいということで、こちらの「お試しボトル」をご用意いたしました。今なら特別価格でご利用いただけます。このキャンペーン中にぜひお試しいただければと思います。皆さんの脳の中に眠っていた素敵な記憶が蘇ってくるかもしれませんね。

この人が一番知らせたいことは何ですか。
1. 新しい商品のキャンペーンをやっていること
2. 人の記憶は匂いと関係があるということ
3. 香水を作る新しい技術が開発されたこと
4. 匂いの感覚は人の脳と関係があるということ

ポイント
①こちらの新商品『アローム』をご紹介しましょう→今から新しい商品を紹介する⇒話の目的は商品の紹介だ
②このキャンペーン中にぜひお試しいただければと思います→今、新発売のキャンペーンをやっている

第3回

13番　正解 2
スクリプト
女の人が話しています。

F：私は、自然の豊かな田舎で、両親と祖父母ときょうだいに囲まれて育ちました。その後、東京で結婚し、今は主人と子供1人の3人家族です。近頃、「核家族」とか「核家族化」という言葉をよく耳にしますが、まさに私の家族は核家族です。私の両親も、主人の両親も田舎にいて離れていますから、子供たちは学校が長い休みにならないと、おじいちゃん、おばあちゃんに会いに行けません。考えてみれば、祖父母と同居するのはいいことばかりではないでしょう。お互いに気を使うことも多いでしょう。家族の関係がうまくいかなくて困っている人の話もよく聞きます。うちのように、普段は離れていてたまに会うほうがいいのかもしれません。でも、私にはそれが寂しくてならないんです。問題がないとはいえませんが、三世代が一緒に住むことには大きな意味があると思います。子供は、お年寄りを敬うということを学ぶでしょう。私達大人も、一緒に暮らす人が多ければ、お互いを尊重し合うために努力するでしょう。その結果、家族のつながりが強くなっていくと思います。

この人が一番言いたいことはどんなことですか。
1．核家族化が進んでいる
2．核家族より大家族のほうがいい
3．子供は年寄りを敬うべきだ
4．家族の人間関係は難しい

ポイント
三世代が一緒に住むことには大きな意味があると思います。……その結果、家族のつながりが強くなっていくと思います→三世代が一緒に住むことには価値がある。一緒に住むと家族のつながりが強くなる⇒大家族のほうがいい

14番　正解2
スクリプト
ある女性がスピーチをしています。

F：私が報道キャスターを目指したきっかけは、テレビで見たマラソンの中継でした。大学生になって初めての冬休み、私は入院していて、かなり大きな手術を控えていたので、毎日不安でした。そんな時にテレビで東京マラソンの中継を見て、ひたむきに走り続ける選手の姿に感動しました。中継だけでなく、選手が練習に励む様子を取材した番組も見て、こんな報道の仕事に関われたら、と思うようになったんです。報道関係の仕事と言ってもいろいろですが、その中でキャスターを選んだのは、自分が見たこと感じたことを自分の言葉で伝えたいと思ったからなんです。でも、それは簡単ではありません。目の前で起きていることを、正確に、冷静に、客観的に伝える技術がなくては務まりません。取材前の準備も大変ですし、何が起こるかわからない不安もあって、カメラの前に立つのが怖くなることもあります。でも、そんな時はいつも、あのマラソンを見たときの感動を思い出すようにしているんです。

この人が一番伝えたいことは何ですか。
1．キャスターの仕事の難しさ
2．キャスターの仕事を選んだ動機
3．キャスターの仕事とマラソンの関係
4．キャスターに必要な技術や能力

ポイント
①私が報道キャスターを目指したきっかけは、テレビで見たマラソンの中継でした→テレビでマラソンを見たことがきっかけになって、報道キャスターになろうと思うようになった
②カメラの前に立つのが怖くなることもあります。でも、そんな時はいつも、あのマラソンを見たときの感動を思い出すようにしているんです→カメラの前で話すのが怖くなったら、昔、テレビでマラソンを見たときの感動を思い出して、自分自身を励ましている⇒マラソン中継を見たときの感動がキャスターの仕事を選んだ動機になったことを繰り返して言っている

15番　正解2
スクリプト
男の人と女の人が話しています。

M：最近テレビがどんどん進化していますね。テレビ、よく見てますか。
F：テレビですか。そうですね、娯楽番組はあまり見ないんですが、情報番組、ニュースや天気予報なんかは見てますね。
M：天気予報は最近よく当たるようになりましたね。気象科学がどんどん進歩しているおかげでしょう。
F：ええ、かなり当たりますから、まあいいんですけど、最近の天気予報って、なんか、ずいぶんいろんなことを言いますよね。
M：いろんなこと…。
F：ええ、例えば、明日は洗濯物がよく乾くとか…。
M：あ、そうそう、今日は花粉の飛ぶ量が多いとか少ないとか…。
F：花粉の情報は花粉症の人には役に立つでしょうけど、でも、コートを着て行ったほうがいいとか、半袖じゃなくて長袖の服にしなさいとか。そんなこと自分で判断すればいいでしょう？
M：う～ん、ただ情報を流すだけの番組じゃつまらないと思ってのことなのかな。まあ、視聴者の役に立ちたいという親切心のつもりなんでしょうが。
F：親切っていうより、おせっかい、って言いたくなること、ありません？…でも、ま、予報が当たらないってわけじゃないから、いいですけどね。

女の人はテレビの天気予報についてどう考えていますか。
1．大切な情報が多くなった
2．余計な情報が多くなった
3．予報が当たらないことがある
4．役に立つ情報が増えた

ポイント
①最近の天気予報って、なんか、ずいぶんいろんなことを言いますよね→最近の天気予報の番組には情報がずいぶんたくさんある
②おせっかい、って言いたくなること、ありません？→そんな情報は要らない、余計な情報はほしくない、と言いたくなることがある

16番　正解 3
スクリプト
女の人が話しています。

F：最近「仕事に集中できない」という悩みを持つ人が多いようです。集中できない原因は職場の環境にあったり、その人自身の精神状態にあったり、さまざまだと思います。職場の環境や人の精神状態を私が解決することはできませんが、集中力を高める助けになるものをご紹介しましょう。はい、これです。これは、植物から取ったオイルですが、このオイルの成分と香りによって、心や体を良い状態に導いていく方法がアロマセラピーと呼ばれるものです。使われる香りにはいろいろな種類がありますが、集中力を高めるには、ミントやユーカリなどのすっきりした香りが効果的です。使い方は簡単で、ハンカチやティッシュペーパーにオイルを1滴たらして、その香りを嗅ぐだけ。よい香りは脳の働きを活性化するとも言われていて、香りのオイルを額やこめかみにちょっとつけて、指でマッサージする方法もおすすめです。オフィスでも外出先でも手軽にできますから、是非、お試しになってみたらいかがでしょうか。

この人は何について話していますか。
1．オイルを使うマッサージのやり方
2．アロマセラピーという言葉の意味
3．集中力を高めるための方法
4．香りと脳の働きの関係

ポイント
①最近「仕事に集中できない」という悩みを持つ人が多いようです→最近仕事に集中できないで困っている人が多い
②集中力を高める助けになるものをご紹介しましょう→集中力を高めるのに効果があるものをここで今紹介する

17番　正解 2
スクリプト
男の人が話しています。

M：今年の大学生の就職率が過去最低になったそうです。この不景気の中で就職活動をしなければならない若者たちのことを思うと同情を禁じえません。しかし、この苦しい状況を誰かのせいにしてばかりいても、未来は開けないでしょう。長年ビジネスマン生活をしてきた私からみると、若者の側にも発想の転換が必要になっていると思います。若者も、その親たちも、学校も、相変わらず大企業、一流企業へ、という道ばかりを見ているのではないでしょうか。目を転じてみてください。わが国には、規模は小さくても優秀な先端技術をもって将来の産業を担う能力のある企業がたくさんあります。そういう会社に入って、日本の未来を担う原動力になるという選択肢もあるのではないでしょうか。

男の人が若者に一番言いたいことは何ですか。
1．大企業に入って日本の原動力になってほしい
2．小さくても将来性のある会社に入るという進路もある
3．一流企業に入るためには発想を転換しなければならない
4．就職できないことを親や学校のせいにしてはいけない

ポイント
わが国には、規模は小さくても優秀な先端技術をもって将来の産業を担う能力のある企業がたくさんあります。そういう会社に入って、日本の未来を担う原動力になるという選択肢もあるのではないでしょうか→日本には、小さくても、優秀な技術をもち将来性のある企業がたくさんある。そういう小さい会社に入って日本の未来のために働くという道もある

18番　正解 4
スクリプト
男の人が話しています。

M：私の会社ではフレックスタイム制が導入されましてね、おかげで、社員は、自分の都合に合わせて仕事の時間を自由に決められるようになりました。ですが、私は特に仕事のリズムを変えることなくやっています。日によってちょこちょこ時間を変えるのは、なんか落ち着かなくて、今までどおりに決まった勤務時間で働くほうがいいんですよ。まあ、私生活についていえば、個人差があるでしょうから、どっちのシステムがいいとか言うつもりはありません。前の晩に飲みすぎてしまったりしたときは、私も「今日はゆっくり出勤しようかな」なんて思ったりします。ただ、社内の仕事の能率を考えると、この制度には疑問を感じざるを得ません。というのは、社員が出勤してくる時間がばらばらになるわけですから、朝は社員同士が顔を合わせることが減ります。連絡は電話でもメールでもできますが、やっぱり顔を合わせないとまずいことも多いですね。それで、会議が午後に集中してしまい、午後は落ち着いて仕事ができないことが多くなりました。その結果、仕事の効率も下がっていると思いますよ。

フレックスタイム制が始まってからの問題点は何だと言っていますか。
1．生活のリズムが変わったこと
2．電話とメールでの連絡が増えたこと
3．会議が増えたこと
4．午前中は社員がそろわないこと

ポイント
①この制度には疑問を感じざるを得ません。というのは、社員が出勤してくる時間がばらばらになるわけですから、朝

は社員同士が顔を合わせることが減ります→このフレックスタイムの制度がいいとは思えない。なぜなら、朝は、遅く来る人がいるので、社員同士が会うことが少なくなるからだ
②連絡は電話でもメールでもできますが、やっぱり顔を合わせないとまずいことも多いですね→電話やメールではなく直接会って話をしないと仕事がうまく行かない場合も多い⇒いない人が多い午前中は直接会って話ができないので仕事がうまく進まないことが多い。それが問題だ

第4回

19番　正解1
スクリプト
男の人が話しています。

M：ご承知のように、日本では世界の国々でもこれまで経験のない超高齢化社会が始まっております。これに伴いまして、医療制度の見直しも叫ばれております。本来、医療とは患者と医師の固い信頼関係に基づくものです。検査を行って、薬を処方するだけが医療ではありません。医師や看護師は患者さん一人一人に細やかな対応ができなければ、両者の間に信頼関係は築けないでしょう。しかし、今日の日本でそのような医療が広く行われているかというと、それには程遠いのが現状です。…当さくら病院は、「地域へのよりよい医療の提供」をモットーにこのたびオープンすることになりました。きめ細かい医療サービスを提供しながら、地域の皆さんの健康を守ることを目標に掲げ、この目標のために、医師、看護師、職員の全員が努力してまいりたいと考えております。…ええ、当院の具体的な取り組みに関しましては、お手元のパンフレットに掲載しておりますので、是非目を通していただきたいと思います。皆様方のご支援とご指導を心よりお願い申し上げます。

何について話していますか。
1. 新しい病院が目指していること
2. 日本の医療制度の問題点
3. 患者と病院の信頼関係
4. 病院が今行っている具体的な取り組み

ポイント
①当さくら病院は、「地域へのよりよい医療の提供」をモットーにこのたびオープンすることになりました→この病院の目標を表す言葉は「地域へのよりよい医療の提供」である
②地域の皆さんの健康を守ることを目標に掲げ、この目標のために、医師、看護師、職員の全員が努力してまいりたいと考えております→病院で働く人全員が「地域の住民の健康を守ること」という目標のために努力していきたいと考えている
⇒この病院の目標、目指す方向について話している

20番　正解2
スクリプト
女の人が話しています。

F：少し前のことですが、こんなことが話題になりました。あるテレビコマーシャルを泣いている赤ちゃんに見せると赤ちゃんがぴたっと泣きやむ、というのです。この話はマスコミを通じてあっという間に広まり、このコマーシャルのDVDが市販されるまでになりました。赤ちゃんがどうして泣きやむのか、科学的な解明はまだされていません。出てくる人の衣装が目を引くからか、それとも歌のリズムが変わるからか、などと考えられています。ここからヒントを得たのか、最近、猫のためのDVDが発売されました。走るネズミ、飛ぶ鳥、ピンポンの球の打ち合いなど、猫の気を引く映像を集めたもので、ほとんどの猫が夢中になって見るのだとか。泣く子を黙らせる、というところまでは納得できたのですが、ペットにまでともなると、これは行き過ぎではないかと少々あきれてしまいます。

女の人はDVDについてどう思っていますか。
1. 赤ちゃんのためのものも猫のためのものも、どちらも納得できる
2. 赤ちゃんのためのものは納得できるが、猫のためのものは納得できない
3. 赤ちゃんのためのものは納得できないが、猫のためのものは納得できる
4. 赤ちゃんのためのものも猫のためのものも納得できない

ポイント
泣く子を黙らせる、というところまでは納得できたのですが、ペットにまでともなると、これは行き過ぎではないかと少々あきれてしまいます→人間の赤ちゃんのためのDVDは納得できた。しかし、動物のためのDVDは、そこまでしなくてもいい。変だと思う

21番　正解1
スクリプト
男の人が話しています。

M：インターネット上の文章をそのままコピーして、自分のレポートなどに使う、いわゆる「コピペ」が問題になっています。大学でも、人が書いたものを「コピペ」して、無断で使用する学生が増えています。この問題については教授たちもどう対処したらいいかと頭を悩ませていたのですが、最近良い知らせが入ってきました。この「コピペ」を発見するサービスが日本でも始まるというのです。これはアメリカの会社が提供しているシステムを使って、インターネット上にある文章と学生が書いたものを照らし合わせるのだそうです。内容によく似ている部分があれば、それをすぐに判定できるそうで、現在、英語、スペイン語、ドイツ語、フランス語の4か国語に対応しているとのこと。このサービスが普及すれば、真面目に勉強しない学生の安易な行動にブレーキが

かかることになるのではないでしょうか。

この新しいサービスはどんなサービスですか。
1．他人の書いたものが入った文章を見つける
2．「コピペ」をして論文やレポートを作成する
3．レポートを4ヶ国語に翻訳する
4．真面目に勉強している学生を助ける

ポイント
インターネット上にある文章と学生が書いたものを照らし合わせるのだそうです。内容によく似ている部分があれば、それをすぐに判定できるそうで→インターネットに出ている文章と学生が書いた文章を比べて、内容が似ている部分を見つける

22番　正解 4
スクリプト
女の人が話しています。

F：会社で企画書を作ることが多いが、良い企画書がなかなか作れない。作っても上司から「よし」と言ってもらえない…こんな悩みを持つビジネスマンも多いのではないでしょうか。良い企画書を作る秘訣(ひけつ)を書いた書籍も数多く出版されていますし、最近では作成そのものを代わりに行う商売もあるようです。そんな中、インターネットのあるサイトが人気を呼んでいます。サイトの名は、「こんな企画書を作ろう」。このサイトでは現在、数十種の企画書のモデルを見ることができます。このうちの約8割は、一般の人の応募から選ばれたもので、「どれも一流の企画書だ」といった高い評価が寄せられています。専門家から細かい指導を受けるより、すぐれた企画書の実例を見る方が手っ取(と)り早(ばや)いということかもしれません。

これはどんなサイトですか。
1．企画書の書き方を指導している
2．企画書を代わりに作ってくれる
3．企画書を書いて応募できる
4．企画書の例を紹介している

ポイント
このサイトでは現在、数十種の企画書のモデルを見ることができます→このサイトには企画の例がたくさん紹介されている

23番　正解 2
スクリプト
大学の先生が話しています。

M：商品にかかる税金、消費税を上げるをめぐって、さまざまな意見が出ています。日本の消費税は、世界各国と比べれば決して高いほうではないとはいっても、大幅な増税は、国民にとって大きな負担になるでしょう。また、消費税は収入の額にかかわらず、だれにも同じようにかかりますから、不公平だという意見もあ

ります。商品によって税率を変えるべきだといった声も出ています。そのような意見ももっともではありますが、目下の国の財政を考えれば、もはやそんなことを言ってはいられません。しかし、増税が実施されると、税金ばかり高くして福祉はよくならないというような国民の声が高まることも予想されます。これに対処する方策はしっかり取るべきです。

この先生は、消費税の増税についてどう考えていますか。
1．増税すべきではない
2．増税するのはやむをえない
3．収入によって税率を変えるべきだ
4．商品によって税率を変えるべきだ

ポイント
目下の国の財政を考えれば、もはやそんなことを言ってはいられません→今の苦しい財政の状態を考えれば、「増税に反対」と言っていることはできない

24番　正解 2
スクリプト
男の人が話しています。

M：数年前、東京の外国為替(かわせ)市場で奇妙な現象が頻繁(ひんぱん)に起こりました。午前中、円高(えんだか)だったのに、午後になると円安(えんやす)に戻っている、しかし、この変化には大きな要因が見当たらない。この現象の原因を探っていくと、実は、主婦やサラリーマンを中心とした個人の投資家が、昼休み、一斉(いっせい)に円を売ってドルを買っていたことがわかりました。個人の投資家が市場の価格を左右するほどの影響力を持っているとは、プロの投資家にも想像できなかったようです。この現象は、やがて海外にも伝わり、このような投資家を指す「ミセスワタナベ」という呼び名が生まれました。素人同然の「ミセスワタナベ」がマーケットを動かす大きな力として認識されているというのですから、ちょっと驚きますね。

「ミセスワタナベ」とは何ですか。
1．女性の投資家
2．個人の投資家
3．会社員の投資家
4．プロの投資家

ポイント
①主婦やサラリーマンを中心とした個人の投資家が、昼休み、一斉に円を売ってドルを買っていたことがわかりました→一般の個人の投資家が為替の売買をしていた
②「個人の投資家が市場の価格を左右するほどの影響力を持っているとは」「このような投資家を指す『ミセスワタナベ』という呼び名が生まれました」
⇒「ミセスワタナベ」とは「個人の投資家」という意味だ

即時応答

第1回

1番　正解 1

スクリプト

F：え？どうしたの。ここ、ほこりだらけじゃない。
M：1．さっき拭いたばかりなのに、変だなあ。
　　2．さあ、どうやったらいいんだろう。
　　3．うん、掃除をしたばかりだからね。

ポイント

女の人が言っていること：ここはほこりだらけで汚い。（掃除をしていないの？）

⚠

2の前に合う発話の例：「ひどい汚れですね。どうやったら取れるでしょうか」
3の前に合う発話の例：「この部屋きれいになっていますね」

2番　正解 3

スクリプト

F：こんなことになるんなら、行くのよせばよかった。
M：1．うん、きっとうまく行っただろう。
　　2．うん、君も行けばよかったのに。
　　3．だから、行くなって言っただろ。

ポイント

女の人が言っていること：こんな結果になるのだったら、行かなければよかった。

⚠

1の前に合う発話の例：「あの子、よく準備していたから、たぶんうまく行ったでしょう」
2の前に合う発話の例：「旅行、とても楽しかったんだって？」

3番　正解 2

スクリプト

M：できないなら、できないって言ってくれたらよかったのに。
F：1．いいえ、できないこともありません。
　　2．でも、なんとかがんばろうと思って…。
　　3．いいえ、それが、できたんですよ。

ポイント

男の人が言っていること：「できません」と言えば、私はあなたに頼まなかったのに（無理なことを頼んで悪かった）。

⚠

1の前に合う発話の例：「できますか。無理でしょうか」
3の前に合う発話の例：「とても難しいから、できないかと思っていました」

4番　正解 2

スクリプト

M：あ～あ、またやっちゃった。
F：1．え？終わったの？ずいぶん早いね。
　　2．ええ？もう3度目じゃない。
　　3．ええ、またやりましょう。

ポイント

男の人が言っていること：また失敗してしまった。

⚠

1の前に合う発話の例：「ぜんぶやった！終わったよ」
3の前に合う発話の例：「またやりたいですね」

5番　正解 1

スクリプト

F：彼女のピアノはちょっとしたものね。
M：1．うん、あれだけ弾ければいいね。
　　2．そう、まだ初心者だから。
　　3．うん、たいしたことないね。

ポイント

女の人が言っていること：彼女はピアノがかなり上手だ。

⚠

2の前に合う発話の例：「彼女のピアノはまだまだね」
3の前に合う発話の例：「彼女はピアノがそんなに上手じゃないね」

6番　正解 3

スクリプト

F：忙しそうね。今私、手が空いてるけど。
M：1．うん、今、忙しいから、あとにしてくれる？
　　2．ああ、手が空いてからでいいよ。頼むね。
　　3．そう？悪いね。助かるよ。

ポイント

女の人が言っていること：忙しそうね。手伝いましょうか。

⚠

1の前に合う発話の例：「忙しそうね。またあとで来ましょうか」
2の前に合う発話の例：「今はちょっと手が離せないけど、ひまを見て手伝うね」

7番　正解 1

スクリプト

M：いやあ、まいった。こんなことになるとはね…。
F：1．え、どうしたの。何があったの。
　　2．え、そんなことになったら大変ですよ。
　　3．あ、そう。それじゃあ、まあまあだったね。

ポイント

男の人が言っていること：こんなことになるとは思っていなかったので、とても困っている。

⚠

2の前に合う発話の例：「会社、倒産するかもしれないね」
3の前に合う発話の例：「今月の売り上げは平年並みですね」

8番　正解 3

スクリプト

F：明日のハイキング。この雨じゃねえ。
M：1．今にも降りだしそうな空ですね。
　　2．今日じゃなくてよかったですね。
　　3．ちょっと無理みたいですね。

ポイント

女の人が言っていること：**こんなにひどく降っているから、明日のハイキング、行けそうもありませんね。**

⚠
1の前に合う発話の例：「空が暗いし、変な雲が出ていますよ」
2の前に合う発話の例：「この雨は今夜止むそうですよ。明日は大丈夫ですね」

9番　正解3
スクリプト
M：計算は必ず2回やるようにって、いつも言ってるだろう。
F：1．はあ、そうですね。いつも言っています。
　　2．ええ、2回だけです。3回以上はやっていません。
　　3．はあ、ちゃんと確認したつもりだったんですが。

ポイント
男の人が言っていること：**計算が間違っているよ。計算は1回だけではだめだから、2回やって確認しなさいといつも言っているのに、そうしなかったのか。**

⚠
1の前に合う発話の例：「計算は2回やるようにって言ってますか」
2の前に合う発話の例：「計算、2回しかやらなかったのか」

10番　正解1
スクリプト
M：そんなことをしたら、ただじゃすまないぞ。
F：1．わかったよ。しない。
　　2．ただじゃないの？
　　3．なんとかすませてよ。

ポイント
男の人が言っていること：**そんなことをしたら絶対に許さない。**

⚠
2の前に合う発話の例：「すみません、有料なんです」
3の前に合う発話の例：「予定の時間までにすませるのはちょっと難しいです」

11番　正解1
スクリプト
F：よくまあ、これだけのことができたわね。
M：1．いや、たいしたことなかったよ。
　　2．いえ、これだけじゃありませんよ。
　　3．うん、やっぱり無理だった。

ポイント
女の人が言っていること：**こんなにすごいことができたなんて、すばらしい。びっくりしている。**

⚠
2の前に合う発話の例：「これだけですか」
3の前に合う発話の例：「難しかったでしょう？」

12番　正解2
スクリプト
F：今度のことは、下手すると大事件になるんじゃないかな。

M：1．うん、大事件になるかと心配したけどね。
　　2．そうなったら大変だ。
　　3．上手にやれば大丈夫だろう。

ポイント
女の人が言っていること：**今問題になっていることは、最も悪い場合には大事件に発展する恐れがある。**

⚠
1の前に合う発話の例：「よかったね、事が大きくならなくて」
3の前に合う発話の例：「失敗しないように気をつけないと」

13番　正解2
スクリプト
M：明日来るのは気の置けない人たちばかりなんだ。
F：1．それじゃ、きちんとした服装で行かないと。
　　2．よかった。気楽にやれそうですね。
　　3．へえ、なんか、胸がドキドキしますね。

ポイント
男の人が言っていること：**明日来る人はみんな気楽に接することができる人たちだ。**

⚠
1の前に合う発話の例：「明日のパーティーは社長も重役も来るらしいよ」
3の前に合う発話の例：「明日のパーティーは今大人気のA選手が来るらしいよ」

14番　正解3
スクリプト
F：あらあ、こんなに気をつかってくれなくてもよかったのに。
M：1．あ、気をつかっていただいて、すみません。
　　2．まあまあ、よかったと思いますよ。
　　3．いえいえ、ほんの気持ちですから。

ポイント
女の人が言っていること：**私のために、こんな心遣い（＊プレゼントなど）をしてくれる必要はなかったのに（すみませんね）。**

⚠
1の前に合う発話の例：「ありがとうございました。これ、ほんの気持ちです。どうぞ」
2の前に合う発話の例：「どうでしょうか（↓）。よかったでしょうか（↓）」

第2回
15番　正解2
スクリプト
M：しょうがないなあ。じゃあ、なんとか都合をつけるか。
F：1．そういうことなら、なんとかしましょう。
　　2．ご無理をお願いしてすみません。
　　3．そこをなんとか、よろしくお願いします。

ポイント
男の人が言っていること：**しかたがない。難しいけれど、なんとかあなたの希望どおりにしよう。**

⚠️
1の前に合う発話の例:「こういう事情で、本当に困っています。なんとかしていただけませんか。お願いします」
3の前に合う発話の例:「う〜ん、こちらにも事情がありまして…。それはちょっと難しいです」

16番　正解1
スクリプト
F：これが精一杯というところなんで…。事情をご理解ください。
M：1．そうですか…。しかたありませんね。
　　2．では、事情を説明しましょう。
　　3．こんなにたくさんいただいて、いいんですか。
ポイント
女の人が言っていること：これが私にできる最高で、これ以上は無理です。わかってください。
⚠️
2の前に合う発話の例:「どうしてなのですか。事情を説明してください」
3の前に合う発話の例:「これ全部さしあげます。どうぞ」

17番　正解2
スクリプト
M：店のアルバイトに辞められちゃって…。
F：1．それじゃ、次の仕事を探さないと。
　　2．そうですか。それは、お困りでしょう。
　　3．ええ、適当な仕事がなかなか見つからないので。
ポイント
男の人が言っていること：私の店で働いていたアルバイトの人がやめてしまって、困っています。
⚠️
1の前に合う発話の例:「やっていたアルバイトをやめてしまいました」
3の前に合う発話の例:「アルバイト、していないんですか」

18番　正解1
スクリプト
M：あ、人がぞろぞろ歩いてるよ。ほら。
F：1．変ね。いつも人通りが少ないのに。
　　2．あら、あの人だれかしら。
　　3．じゃあ、タクシーに乗ったら？
ポイント
男の人が言っていること：あそこ見て。人が大勢並んで歩いているよ。
⚠️
2の前に合う発話の例:「あの人、こっち見て、手を振っている。ほら」
3の前に合う発話の例:「歩いて行くと、ちょっと遠いんだよ」

19番　正解3
スクリプト
F：今日は、はるばるお越しいただきまして…。

M：1．ええ、近所に住んでおりますので。
　　2．ええ、引っ越しをいたしました。
　　3．いえいえ、どういたしまして。
ポイント
女の人が言っていること：今日は、遠いところからここまで来てくださって、ありがとうございます。
⚠️
1の前に合う発話の例:「ここまで歩いていらっしゃったんですか」
2の前に合う発話の例:「ご住所が変わったんですか」

20番　正解2
スクリプト
F：このところ顔見なかったけど、変わりない？
M：1．うん、来年はもう卒業なんだ。
　　2．卒論で、ずっと家にこもってたんだ。
　　3．事故で電車が遅れちゃったんだ。
ポイント
女の人が言っていること：最近しばらくあなたに会わなかったね。久しぶりだけど、元気？どのように過ごしていた？
⚠️
1の前に合う発話の例:「ずいぶん久しぶりね。何年ぶりかな。大学に行ってるんでしょう？」
3の前に合う発話の例:「遅かったね。どうしたの」

21番　正解3
スクリプト
M：そうだといいけど、世の中そんなに甘くないんじゃないか。
F：1．それもそうだけど、でも、だめかもしれないよ。
　　2．そうなったら、困っちゃうよね。
　　3．だいじょうぶ。きっとうまくいくって。
ポイント
男の人が言っていること：そうならいいけれど、そんなに簡単にうまくいかないと思う。
⚠️
1の前に合う発話の例:「みんなでこんなに考えたんだから、この方法以外はないでしょう」
2の前に合う発話の例:「このままでは、最悪の結果になるかもしれないよ」

22番　正解2
スクリプト
M：毎日こんなに忙しくっちゃ、かなわないなあ。
F：1．どうやったらいいんでしょうね。困ったな。
　　2．そんなに働いて、大丈夫ですか。
　　3．ええ、だめかもしれませんね。
ポイント
男の人が言っていること：毎日仕事がこんなに忙しくて、いやだなあ。
⚠️
1の前に合う発話の例:「こんなにたくさんの仕事、どうやって片付けようか」

3の前に合う発話の例：「こんなにたくさんの仕事、今日中には片付きそうもないね」

23番　正解3
スクリプト
F：ずいぶん春めいてきましたね。
M：1．ええ、夏も、もうすぐですね。
　　2．ええ、春、真っ盛りですね。
　　3．ええ、暖かくなってきましたね。

ポイント
女の人が言っていること：(まだ本当の春ではないけれど)かなり暖かくなりましたね。

⚠
1の前に合う発話の例：「ずいぶん気温が高くなってきましたね」
2の前に合う発話の例：「すっかり暖かくなって、花も咲いて、いい季節になりましたね」

24番　正解3
スクリプト
F：どうしてそんなに言うことをきかないの。
M：1．よく聞こえないんだもん。
　　2．理由？わかんない。
　　3．ごめんなさい。

ポイント
女の人が言っていること：あなたはぜんぜん私の言う通りにしない。(困った人だ)

⚠
1の前に合う発話の例：「どうして質問に答えないの？」
2の前に合う発話の例：「なぜ言うことをきかないのか、理由を言いなさい」

25番　正解2
スクリプト
M：新しいチームに入ってから、自分の力不足をいやっていうほど思い知らされました。
F：1．いやだなんて言ってられないんじゃないですか。
　　2．へえ、チームのレベル、そんなに高いんですか。
　　3．そうか、それは残念としか言いようがありませんね。

ポイント
男の人が言っていること：新しいチームに入ったが、チームのほかの人に比べて、自分は実力が足りないことが本当によくわかった。

⚠
1の前に合う発話の例：「ここは危ないから、すぐ避難しろと言われました。でも…」
3の前に合う発話の例：「田中君が退職するそうです。彼には期待していたんですが」

26番　正解1
スクリプト
F：もう少し様子を見たほうがいいんじゃないかと思うけど…。
M：1．でも、このチャンス、逃したくないんだ。
　　2．そうだね。思い切ってやってみるか。
　　3．じゃ、すぐに様子を知らせてよ。

ポイント
女の人が言っていること：今はまだ行動しない方がいい。今の状況がどう変わるか確認したほうがいい。

⚠
2の前に合う発話の例：「このまま様子を見ていても何も変わらないんじゃない？」
3の前に合う発話の例：「これから現地の様子を見に行きます」

27番　正解2
スクリプト
F：マサコったら、昨日から全然口きいてくれないの。
M：1．彼女、口下手なんだから、しかたがないよ。
　　2．なんか彼女の気にさわること言ったんじゃないのか。
　　3．彼女に口をきいてもらったほうがいいよ。

ポイント
女の人が言っていること：マサコは昨日から全然私と話そうとしない。どうしたのだろう。

⚠
1の前に合う発話の例：「彼女の気持ち、彼には伝わらなかったみたい」
3の前に合う発話の例：「A選手に取材を申し込んでるんだけど、なかなかオーケーしてもらえないんだ」

28番　正解3
スクリプト
M：さあて、ここらでちょっと一息入れませんか。
F：1．そうですね。ここに入れてくださいませんか。
　　2．そうですね。そこに一緒に入れましょうか。
　　3．そうですね。じゃ、今お茶を入れますから。

ポイント
男の人が言っていること：さあ、少し休みましょう。

⚠
1の前に合う発話の例：「これはどこに入れましょうか（↓）」
2の前に合う発話の例：「この箱はまだ空いてますよ」

第3回

29番　正解2
スクリプト
M：じゃ、そろそろ引き上げるとするか。
F：1．いいえ、下げたほうがよろしいんじゃないでしょうか。
　　2．え、もうお帰りになってしまうんですか。
　　3．それは、よろしいですね。どうぞお気をつけて。

ポイント
男の人が言っていること：じゃあ、もう帰ろう。

⚠
1の前に合う発話の例：「これ、もう少し上げたほうがいいでしょうか」

3の前に合う発話の例:「今度の休みはハワイでゴルフをする予定です」

30番　正解1
スクリプト
F：今度の新しい企画、うまくいくでしょうか。
M：1．う～ん。まったく不安がないといえばうそになるけど。
　　2．それじゃ、なんともしようがないだろう。
　　3．あ、あの企画、うまくいったんだってね。

ポイント
女の人が言っていること：今度の新しい企画がうまくいくかどうか心配だ。

⚠
2の前に合う発話の例:「この企画を実施する予算がないそうです」
3の前に合う発話の例:「おかげさまで展示会が終わりました」

31番　正解3
スクリプト
M：毎日ひまだからって、遊んでばかりはいられない。
F：1．そう。のんびり暮らせるっていうのは最高ね。
　　2．そう。適度のひまがあるほうがいいよね。
　　3．そう。早く仕事見つけないと。

ポイント
男の人が言っていること：毎日働かないで遊んでいるわけにはいかない。

⚠
1の前に合う発話の例:「毎日ひまでのんびり暮らしてるんだ」
2の前に合う発話の例:「仕事と仕事の間にゆっくりできるひまがほしいね」

32番　正解1
スクリプト
F：見て、あの2人。なんかもめてるみたい。
M：1．何があったんだろう。
　　2．2人、仲がよさそうだね。
　　3．何かいいことがあったんじゃない？

ポイント
女の人が言っていること：あの2人は何か問題がある様子だ。けんかをしているように見える。

⚠
2の前に合う発話の例:「見て、あの2人。いい感じだね」
3の前に合う発話の例:「見て、あの2人。うれしそうだね」

33番　正解1
スクリプト
M：いやあ、仕事が来るわ来るわ、助けてくれ、って感じだな。
F：1．じゃ、仕事、うまくいってるんですね。
　　2．仕事が来たら、そのときは手伝いますよ。
　　3．仕事、早く来るといいですね。

ポイント
男の人が言っていること：仕事が次々に、どんどん、たくさん来る。

⚠
2の前に合う発話の例:「え、担当は私一人ですか？一人では無理です」
3の前に合う発話の例:「建築事務所を始めましたが、まだ仕事がないんです」

34番　正解1
スクリプト
F：あなたって、いつも人の話をろくに聞いてくれないんだから…。
M：1．聞いてるよ。ちゃんと聞いてるって。
　　2．え？だれの話？どんな話？
　　3．ええ、みんなの話を聞くのはとても大変です。

ポイント
女の人が言っていること：あなたはいつも私の話をちゃんと聞いてくれない。

⚠
2の前に合う発話の例:「ねえ、聞いた？あの話」
3の前に合う発話の例:「大勢の人の話を聞くのって疲れるでしょう（↑）」

35番　正解2
スクリプト
M：この話はうちうちにしといてって言っといたのに。
F：1．わかった。うちうちにしとくね。
　　2．ごめん、でもみんな知ってたわよ。
　　3．だれにも言わないって約束してくれる？

ポイント
男の人が言っていること：この話はみんなに言わないでくださいと言ったのに、どうして言ってしまったのか。

⚠
1の前に合う発話の例:「この話、広まると困るんだ」
3の前に合う発話の例:「え、何の話？聞きたい。教えて」

36番　正解3
スクリプト
F：これだけあれば十分なんじゃない？
M：1．うん、これだけじゃ十分じゃないね。
　　2．そうだね。足りないかもしれないね。
　　3．うん、足りるはずだ。

ポイント
女の人が言っていること：これで十分でしょう。足りるでしょう。

⚠
1、2の前に合う発話の例:「これだけじゃ足りないでしょう？」「これだけでは十分じゃないと思うよ」

37番　正解 3
スクリプト
M：彼女にこれをあげてびっくりさせようと思ったのに、昨日は渡せずじまいだったんだ。
F：1．え、そんなこと、するはずがないじゃない。
　　2．あ、そうだったの。彼女、すごく残念がっていたけど。
　　3．そう。次に会えるのはいつなの。

ポイント
男の人が言っていること：彼女にこれをあげてびっくりさせたいと思ったが、昨日はあげることができなかった。（残念だ）

⚠
1の前に合う発話の例：「君にあげたプレゼントを捨ててしまっただろう」
2の前に合う発話の例：「これをあげるからって、彼女に前もって言っておいたのに、結局渡せなかった」

38番　正解 2
スクリプト
F：あのう、今度の計画は見送ることになりまして…。
M：1．じゃあ、予定通りに進めましょう。
　　2．えっ？じゃあ、取りやめですか。
　　3．空港まで行くんですか。

ポイント
女の人が言っていること：今度の計画は、中止することになった。

⚠
1の前に合う発話の例：「計画が実行に移されることになりました」
3の前に合う発話の例：「お客さまを見送りに行ってきます」

39番　正解 3
スクリプト
M：こんなことになるとは思いもよりませんでした。
F：1．そうなればよかったのにね。
　　2．ええ。ちゃんと準備をしておいてよかった。
　　3．ほんとに何が起こるかわからない世の中ですね。

ポイント
男の人が言っていること：こんなに大変なことになるとは想像もしていなかった。

⚠
1の前に合う発話の例：「2人は愛し合っていたから、結婚すると思っていました」
2の前に合う発話の例：「いろいろ質問されたけど、大丈夫でしたね。ちゃんと答えられました」

40番　正解 2
スクリプト
F：仕事、ほったらかしといていいの？
M：1．うん、がんばったね。そろそろ一休みしようか。
　　2．あ、いけない。今日中に終わらせないと。
　　3．え？この仕事、ぼく一人でやるなんて無理だよ。

ポイント
女の人が言っていること：まだ終わっていないのに、仕事がそのままになっている。終わらせないでもいいのか。

⚠
1の前に合う発話の例：「これで半分終わったね」
3の前に合う発話の例：「これ、今日中にお願いね」

41番　正解 3
スクリプト
M：この部屋、お気兼ねなくお使いくださってけっこうですよ。
F：1．はい。どうぞ遠慮なく、お好きなようにお使いください。
　　2．う〜ん、どうしましょうか。ちょっと迷っているんですが。
　　3．それでは、お言葉に甘えて使わせていただきます。

ポイント
男の人が言っていること：遠慮しないで、どうぞこの部屋を使ってください。

⚠
1の前に合う発話の例：「この部屋を使わせていただいてもよろしいでしょうか（↓）」
2の前に合う発話の例：「どの部屋を使いますか」

42番　正解 1
スクリプト
F：あ、いけない。もうこんな時間だ。
M：1．うん、急がないと。
　　2．そうだね。そろそろ行くか。
　　3．うん、急いでよかった。

ポイント
女の人が言っていること：もうこんなに遅い時間だと気がつかなかった。

⚠
2の前に合う発話の例：「まだ少し早いけど、出かけようか（↓）」
3の前に合う発話の例：「ああ、間に合った」

第 4 回
43番　正解 3
スクリプト
F：そんなことを言った覚えはないんだけど。
M：1．言いましたっけね。
　　2．言わないほうがよかったのに。
　　3．言ったよ。確かにそう言った。

ポイント
女の人が言っていること：私は、そんなことは言わなかったはずだ。

⚠
1の前に合う発話の例：「（あなたは）そう言いましたよ」
2の前に合う発話の例：「言ったほうがいいと思ったから、言ったんですが」

44番　正解2
スクリプト
M：この問題、おれ、もうお手上げだよ。
F：1．もうできたの。早いね。
　　2．もう少しがんばってみなさいよ。
　　3．簡単でよかったね。
ポイント
男の人が言っていること：この問題は難しくて、私にはできない。

⚠
1の前に合う発話の例：「この問題、できたよ」
3の前に合う発話の例：「この問題、全問正解だ」

45番　正解1
スクリプト
F：あのう、お手すきでしたら、ちょっと…。
M：1．はい、大丈夫ですよ。何ですか。
　　2．それはこまったな。どうしようか。
　　3．ああ、それはどうも申し訳ありません。
ポイント
女の人が言っていること：今あなたが忙しくなければ、あなたにお願いしたいことがあります。

⚠
2の前に合う発話の例：「あのう、手伝ってくれる人がいないんですが」
3の前に合う発話の例：「あのう、手伝いましょうか」

46番　正解3
スクリプト
M：あのう、今少しお時間いただいてよろしいでしょうか。
F：1．ええ。あげますよ。どうぞ。
　　2．そうですね。何時でもかまいませんよ。
　　3．はい、何でしょう。
ポイント
男の人が言っていること：今ちょっとお話ししたいことがあります。

⚠
1の前に合う発話の例：「これ、いただいてもよろしいでしょうか（↓）」
2の前に合う発話の例：「何時ごろがよろしいでしょうか（↓）」

47番　正解1
スクリプト
F：明日からでしたっけ。休暇。
M：1．ああ、その間よろしく頼むよ。
　　2．うん、明日は休むよ。悪いね。
　　3．え？明日から休み？いいなあ。
ポイント
女の人が言っていること：あなたは明日から休暇で、しばらく仕事を休みますね。

⚠
2の前に合う発話の例：「明日、休みますか」
3の前に合う発話の例：「明日から休暇です」

48番　正解1
スクリプト
M：待て。まだ話は終わってないんだから。
F：1．もう、うんざりだわ。
　　2．え？どんな話だったの？
　　3．え？なんで？その続き、聞かせてよ。
ポイント
男の人が言っていること：まだ話が終わっていない。ここにいて最後まで話を聞きなさい。

⚠
2の前に合う発話の例：「さっき課長に話があるって呼ばれたんだ」
3の前に合う発話の例：「まあ、この話はこれぐらいにしとこう」

49番　正解2
スクリプト
F：そんなことが通る世の中だと思ってるの？あきれた。
M：1．そうか。みんながあきれたんですね。
　　2．そうか。やっぱりだめですか。
　　3．じゃ、あそこは通らないほうがいいですね。
ポイント
女の人が言っていること：そんなことが許されると思っているなんて信じられない。そんなことは決して許されない。

⚠
1の前に合う発話の例：「その話を聞いた全員が『へえ、それはひどい』と驚いていたよ」
3の前に合う発話の例：「今あの道は工事中よ」

50番　正解2
スクリプト
M：もし君が手伝ってくれなかったらと思うと、ぞっとするよ。
F：1．すみません、今日は忙しかったので…。
　　2．なんとか間に合ってよかったです。
　　3．私でよろしければ手伝いますよ。
ポイント
男の人が言っていること：もし君が手伝ってくれなかったら、大変なことになっていただろう。手伝ってくれて、よかった。

⚠
1の前に合う発話の例：「君に手伝ってもらえなくて困ったよ」
3の前に合う発話の例：「君に手伝ってもらえれば、ありがたいんだけど」

51番　正解1
スクリプト
F：この間の話、あれ、どうなりましたか。
M：1．それが、まだ決まっていないんですよ。
　　2．あれは、とてもわかりやすかったです。
　　3．う～ん、どうしましょう。
ポイント

女の人が言っていること：この間話していたことは、その後どうなりましたか。

⚠
2の前に合う発話の例：「この間の話、どうでしたか」
3の前に合う発話の例：「この間の話、どうしますか」

52番　正解3
スクリプト
M：タケシが来るんなら、おれは帰るよ。
F：1．タケシ喜ぶよ、きっと。
　　2．じゃ、もうちょっと待ってて。
　　3．え？タケシに会わないの？

ポイント
男の人が言っていること：おれは（タケシに会いたくないから）、タケシが来る前に帰る。

⚠
1の前に合う発話の例：「タケシがうちに来るんなら、今日は早く帰ってくるよ」
2の前に合う発話の例：「タケシに会いたいな」

53番　正解1
スクリプト
F：先日お約束した件ですが、なかったことにしていただけないかと…。
M：1．それはちょっと。こちらはもう動き出しているんですから。
　　2．そうですか。では、よろしくお願いします。
　　3．では、具体的な内容が決まったら、連絡してください。

ポイント
女の人が言っていること：この間約束したことは、取り消してほしいんですが。

⚠
2の前に合う発話の例：「先日お約束したことを早速始めようと思います」
3の前に合う発話の例：「先日お約束した件は、実現に向けて準備を始めることになりました」

54番　正解2
スクリプト
F：あなた、なんてことをしてくれたのよ。
M：1．はい、では説明しましょう。
　　2．ほんとうに申しわけございません。
　　3．はい、感謝の気持ちでいっぱいです。

ポイント
女の人が言っていること：あなたがしたことはひどい。こんなことをしては困る。

⚠
1の前に合う発話の例：「すみません。こちらのお寺について説明してくださいませんか」
3の前に合う発話の例：「あぶないところを、よく助かりましたね。よかったですね」

55番　正解2
スクリプト
M：しかし、よく降るもんですねえ。
F：1．ええ、かさは要りませんね。
　　2．ええ、これで5日目ですものね。
　　3．ええ、月に2、3回降ります。

ポイント
男の人が言っていること：もうずっと雨が降っていますね。止みませんね。

⚠
1の前に合う発話の例：「今日は雨が降りそうもありませんね」
3の前に合う発話の例：「そこは雨も降りますか」

56番　正解2
スクリプト
F：いったい、いつになったらできあがるんですか。
M：1．すみません。いつになるでしょうか。
　　2．すみません。もう少しだけお待ちいただけませんか。
　　3．すみません。待たせていただいていいですか。

ポイント
女の人が言っていること：ずいぶん遅いですね。まだでき上がらないのですか。

⚠
1の前に合う発話の例：「できあがるまで、まだちょっと時間がかかります」
3の前に合う発話の例：「社長は会議中ですが…」

統合理解

第1回

1番
質問1　正解 2
質問2　正解 3

スクリプト
電車の中で車掌のアナウンスが流れています。

M1：ご乗車の皆様、お急ぎのところまことに申し訳ございません。現在南町線は緑ヶ丘駅と野山駅の間の踏切事故のため、運転を見合わせております。ただ今現場検証を行っておりますが、運転開始の見通しはまだ立っておりません。この列車は次の桜川駅まで参りまして、運転開始まで待機いたします。上り方面へお急ぎのお客様は、桜川駅から西山線の東桜川駅までバスで振り替え輸送を行いますので、ご利用ください。

M2：まいったな、今日は会議だから早く家を出たのに…。
F　：次の駅からバスに乗れるとか今言っていたね。
M2：うん、振り替え輸送があるって。西山線かあ。
F　：うん、ちょっと遠回りだけど、仕方がないんじゃない？
M2：そうだね。君は？
F　：私は南町線の山の手駅だから…。このまま待つしかないな。取引先の人と打ち合わせがあるのに…
M2：遅れそうなら、早めに先方に電話しておいたほうがいいよ。
F　：うん、もう少し様子をみて、そうする。

質問1　男の人はこれからどうしますか。

質問2　女の人はこれからどうしますか。

ポイント
① 運転開始の見通しはまだ立っておりません→いつ電車が動くかわからない
② この列車は次の桜川駅まで参りまして、運転開始まで待機いたします→この電車は次の駅（桜川駅）で運転できるようになるときまで待つ
③ 桜川駅から西山線の東桜川駅までバスで振り替え輸送を行います→桜川駅（次の駅）からバスで西山線の東桜川駅まで行くことができる
④ M2：西山線かあ。　F：うん、ちょっと遠回りだけど、仕方がないんじゃない？　M2：そうだね。→男の人は、西山線で行く
⑤ このまま待つしかないな→女の人はこのまま電車が動くのを待つ
⑥ M2：遅れそうなら、早めに先方に電話しておいたほうがいいよ。　F：うん、もう少し様子をみて、そうする。→女の人は、もう少し待って、間に合わないとわかったときは仕事の相手に電話する。

🔑 女の人はこの電車（南町線）に乗ったまま、次の駅で運転の再開を待つ。男の人は次の駅で降りてバスに乗り換える。

⚠️ ◇「お急ぎのところ」＝「急いでいらっしゃるのに」
◇「運転開始の見通しはまだ立っておりません」＝「いつ運転が始まるかわからない」
◇「桜川駅から西山線の東桜川駅までバスで振り替え輸送を行います」＝「バスで南町線の桜川駅から西山線の東桜川駅まで行けるようにする」

2番
質問1　正解 2
質問2　正解 1

スクリプト
新人作家賞をとった人が話しています。

M1：この度はこのような栄誉ある賞をいただきまして大変光栄です。本当にありがとうございました。受賞の一報を聞いたときは、まさに天にも昇る思いでした。ご指導くださった佐藤先生をはじめ、出版社の方々にも厚く御礼申し上げます。戦場での真の人間の姿を多くの方々に知ってもらおうと、いつわりのない状況をそのまま伝えたつもりです。出版後さまざまな反響があり、その中には、お叱りの声も頂戴しました。皆様からのお言葉を忘れることなく、今後もこれまで以上に精進し、皆様のご期待に背くことのないようがんばっていきたいと思っております。

F　：はあ、立派なもんね。あの人、まだ大学生だって。
M2：えっ。それはすごいね。あの若さで戦場へ行くなんて。なかなか勇気のある若者だな。
F　：そうね。私たちが学生のころなんて、戦争の「せ」の字も考えなかったわね。
M2：そうだね。彼の作品の冒頭の「国境が命の境になってはいけない」という言葉に感動したよ。
F　：そうね。いろいろ考えさせられたわ。でも、本当に自分で現地へ行って全部取材をしたのかしら。普通の大学生よ、彼。
M2：彼の作品には真実味があるよ。細やかな戦場の描写は体験した人にしか書けないと思うよ。
F　：確かに、そうね。映像なんかより、むしろ真実味があるわね。でも、見て、あのうれしそうな笑顔を見ると、まだまだあどけなさが残る大学生でしょ。イメージがどうしてもね。

質問1　受賞した人は何をしましたか。
1　戦場の状況を伝える写真集を出した
2　戦場の人々の状況を伝える本を書いた
3　戦争に反対する本を書いた
4　戦争で闘った体験を作品にした

質問2　受賞した人について 2 人はどう思っていますか。
1　まだ大学生なのに挨拶も作品も立派だ
2　本当に自分の作品かどうか疑わしい
3　戦場に大学生が行ったとは信じがたい

4　大学生は受賞者としてふさわしくない

ポイント
①戦場での真の人間の姿を多くの方々に知ってもらおうと、いつわりのない状況をそのまま伝えたつもりです→戦場の人々の様子をそのまま伝えた
②はあ、立派なもんね。あの人、まだ大学生だって→大学生なのに立派なスピーチだ
③えっ。それはすごいな→大学生なのに立派なスピーチだ
④あの若さで戦場へ行くなんて。なかなか勇気のある若者だな→とても若いのに戦場へ行くとは勇気がある
⑤そうだね。彼の作品の冒頭の「国境が命の境になってはいけない」という言葉に感動したよ→彼が書いた言葉に感動した
⑥彼の作品には真実味があるよ。細やかな戦場の描写は体験した人にしか書けないと思うよ→確かに自分の体験を書いた作品だ
⑦確かに、そうね→そうだと思う⇒女の人も、彼が自分の体験を書いたと認めている
◇大学生が戦場の人々の現状を伝える作品を書いた。
◇受賞スピーチも作品もすばらしくて、著者が大学生だとは思えない。
⚠ ◇「まさに天にも昇る思いでした」=「天に昇るぐらいうれしかった」
◇「お叱りの声も頂戴しました」=「非難もされた」
◇「戦争の『せ』の字も考えなかったわね」=「戦争のことなど全く考えなかった」
◇「いろいろ考えさせられたわ」=「(作品を読んで)いろいろ考えることがあった」
◇「まだまだあどけなさが残る」=「まだ子供のようなところがある」
◇「イメージがどうしてもね」=「イメージが合わない」

3番
質問1　正解3
質問2　正解4
スクリプト
女の学生と男の学生がサークルの合宿について話しています。

F1：夏休みの合宿先、反対がなければ今年も去年と同じく軽井沢にしようと思ってるんだけど。
M ：異議なし。宿も快適だったし。
F2：でも、おととしも軽井沢だったので、3、4年生は3回目になりますよね。今年はちょっと気分を変えてみませんか。
F1：例えば？
F2：う～ん、具体的な案はないんですが…。
M ：そうだ。尾瀬なんてどう？気候も軽井沢と似ていて、過ごしやすいし。何よりも水芭蕉（みずばしょう）の花がきれいらしいよ。
F1：尾瀬、いいわね。一度は行きたいところよね。ただ、人気の観光地だから、予約がどうだろう。1年前から予約しないと厳しいって聞いたことがあるけど。

F2：あのう、伊豆なんてどうでしょう。伊豆も気候がいいと思うんですけど…。
M ：伊豆？温泉でしょう？冬ならともかく、暑いときに温泉？
F1：いや、案外悪くないかも。暑いときこそ熱い物を食べるべしなんて言うじゃない。お湯に入れば疲れも吹っ飛びそうよ。
F2：そうですよね。それに海がきれいで、新鮮な海産物も楽しめますよ。
M ：そうか。海ね。海ときたら海水浴か。それもありだな。
F1：そうね。じゃあ、早速、宿泊先を当たってみてくれる？
F2：わかりました。

質問1　合宿先はどこですか。

質問2　3人が合宿先を選んでいるときのポイントは何ですか。

ポイント
①今年はちょっと気分を変えてみませんか→今年は軽井沢ではないところにしたい
②1年前から予約しないと厳しいって聞いたことがあるけど→尾瀬は1年前に予約しなければならない⇒尾瀬は難しそうだ
③伊豆なんてどうでしょう。伊豆も気候がいいと思うんですけど…→気候がいい伊豆を提案した
④M：伊豆？温泉でしょう？冬ならともかく、暑いときに温泉？　F1：いや、案外悪くないかも。→男の人は、夏に温泉は合わないと言っている。女の人（F1）は、夏に温泉に入るのもいいと言っている⇒男の人は伊豆に反対しているが、女の人は伊豆でもいいと言っている
⑤F2：それに海がきれいで、新鮮な海産物も楽しめますよ。　M：海ね。海ときたら海水浴か。→海では、おいしい魚が食べられる。海水浴ができるのがいい⇒女の人（F2）も男の人も、伊豆に良い点があると思っている
⑥それもありだな→伊豆でもいい
◇3人は気候がいいところを挙げて、何か楽しめるものがあるかどうかを話し合っている。花、温泉、海などをポイントとしてあげている。
⚠ ◇「ちょっと気分を変えてみませんか」=「いつも同じところではなく他の所にしてみませんか」
◇「海ときたら海水浴か」=「海と言えば海水浴だ」

4番
質問1　正解4
質問2　正解3
スクリプト
テレビの天気予報でアナウンサーが話しています。

F1：気象情報をお伝えします。本日は、関東から近畿地方の太平洋側は晴れてポカポカのお出かけ日和（びより）になるでしょう。しかし、暖かく風が強いので、花粉が多く飛びそうです。花粉症の方は眼鏡やマスクでしっかり対策してお出かけください。夕方から天気が下り坂とな

り、夜には雨が降るでしょう。また、夜は、10度以下の2月下旬並みの気温になりそうですので、防寒対策もお忘れのないようにご注意ください。

F2：今日は暖かくなるって言ってたね。よかったあ。ひろしのサッカーの試合見に行くのに寒かったらいやだなって思ってたから。
M　：うん。試合、何時からだった？
F2：11時よ。
M　：よし、がんばって応援するぞ！
F2：でも、今日は花粉が多いらしいわよ。マスクとサングラス、忘れないでね。
M　：うん、大丈夫。アレルギーの薬も飲んでおこう。
F2：雨が降ったら花粉が減るからいいけど、雨じゃねえ。でも、なんとかもちそうでよかった。
M　：そうだ。傘も忘れないようにしないと…。今日は、サッカーの後、会社に行かなきゃならないんだ。
F2：え、そうなの。大変ね。
M　：途中で着替えるの面倒だから、スーツで行こうかな。あとでネクタイだけすればいいから…。
F2：あら、それだけじゃだめよ。今、天気予報で言ってたじゃない。
M　：そうだね…荷物になるけど、しかたがないか。

質問1　女の人が男の人にすすめたことは何ですか。
1．スーツを持っていくこと
2．スーツを着ていくこと
3．傘を持っていくこと
4．スーツの上に着るものを持っていくこと

質問2　今日の花粉の量はどうなりますか。
1．午前中は少ないが、午後から夜にかけて増える。
2．午前中は多いが、日中は減る。
3．午前から日中にかけて多いが、夜は減る。
4．夕方から夜にかけて増える

ポイント
①本日は、関東から近畿地方の太平洋側は晴れてポカポカのお出かけ日和になるでしょう→今日は暖かくなる
②花粉が多く飛びそうです→花粉がたくさん飛ぶ
③夕方から天気が下り坂となり、夜には雨が降るでしょう→夕方から天気が悪くなって、夜、雨が降る
④2月下旬並みの気温になりそうですので、防寒対策もお忘れのないようにご注意ください→夜は寒くなるので、暖かい服を準備したほうがいい
⑤雨が降ったら花粉が減るからいいけど→雨が降ると花粉は減る⇒夜は花粉が減る
⑥M：途中で着替えるの面倒だから、スーツで行こうかな→サッカーのあと、仕事があるからスーツを着て行く
⑦F2：あら、それだけじゃだめよ。今、天気予報で言ってたじゃない→夜は寒くなるからスーツだけではだめだ
⑧M：荷物になるけど、しかたがないか→寒くないように防寒着を持って行く

◇男の人はサッカーの応援をしたあと会社へ行く。
◇夜は雨が降るので、花粉が減ると予想できる。
◇夜は気温が下がって寒くなりそうだ。
◇「お出かけ日和」＝「出かけるのに適した、よい天気」
◇「なんとかもちそうで」＝「（サッカーの試合の間は）雨が降らなさそうなので」

第2回
5番
質問1　正解4
質問2　正解1
スクリプト
3人の人が話しています。

M1：佐藤課長って厳しいよなあ。今日も企画書提出したんだけど、いろいろ指摘されて、あさってまでに直せだって。週末も仕事だよ。
F　：そうかあ、でも、佐藤課長は厳しいけど、信頼してくれるから…。この仕事は君じゃなきゃ頼めないなんて言われると、張り切っちゃう。
M2：でも、ときどき言われてることがわからないんだよなあ。最近、よく「やる気を出せ」って言われるんだ。成績が上がらないからだと思ってがんばったのに、今日また言われたんだ。
M1：いや、課長は今月の田中の成績、ほめてたよ。あいつ、がんばったなって。
M2：ええっ、それ、変だなあ…だったら、あんな言い方しなくてもいいのに。
F　：ねえ、ひょっとしたら、「やる気」の表し方じゃない？
M2：え、どういうこと？
F　：う～ん、あの…、田中君、課長と話すとき、弱々しい声で、なんか自信なさそうっていうか…。
M1：ああ、課長は体育会系だから、そういうの、気になるんじゃないかな。朝礼でよく、「声に張りがないぞ」とか、「腹に力を入れて」とか言ってるよね。
M2：言うべきことはちゃんと言ってるのに。
F　：課長、決して田中君のこと認めてないわけじゃないよ。ただ、態度とか、受け答えの仕方で「やる気」がなさそうに思われることもあるから、心配してくれてるんじゃない。
M2：でも、それならそう言ってくれればいいのに。

質問1　2人の同僚は、田中さんが「やる気を出せ」と言われた理由は何だと言っていますか。
1　田中さんが課長を誤解していること
2　課長が田中さんを誤解していること
3　「やる気」の意味がわかっていないこと
4　「やる気」が感じられない話し方をすること

質問2　田中さんは課長にどうしてほしいと言っていますか。
1　心配しているならそう言ってほしい
2　もっと部下を信頼してほしい
3　成績を上げたことをはっきり認めてほしい
4　態度だけで人を評価しないでほしい

N1 解答

ポイント

①最近、よく「やる気を出せ」って言われるんだ。成績が上がらないからだと思ってがんばったのに、今日また言われたんだ→がんばって成績を上げているのに「やる気を出せ」と言われるのはどうしてかわからない

②いや、課長は今月の田中の成績、ほめてたよ。あいつ、がんばったなって→課長は田中さんががんばっていることを認めている

③田中君、課長と話すとき、弱々しい声で、なんか自信なさそうっていうか…→田中さんは自信がなさそうな話し方をする

④ただ、態度とか、受け答えの仕方で「やる気」がなさそうに思われることもあるから、心配してくれてるんじゃない→課長は田中さんの態度や話し方を心配しているのだろう

◆佐藤課長は田中さんががんばっていることは認めている。「やる気がない」とは思っていないはずだ。

◇「課長は、田中さんの態度や話し方が『やる気』がなさそうに見えることを心配しているのだろう」と同僚たちは言っている。

⚠◇「なんか自信なさそうっていうか…」＝「なんとなく自信がなさそうな感じがする」

◇「課長は体育会系だから」：課長は運動クラブのように大きな声で返事をしたり、力強い感じのする態度が好きだ。

◇「決して田中君のこと認めてないわけじゃないよ」＝「田中君のことを認めている」

6番
質問1　正解1
質問2　正解3

スクリプト

3人がカタログを見ながら話しています。

F ：スーツケース、いいのありますか？

M1：はい、いろいろございます。大きさは4種類ですね。1番大きいのは、3週間分入ります。ただ大きい分、スーツケース自体の重さがありますし、飛行機の重量制限を考えると、重いものはあまりたくさん詰め込まないほうがいいかと存じます。でも、しっかりできていて衝撃には強いですから、多少乱暴に扱われても、中身が壊れてしまうという心配はございません。2番目の大きさのは、1番目のより少し小さいのですが、それでも3週間分入ります。布でできているので、軽くていいのですが、重いものとか壊れやすい物にはちょっと…3番目のは、2週間分で、色が8色もあります。…こちらの1番小さいのは1週間分で、色も8色。小型で軽くて、持ち運びやすく、女性に大変人気がございます。

F ：へえ、この色きれい。女性に人気かあ。でも、旅行は20日間だから、これだね。

M2：え、大きいに越したことはないけど、重いのは大変だよ。1か月でも1週間でも着替えはあまり変わらないんじゃないの？自分で持ち運ぶ時のことを考えなきゃ。このピンクは？きれいだよ。ぼくは、この明るいブルーにしようかな。

F ：確かにピンクとかブルーなら目立つから空港で荷物を受け取るとき、見つけやすくていいけど、1週間や2週間じゃね。帰りはお土産なんかで荷物も増えるし。余裕がないとね。

M2：そうかな。1週間分あれば十分だよ。お土産なんか送ればいいじゃないか。とにかく重いのは…どうしても大きいのがいいんなら、布だね。

F ：うーん。そうね…でも、今回は自分で持ち運ぶ時間ってそんなに長くないし、やっぱり頑丈なことと、ゆったりしてるほうが、安心よ。

M2：そうかな。ぼくは何と言っても持ち運びやすいこと、そして見つけやすさにこだわるな。この小さくてコンパクトなのも魅力的だけど、君の言う通り、もう少し余裕があるほうが安心だから、これにしよう。ねえ、君もどう？

F ：いいの。私は色にはこだわらないから。

質問1　女の人はどれを買いますか。

質問2　男の人はどれを買いますか。

ポイント

①1番大きいもの：3週間分入る、重い、丈夫だ。
　2番目に大きいもの：3週間分入る、布でできている、軽い、あまり丈夫ではない。
　3番目に大きいもの：2週間分入る、色が8種類ある。
　1番小さいもの：1週間分入る、運びやすい、女性に人気がある。

②でも、旅行は20日間だから、これだね→3週間分入るのがいい
　やっぱり頑丈なことと、ゆったりしてるほうが、安心よ→強くて大きいのがいい
⇒女の人は1番大きいのにする

③この小さくてコンパクトなのも魅力的だけど、君の言う通り、もう少し余裕があるほうが安心だから、これにしよう→1番小さいのがいいと思うが、余裕があったほうがいいので2週間分のにする⇒男の人は3番目に大きいのにする

◆女の人は大きいのがいいと思っているが、男の人は運びやすいのがいいと思っている。

⚠◇「大きいに越したことはないけど」＝「大きい方がいいことは当然だけれど」

◇「とにかく重いのは…」＝「何よりも重いのはよくない」

7番
質問1　正解4
質問2　正解1

スクリプト

女の人が新商品について説明しています。

F1：本日は我が社の新商品、高画質デジタルビデオカメラ

をご紹介しましょう。このビデオカメラは画質のよさはもちろん、軽量で小型ながら多くの機能を備えています。また耐久性にも優れ、落としても簡単には壊れません。これ1台で、ビデオ撮影、写真撮影、録音の1台3役をこなします。旅行や行事にはもちろん、ちょっとしたお散歩や習い事など、どこにでも気軽に持って行って、手軽にさまざまな場面を記録できます。激しい振動にも耐えますから、扱いにも不安がありません。今回は特別にSDメモリーカードをお付けします。届いたその日から撮影が楽しめる、便利でうれしい充実のセットで、お値段は39800円です。

F2：ねえ、このビデオカメラ、こんなに小さくて安いのに、1台3役だなんて。
M ：3役って、そんなに驚くことかな。ぼくは画質の良さが実際どれくらいかのほうが気になるな。値段が値段だからね。
F2：そう？先生のお手本をビデオにとったり自分の歌を録音したり、これ1台でできるなら便利だと思うわ。
M ：え？ビデオカメラなら映像といっしょに録音できるのは当たり前だろう？
F2：そうだけど、録音だけできる機能がついてるビデオカメラは珍しいのよ。
M ：録音だけなんて意味があるのかなあ。
F2：私、歌のお稽古に通ってるでしょう？発表会とかでビデオもとるんだけど、ふだんは先生のお手本や自分の歌を録音して練習してるの。そのときは映像はいらないのよ。
M ：そうか。これがあればレコーダーがいらなくなるってわけだね。
F2：そうなのよ。あなたも何か使わない？
M ：そうだな。僕はジョギングだな。ポケットに入れて走っても大丈夫そうだし、邪魔にもならないだろう？ときどき、朝、公園に珍しい鳥がいるんだよ。きれいな鳥なんだ。
F2：ねえ、試しに買ってみない？今ならメモリーカードが付いてこの値段よ。
M ：まあ、お互いに使うあてはありそうだね。

質問1　女の人が気に入っている点は何ですか。

質問2　男の人が気に入っている点は何ですか。

ポイント
①このビデオカメラは：
・画質がいい、軽い、小さい、いろいろな機能がある、丈夫で壊れにくい。
・ビデオ撮影、写真撮影、録音の機能がある。
・値段が安い。
②3役って、そんなに驚くことかな。ぼくは画質の良さが実際どれくらいかのほうが気になるな。値段が値段だからね→男の人は、機能は特に多くないし、画質もいいか

どうかわからないと言っている
③F2：録音だけできる機能がついてるビデオカメラは珍しいのよ。　M：そうか。これがあればレコーダーがいらなくなるってわけだね。　F2：今ならメモリーカードが付いてこの値段よ。→女の人は、録音だけすることもできる機能があること、値段が安いことがいいと言っている
④ポケットに入れて走っても大丈夫そうだし、邪魔にもならないだろう？→男の人は、壊れにくくて、小さいのがいいと言っている
◇女の人はビデオ撮影と録音をしたいと思っている。
◇男の人はジョギングするときに使いたいと思っている。
◇「1台3役をこなします」＝「1台で3つの役割ができる」
◇「扱いの不安もありません」＝「壊れる心配をせずに、安心して使える」
◇「便利でうれしい充実のセットで」＝「便利で、みんながうれしいと思うものをたくさん組み合わせた商品で」
◇「値段が値段だからね」＝「この値段だから」→「こんなに安いから」
◇「使うあてはありそうだね」＝「使いたいと思っていること、使う目的があるようだ」

8番
質問1　正解4
質問2　正解3
スクリプト
大学の同級生3人が話しています。

F1：ねえ、明日の山田ゼミ送別会、もう準備万端だよね？
M ：えーっと、そのはず…じゃなかった。お店に人数の変更、言っとかなきゃ。
F1：え？誰かドタキャンしたの？
M ：うん…2年の木村。もっと早く言ってくれたらいいのに…。連絡、今朝だったんだ。
F2：まあ、みんなそんなもんよ。キャンセル、1人なら少ないほうじゃない？他にはいないよね？
F1：いないでしょ。早くから声かけてきたし。
F2：でも、逆に早かったから忘れてるってこともあるんじゃない？
M ：えっ。それ困る。出欠確認のメール、流そうかな。今さら遅いかもしれないけど。ああ、せめて1週間前に気づけばよかった。
F1：人数変更って今日中？
M ：いや、最悪、明日の昼まで待ってもらえる。でも、できるだけ早くって言われてるから。とりあえず、今の人数で電話しとこう。
F2：ねえ、先生に、「乾杯の前に一言お願いします」って、言った？
M ：ああ、それ、しなきゃ。先生に言われてた。挨拶するんなら早めに言ってくれよって。いやあ、「明日お願いします」なんて言いにくいなあ。
F2：言わないよりましじゃない。
M ：そうだね。あ～あ、あれこれ抜けてるなあ。

F1：じゃあ、みんな宛のメールは任せて。
M　：悪いね。あ～あ、俺、幹事失格だな。

質問1　男の人が嘆いていることは何ですか。
1　幹事になった理由がわからないこと
2　幹事の役割が理解されていないこと
3　幹事の役割がわからないこと
4　幹事の仕事がしっかりできていないこと

質問2　男の人がこれからすることは何ですか。
1　出欠確認のメールと挨拶の依頼
2　出欠確認のメールと人数変更の電話
3　人数変更の電話と挨拶の依頼
4　出欠確認のメールと人数変更の電話と挨拶の依頼

ポイント
①お店に人数の変更、言っとかなきゃ→人数の変更を店に連絡する
②えっ。それ困る。出欠確認のメール、流そうかな→忘れている人がいると困るから、出欠確認のメールを出そうか
③できるだけ早くって言われてるから。とりあえず、今の人数で電話しとこう→今わかっている人数をお店に電話で連絡する
④ああ、それ、しなきゃ。先生に言われてた。挨拶するなら早めに言ってくれよって→先生に挨拶を依頼するのを忘れていた
⑤言わないよりましじゃない→今からでも連絡したほうがいい
⑥あ～あ、あれこれ抜けてるなあ→いろいろできていないことがある
⑦じゃあ、みんな宛のメールは任せて→出欠確認のメールは女の人がする
⑧あ～あ、俺、幹事失格だな→男の人は、自分には幹事にふさわしい力がないと思っている
⚠ 男の人には、幹事としてやるべき仕事がまだいろいろ残っている。
◇「もう準備万端だよね？」＝「もう準備は全部できているでしょう？」
◇「言っとかなきゃ」＝「言っておかなければいけない」
◇「みんなそんなもんよ」＝「みんなそうだ／それは普通だ」
◇「せめて1週間前に気づけばよかった」＝「遅くても1週間前に気がつけばよかった」
◇「最悪」＝「一番悪い場合」（ここでは、一番遅い場合）
◇「言わないよりましじゃない」＝「遅くなったけれど、言わないより言ったほうがいい」

第3回
9番
質問1　正解2
質問2　正解3
スクリプト
3人の人が話しています。

F　：うちのテレビ、そろそろ買い替えなきゃって思っているんだけど、ＣＭや広告を見てもなんだかよくわかんなくって。新しい電気製品買うときどうしてる？
Ｍ１：僕は、電気屋の店員さんにお勧めを聞くなあ。店員さんって人気があるものを勧めてくれるから…。
F　：ええ～、そんなことしたら高いの買わされるはめになるんじゃない？
Ｍ１：そんなことないよ。人気がある商品にはそれなりにいいところがあるよ。
Ｍ２：僕は店に行く前に、インターネットでよく調べる。
F　：え、何を調べるの？
Ｍ２：機能はもちろんだけど、使った人の評価とか、値段とか、比較して、よさそうな商品をいくつか選んでおくんだ。もちろん、店員の話も聞くよ。
F　：ええ～、なんかそんなことしたら、もっと迷いそう。
Ｍ２：でも、店の人って、たくさんの商品の中から特に機能が優れている製品を絞って教えてくれたり、価格についても説明してくれるから、やっぱり無視できないよ。
F　：うーん、私は人の意見に流されやすいからなあ。
Ｍ１：だったら、なおのこと事前に情報を仕入れたほうがいいんじゃない？
Ｍ２：うん、その上で、店の人と話せばいいんだ。自分の調べた最低価格まで、値引きしてもらうこともあり得るし。
F　：そうかあ。じゃあ、そうしてみる。

質問1　女の人はこれからどうすると言っていますか。
1　店員の話に流されないように注意する
2　自分で調べてから店員の話を聞く
3　店員が勧める商品を買う
4　どの店が安いか調べて値引きしてもらう

質問2　電気屋で店員と話すことのいい点は何だと言っていますか。
1　高いけれど機能が優れた製品を勧めてくれること
2　誰も知らない情報を教えてくれること
3　人気があって機能も優れた製品を勧めてくれること
4　他の店より少しでも安いものを勧めてくれること

ポイント
①店の人って、たくさんの商品の中から特に機能が優れている製品を絞って教えてくれたり、価格についても説明してくれるから、やっぱり無視できないよ→店員は必要なことを教えてくれるから、店員の話は聞いたほうがいい
②うーん、私は人の意見に流されやすいからなあ→女の人は、自分は安易に人の言う通りにする傾向があるから店員の話を聞くのはよくないと思っている
③だったら、なおのこと事前に情報を仕入れたほうがいいんじゃない？→男の人（Ｍ１）は「店員の話に流されないようにするために、店員と話す前に自分で調べておいたほうがいい」と女の人に勧めている
④うん、その上で、店の人と話せばいいんだ→男の人（Ｍ

2）は「調べてから店員と話すのがいい」と女の人に勧めている。

🔑 男の人たちの勧めは「よく調べて、それから店員に話を聞く」こと。

⚠️ ◇「高いの買わされるはめになる」＝「高いものを買わされるという困ったことになる」
◇「なおのこと」＝「なおさら／いっそう」

10番　正解 3
スクリプト

テレビの番組で新しい喫茶店を紹介しています。

F1：日頃の疲れを癒す方法は人それぞれですが、最近話題となっているのが「猫カフェ」です。昨日、東京渋谷に猫カフェがオープンしました。広いフロアで50匹以上の猫たちが自由気ままに遊んでいて、それを見ていると心が和みます。猫の種類は豊富で、性格もさまざま。きっとお気に入りの猫が見つかるはずです。料金はコーヒー、紅茶などの飲み物付きで1時間900円。また、チーズケーキなどのスイーツ、パスタやオムライスといったメニューも充実しており、味もなかなかおいしいと評判です。猫には猫カフェ特製のキャットフードが用意されていますので、猫の食べ物の心配はご無用。一度行ったら病みつきになること間違いなしですね。

M ：へえ、犬カフェに続き、猫カフェまでできたのか。
F2：え、犬カフェ？
M ：うん、犬といっしょに食事ができる店。
F2：ああ、あれは、犬を飼っている人が自分の犬を連れて行くんでしょ。散歩のついでに飼い犬とお食事ってわけ。ちゃんと犬用のメニューがあるのよね。
M ：そうか。猫カフェは猫が好きなのに家で猫を飼えない人向けなんだね。なるほど…。
F2：猫カフェって動物園みたいな感覚なのね。一度行ってみたいな。
M ：おれはパス。うちのミュー以外の猫に興味ないから。
F2：意外とかわいい子猫がいるかもしれないよ。

猫カフェと犬カフェの違いは何だと言っていますか。

ポイント
① お気に入りの猫が見つかるはずです→「猫カフェ」では気に入った猫を見つけることができる
② F2：うん、犬といっしょに食事ができる店。　F2：ああ、あれは、犬を飼っている人が自分の犬を連れて行くんでしょ。→「犬カフェ」では自分の犬と一緒に食事をすることができる
③ 猫カフェは猫が好きなのに家で猫を飼えない人向けなんだね→「猫カフェ」は猫を飼うことができない人のためにある

🔑 「犬カフェ」は犬を飼っている人のための店で、「猫カフェ」は猫が飼えない人のための店だ。

⚠️ ◇「人それぞれ」＝「人によって違う」
◇「メニューも充実しており」＝「メニューはたくさんあり」
◇「心配はご無用」＝「心配はしなてもいい」
◇「病みつきになること間違いなし」＝「必ず病みつきになる」
◇「猫を飼えない人向けなんだ」＝「猫を飼えない人のために作られた店だ」

11番
質問1　正解 4
質問2　正解 3
スクリプト

社長が入社式で新入社員に話しています。

M1：え～みなさん。カマスという魚をご存じですか。このカマスについて心理学の実験で有名なものがあるのでご紹介します。まず、カマスの大好物の小魚を水槽いっぱいに入れ、その中に空腹のカマスを入れるのですが、小魚とカマスの間に透明の板を挟みます。そうすると、カマスはもちろんまっしぐらに小魚に飛びかかっていきますが、透明の板にぶつかって小魚を食べることができません。しかし、カマスは自身がひどく傷つくまで何度も攻撃を繰り返します。その後、カマスが攻撃をやめたら、今度は透明の板を取ってやります。すると、さっきまであんなに小魚たちを狙っていたカマスは目の前にいる小魚を食べようともしません。それどころか、大好物を目の前にして、そのまま死んでしまうのです。これは、つまりカマスが持った「固定観念」のせいだと言えます。やっても無駄だ、やるだけ自分が傷つくという「固定観念」を持ってしまったことが、カマスの攻撃性を失わせたのです。これは、カマスに限ったことではないのです。人間も同様の状況に置かれると、カマスと同じ運命をたどるのです。

F ：だめだって思いこんでしまうことがよくないってことですね。
M2：そうですね。人間も、頭の中で結果を予想して、行動しようともしないことがありますからね。
F ：そうですね。
M2：このカマスの話を大学時代に聞いたことがありますよ。ある有名企業の社長もよくこの話をしているそうです。新入社員の我々にとって、固定観念に左右されず、自分の意志を持って、突き進んでいくことは、本当に大切なことだと。
F ：ぜひそうしたいものですね。ただ、実際は、上司、同僚の人間関係なども考慮しつつとなるので、自分の意志なんてどこへやら…ってことにならないとも限らないから、よほどしっかりしなきゃいけないのではないでしょうか。
M2：そうかもしれませんね。まあ、これからがんばりましょう。

質問1　男の人と女の人は、「カマス」の話が何を意味すると言っていますか。
1　無駄なことを何度も繰り返すことはよくない
2　考えるだけで行動しないことはよくない
3　人の目を気にして行動しないことはよくない
4　思い込みで判断して行動することはよくない

質問2　社長の話の内容について、男の人と女の人はどう考えていますか。
1　納得できないところがある
2　もうわかりきっていることだ
3　易しいことではないが実行したい
4　言うのは簡単だが実行するのは無理だ

ポイント
①やっても無駄だ、やるだけ自分が傷つくという「固定観念」を持ってしまったことが、カマスの攻撃性を失わせたのです→カマスは「やっても無駄だ」という誤った考えを持ってしまって、小魚に対して全く攻撃をしなくなる
②そうですね。人間も、頭の中で結果を予想して、行動しようともしないことがありますからね→人間も同じように、「やってもきっとだめだろう」と思ってやろうとしないことがある。
③新入社員の我々にとって、固定観念に左右されず、自分の意志を持って、突き進んでいくことは、本当に大切なことだ→決まった考えにとらわれないで、自分の考えを持って進むことが大切だ。
④実際は、上司、同僚の人間関係なども考慮しつつとなるので、自分の意志なんてどこへやら…ってことにならないとも限らないから、よほどしっかりしなきゃいけないのではないでしょうか→実際は、周囲の人間関係に気を配らなければならないので、自分の考えを通すことができない場合があるから、しっかりしなければいけないだろう。
🔍社長の話のポイントは、『「固定観念』にとらわれるとチャンスを失う」ということ。
⚠️◇「それどころか、大好物を目の前にして、そのまま死んでしまうのです」＝「逆に、大好きな小魚が目の前にいるのに、食べないで死んでしまう」
◇「カマスと同じ運命をたどるのです」＝「カマスと同じ結果になる」
◇「考慮しつつとなるので」＝「考慮しながら行動することになるから」
◇「自分の意志なんてどこへやら」＝「自分の意志はなくなってしまう」
◇「ってことにならないとも限らない」＝「ということになるかもしれない」

12番
質問1　正解2
質問2　正解4
スクリプト
会社で男の人が話しています。

M1：あのう、明日営業課長研修会がありますが、その準備を、新入社員の皆さんでやってほしいんですけど。…いいですか？やることは、全部で4つです。まず1つ目が配布する資料の準備です。原稿はできていますから、コピーして5枚ずつホチキスでとじてください。一応参加者は50人弱なんですけど、多めに60部用意してください。2つ目は、会場のセッティングです。この図の通りに椅子と机を並べてください。多分しばらく使ってなくて汚れているでしょうから、雑巾で拭いたほうがいいですね。プロジェクターの準備もおねがいします。3つ目は、出席者の名札作りです。名簿を見てパソコンに入力してください。くれぐれも名前の漢字を間違えないように。4つ目は、懇親会の準備です。参加者は出席者の6割程度で見積もって、飲み物と食べ物を適当に注文してください。軽食と簡単なおつまみとお酒があればいいです。懇親会の1時間前に届けてもらって、会場に運んで並べてください。これが去年のリストです。良かったら参考にしてください。じゃ、私は、ちょっと資料の原稿を取りに行ってきますから、それぞれ何をするか考えておいてください。

M2：ねえ、パソコン得意って言ってたよね。
F　：うん。でも、ちょっと体動かしたいな。ずっと研修で座りっぱなしだったし。
M2：僕は、得意分野を生かして…。
F　：そう言えば昨日も飲みに行ってたもんね。
M2：いやいや、そういうわけじゃなくて、詳しいんだよ。しゃれた盛り付けができて、配達してくれるところ。
F　：へえ、そうなんだ。じゃあ、そっちはお任せすることにして。となると、私はこれだね。

質問1　女の人は何をしようと考えていますか。

質問2　男の人は何をしようと考えていますか。

ポイント
①うん。でも、ちょっと体動かしたいな→女の人は、体を動かす作業をしたいと思っている⇒女の人には、会場のセッティングか懇親会の準備が合う
②詳しいんだよ。しゃれた盛り付けができて、配達してくれるところ→男の人は、きれいに盛り付けた食べ物を配達してくれる店をよく知っている
③じゃあ、そっちはお任せすることにして＝「その仕事はあなたに任せます」→懇親会の準備は男の人がする
④となると、私はこれだね→女の人は会場のセッティングをする
🔍◇女の人は体を動かす作業をしたいと思っている。
◇男の人が「盛り付け」と言っていることから、男の人が料理や食べ物の手配をすると推測できる。
⚠️◇「ずっと研修で座りっぱなしだったし」＝「研修を受けている間ずっと座っていたから」
◇「得意分野を生かして」＝「得意なことをうまく使って

（作業をしたい）」
◇「そう言えば昨日も飲みに行ってたもんね」：女の人は、男の人が得意なことは酒を飲むことだと言っている

第4回
13番　正解2
スクリプト
テレビで男性がイベントについて話しています。

M1：この「歩こう大会」は、マラソンとは違います。まず、走ってはいけません。普段の忙しい生活では、なかなかゆっくり味わうことのできない風景を楽しみ、また、風を感じながら歩いてください。タイムを競う大会ではなく、ゴールすることが目的の大会です。普通のマラソンと違って、途中の給水ポイントもありません。飲まず食わずで歩いた分、ゴールした時に飲む水のおいしさは格別でしょう。距離はマラソンより短い30キロです。最初の3キロは準備運動も兼ねて、参加者全員が同じペースで並んで歩きます。その後は各自のペースで歩き、ゴールを目指します。仲間と励まし合いながらゴールを目指すもよし、これまでの自分の生活を振り返りながら黙々と歩くもよしです。申し込みの締め切りは来週の日曜です。期限が迫っていますので、参加をお考えの方はお急ぎください。大勢の方のご参加をお待ちしております。

F　：へえ、「歩こう大会」だって。あなたマラソンが趣味だし、やってみたら？
M2：うーん。30キロっていうのは、マラソンより楽そうだけどね。
F　：うん。気楽に参加できそうよ。でも、途中で水が飲めないって大丈夫なのかな。
M2：そうだね。いつも給水はしっかりしてるからね…締め切り、来週か。
F　：迷ってないで今すぐ応募したらいいじゃない。水が心配？
M2：いや、30キロだし、いざとなれば棄権して水を飲めばいいからね。…なんか始めの3キロがね…他の人とペースを合わせてっていうのは経験ないからなあ。
F　：そうかあ。まあ、あなたがいつも参加してるマラソン大会のような記録をねらう大会とは違うわよね。
M2：いやいや、そういうわけではないんだ。いつだってゴールすることが僕の目標だから。普段、周りに気をつかうことが多いから、こういう機会にはゴールすることだけを考えたいと思っているんだ。
F　：そうか。

男の人が参加するのを迷っている原因は何ですか。
1　走ってはいけないこと
2　全員が同じペースで歩くこと
3　タイムを競わないこと
4　水分補給ができないこと

ポイント
①M1：タイムを競う大会ではなく、ゴールすることが目的の大会です。　M1：最初の3キロは準備運動も兼ねて、参加者全員が同じペースで並んで歩きます。→「歩こう大会」は速さではなく、最後まで歩くことが目的だ。はじめの3キロはみんなが同じ速さで歩く
②30キロっていうのは、マラソンより楽そうだけどね→距離については問題ない
③いざとなれば棄権して水を飲めばいいからね→どうしても水が飲みたくなったら途中で参加を止めればいい
④なんか始めの3キロがね…他の人とペースを合わせてっていうのは経験ないからなあ→他の人と同じ速さで歩かなければならないことが気になる
⑤いやいや、そういうわけではないんだ→いい記録を出すことを目的にしているのではない
⑥普段、周りに気をつかうことが多いから、こういう機会にはゴールすることだけを考えたいと思っているんだ→他の人を気にしないで歩きたい

◇自分のペースでゴールを目指すという大会の目的は、男の人がマラソンをする目的と同じである。
◇男の人は他の人を気にしないで歩きたいと思っている。
◇「飲まず食わずで」＝「何も食べないで、何も飲まないで」
◇「仲間と励ましあいながらゴールを目指すもよし、これまでの自分の生活を振り返りながら黙々と歩くもよしです」＝「仲間と励ましあいながらゴールを目指すのもいいし、これまでの自分の生活を振り返りながら黙々と歩くのもいいです」
◇「いざとなれば」＝「もしどうしても飲まなければならない場合は」
◇「なんか始めの3キロがね…」＝「はじめの3キロがちょっと気になる」

14番
質問1　正解2
質問2　正解4
スクリプト
女の人と男の人が仕事の不満を言い合っています。

F1：ちょっと聞いてよ。うちの課長、ひどいのよ。自分は平気で会議に遅れて来るくせに、私がちょっと遅刻しただけで、ものすごく怒るの。
M　：そういう上司、いるよね。自分のことは棚に上げてガミガミ言う。本当にやめてほしい。
F2：それぐらいなら、まだいいわよ。私の上司なんて、私が書いた企画書、前に見せた時は全然なってないって散々けなしたくせに、それが上に認められたら自分の功績にしたの。
F1：それはひどい！企画書、盗られたの？訴えた方がいいんじゃない？
F2：あ、一応私の名前にはなってるんだ。でもそれを発掘したのは自分だってアピールしてるの。
M　：みんな苦労してるんだね。僕の会社では、部下に暴言を吐く上司が問題になってるよ。「給料泥棒」とか、

「今すぐやめろ」とかどなるんだ。今話題の「パワハラ」だよ。
F1：木村くん自身の上司はどうなの？
M ：僕は、上司には恵まれてるんだけど…周りがね…。退社時刻を過ぎてもなかなか帰ろうとしない人が多くて。
F2：慢性的に残業してるってこと？
M ：そう。残業の指令があれば手当がつくからいいんだけど、そういうわけじゃないからさ。
F1：そんなの、さっさと帰ればいいじゃない。拘束されてるわけじゃないんだから。
M ：帰れないよ〜。自分だけ先に帰るなんて言い出しにくいよ。

質問1　ここで出ている不満は何に対する不満ですか。
1　上司と会社
2　上司と同僚
3　会社と同僚
4　上司と同僚と会社

質問2　女の人2人が不満に思っていることは何ですか。
1　仕事の内容が合わないこと
2　人間関係が難しいこと
3　労働条件がよくないこと
4　不当な扱いを受けること

ポイント
①自分は平気で会議に遅れてくるくせに、私がちょっと遅刻しただけで、ものすごく怒るの→上司は、自分も遅刻するのに女の人（F1）の遅刻に対して強く怒る⇒これは不当だ
②私の上司なんて、私が書いた企画書、前に見せた時は全然なってないって散々けなしたくせに、それが上に認められたら自分の功績にしたの→上司は女の人（F2）の功績を自分の功績にした⇒これは不当だ。
③周りがね…。退社時刻を過ぎてもなかなか帰ろうとしない人が多くて→同僚たちが定時に帰らない
④自分だけ先に帰るなんて言い出しにくいよ→帰りたくても帰れないので、しかたなく自分も残業している

女の人たちは上司の行為を怒っているが、男の人は同僚の仕事のやり方に不満をもっている。

◇「自分のことは棚に上げてガミガミ言う」＝「自分がしていることは反省しないで、他の人にはうるさく叱る」
◇「全然なってないって散々けなしたくせに」＝「全くだめだと言って、とても悪く言ったのに」
◇「そういうわけじゃないからさ」＝「そういう事情ではないから」：残業の指令が出て残業しているのではないから。
◇「そんなの、さっさと帰ればいいじゃない」＝「そんなことは気にしないで、早く帰ればいいと思う」
◇「拘束されてるわけじゃないんだから」＝「帰ることが禁止されているのではないから」

15番
質問1　正解4
質問2　正解1

スクリプト
英会話学校で女の人が話しています。

F1：こちらでは、大きく分けて4つのコースがございます。まずは「日常会話習得コース」です。ほとんどの方がこのコースで勉強していらっしゃいます。こちらは、名前の通り、英語で日常会話ができるようになりたいとお考えの方のためのコースです。レベルごとの少人数クラスですので、しっかり話せるようになって生活に必要な力をつけることができます。次は「ビジネスコース」で、仕事で英語をお使いになるという方におすすめです。仕事上のさまざまな場面に合わせた会話表現やマナーを基礎からしっかり学んでいただき、実践力を養成していきます。それから、学生さんやお仕事をなさる方に人気なのが「得点アップコース」です。こちらはTOEICやTOEFLの得点アップを狙うコースですので、受験や就職に即、役立ちます。最後に「プライベートコース」ですが、こちらは、お客様と我々コーディネーターがよく相談してお客様のご要望に合ったカリキュラムをつくります。以上の4つのコースがございますが、月単位でコースを変えることも可能です。その際はまたご相談させていただければと思います。

M ：いろんなコースがあるけど、僕はやっぱりこれかな。
F2：え、海外で仕事するって言ってたんじゃない？
M ：いや、海外転勤の希望を出したんだけど、その前に社内の選考に通らないと。英語の成績がものを言うんだよ。
F2：へえ、そうなんだ。ということは、私も留学のためにはまず会話だと思ってたけど、留学も試験の得点がものを言うのかな。
M ：それはそうだけど、やっぱり聞く力と話す力がないと生活できなくて困るよ。
F2：うん。生活できなかったら、勉強どころじゃないもんね。
M ：ぼくの方は、英語は、筆記試験と面接なんだよ。それが、けっこう特殊な出題形式らしいんだ。この間先輩に聞いたら、それに合わせた特別な準備が必要だって。
F2：へえ。実力が要りそうだね。
M ：とは言っても、のんびり実力をつけてる時間がないから、とにかく出題形式に合わせて問題をたくさんやっておきたいと思ってるんだ。
F2：ふうん、大変ね。

質問1　男の人に合うコースはどれですか。

質問2　女の人に合うコースはどれですか。

ポイント
①「日常会話習得コース」です。……英語で日常会話ができるようになりたいとお考えの方のためのコースです。
②次は「ビジネスコース」で、……仕事上のさまざまな場面に合わせた会話表現やマナーを基礎からしっかり学んでいただき、実践力を養成していきます→ビジネスコースは仕事の場面の会話やマナーを勉強する
③「得点アップコース」です。こちらはTOEICやTOEFLの得点アップを狙うコースです
④最後に「プライベートコース」ですが、こちらは、お客様と我々コーディネーターがよく相談してお客様のご要望に合ったカリキュラムをつくります。
⑤え、海外で仕事するって言ってたんじゃない?→外国で仕事をすると言っていたのに、それに合ったコースを選んでいない⇒男の人は「ビジネスコース」を選ばない
⑥英語の成績がものを言うんだよ→英語の成績が重要だから、英語の成績を上げたい⇒「得点コース」の可能性がある
⑦私も留学のためにはまず会話だと思ってたけど、留学も試験の得点がものを言うのかな→留学するためには英語の試験の得点が必要かもしれない⇒「得点コース」がいいかもしれない
⑧うん。生活できなかったら、勉強どころじゃないもんね→生活ができるように聞く力と話す力をつける⇒「日常会話コース」をとる
⑨とにかく出題形式に合わせて問題をたくさんやっておきたいと思ってるんだ。……それに合わせた特別な準備が必要だって:特別な勉強をしたい⇒「プライベートコース」が合う。

🔍 男の人は、社内の選考試験の成績をよくしたいと思っている。社内の試験は特殊な出題形式なので、それに合わせた特別な勉強が必要だ。

⚠️ ◇「月単位でコースを変える」=「月によって勉強するコースがちがってもいい」
◇「海外で仕事するって言ってたんじゃない?」=「海外で仕事をすると言っていたのではないか」→相手が前に言ったことを確認している。
◇「生活できなかったら、勉強どころじゃないもんね」=「生活ができないと、勉強はもちろんできない」⇒まず生活ができるようにしなければならない。

16番
質問1　正解4
質問2　正解2
スクリプト
大学の講義のはじめに先生が話しています。

M1：もうそろそろ試験ですね。1年生の皆さんに言っておきますが、大学の試験は高校までとは違いますよ。大学の試験は決して暗記すればできるというようなものではありません。もちろん、専門用語などを覚えなければならないのは言うまでもありませんが、その言葉の意味をよく理解した上で、それを使って論じることができなければなりません。準備としては、まず、講義内容をよく復習してください。教科書や講義中とったノートや配付した資料を見ておくこと。そして、授業中に説明したトピックについてそれぞれしっかりまとめておいてください。試験は記述式ですから理解していないと書けませんよ。余裕があれば参考文献としてあげた論文も目を通しておくといいですね。試験前になって友達のノートをコピーさせてもらう学生もいるようですが、そんなことでは記述式の問題はできませんよ。試験の前だからというのではなく、常に自分が疑問に思ったことを調べて、自分なりにまとめる、それこそ大学の勉強です。教えてもらうのを待っているのではなく、自主的に学ぶ姿勢を身に付けてほしいものですね。…では、今日の授業を始めましょう。

M2：ええっ、専門用語を覚えればいいと思ってたのに。
F　：そうだよね。先輩に専門用語だけやっとけばいいって聞いたから安心してたんだけど。
M2：え、もうやったんだ。すごいね。
F　：え、まだなの?試験、あさってだよ。
M2：おまけに、参考文献も読むようになんて言ってたけど、そこまでやってらんないよ。
F　：教科書は?読み直した?
M2：まだ。
F　：え、大丈夫?教科書とノートの見直し、基本でしょ。参考文献は、先週も読めって言われてたよ。お勧めのは一応読んだけど、結構わかりやすかったよ。
M2：え、じゃあ、あとやることないんじゃない?
F　：ううん、大変なのが残ってる…
M2：あ、それ、やったら見せて。お願い。
F　：何言ってんのよ。まず教科書とノートの復習でしょ。
M2：うん。わかった。やるから、授業のノート貸して!頼む。
F　：もう!

質問1　女子学生は、何をしますか。

質問2　男子学生は、何をしますか。

ポイント
＜先生のアドバイス＞
①専門用語などを覚えなければならないのは言うまでもありませんが→専門用語を覚える
②教科書や講義中とったノートや配付した資料を見ておくこと→教科書やノート、配布資料を見て復習する
③授業中に説明したトピックについてそれぞれしっかりまとめておいてください→トピックごとにまとめる
④余裕があれば参考文献としてあげた論文も目を通しておくといいですね→復習とまとめができたら、参考文献も読んでおく
＜男の人の状況＞
①え、もうやったんだ。すごいね→女の人は専門用語を覚えたが、男の人はまだ覚えていない

②参考文献も読むようになんて言ってたけど、そこまでやってらんないよ→参考文献を読む余裕がない
③え、大丈夫？教科書とノートの見直し、基本でしょ→教科書とノートの復習をまだやってない
④まず教科書とノートの復習でしょ→まず復習をしなければならない

＜女の人の状況＞
①え、もうやったんだ。すごいね→専門用語をもう覚えた
②お勧めのは一応読んだけど、結構わかりやすかったよ→参考文献を読んだ
③ううん、大変なのが残ってる…→これから、まだやってないトピックごとのまとめをしなければならない

◇先生は試験の前に、専門用語を覚えること、教科書やノート、配布資料を見て復習すること、トピックごとにまとめること、参考文献を読むことを指示している。
◇疑問点を調べてまとめることは平常行うことだと言っている。

◇「やっとけばいいって聞いた」＝「やっておけばいいと聞いた」
◇「やってらんないよ」＝「やっていられないよ」：やる時間がない／やる余裕がない

内容理解 短文

第1回

1番　正解 1
ポイント
ゲームソフト「ファンタジー・リング3」が来月末に入荷いたします。

💡 p 58 の答え
①「ファンタジー・リング3」という名前のゲームソフトは、ずっと（ 品切れ ）で店になかった。しかし、この商品が（ 来月末 ）に店に入荷する。
②入荷はするが、商品の数が（ 少ない／多くない／限られている ）。また、その次の入荷がいつになるか、（ わからない／決まっていない ）。だから、入荷しても、すぐに（ 売り切れ／完売し ）てしまう可能性がある。
③購入の（ 予約 ）を早めにしてほしい。

2番　正解 2
ポイント
推測にすぎなかった。……しかし、航海者マゼランは、1519年、5隻の船を率いて出発した。この地図に賭けたからである。

💡 p 59 の答え
①ベハイムの作った地図を見ると、アメリカ大陸の南部に1つの（ 海峡 ）がある。
②ベハイム自身はこの海峡の存在を（ 確認 ）していなかった。船で航海した人たちの話を聞いて、（ 推測 ）しただけだった。
③この時代の航海用の地図には（ 正確 ）ではないものもあった。
④しかし、マゼランは、この地図が（ 正しい／正確だ ）ということのほうに賭けた。
⑤マゼランは、そこへ行って、海峡が実際に（ 存在する ）ことを確かめるために、航海に出た。

3番　正解 4
ポイント
それにもかかわらず、我々はこのような画一的な断定をやめようとはしない。アンケートの結果も当てにはならないと知りつつ、このような「決め付け」を結構楽しんでいるのかもしれない。

💡 p 60 の答え
①このアンケートの結果によると、「フランス人は意地悪だ」と思う外国人は（ 少ない ）。
②意地悪か意地悪ではないかということは（ 人／個人 ）によって違う。同じ人でも、どんな（ 時 ）か、どんな（ 場合 ）かによって、意地悪になったり、（ 親切に／優しく／意地悪ではなく ）なったりする。
③また、一口に「意地悪だ」といっても、その（ 度合い／程度 ）もいろいろだ。
④だから、「○○人は～だ」と画一的に断定すること、すなわち（ 決め付け ）は、正しいとは言えず、アンケートの結果も（ 当てにはならない ）。
⑤こういったことを私たちは知っているのに、それでも、このような（ 決め付け ）をやめない。これを結構楽しんでいるのかもしれない。

4番　正解 1
ポイント
早急にお振り込みいただきますようお願い申し上げます。

💡 p 61 の答え
①田中さんの会員費がまだクラブに（ 入金されて／入って ）いない。
②（ 早く／すぐに ）振り込んでほしい。
③（ 振込用紙 ）を（ もう一度郵便で ）送る。
④もし、このメールが届く（ 前に ）振り込みが済んでいたら、（ このメールを送った ）ことを（ 許してもらいたい ）。

5番　正解 2
ポイント
◇「うつ病」では、悲しい、寂しい、空虚感などの感情的な障害が起こる。これが「認知症」と大きく異なる点である。
◇医者をはじめ家族など周囲の人は両者の違いを十分に認識しておかれたい。

💡 p 62 の答え
①「うつ病」は、気分が（ 落ち込んで ）、物事に興味を（ 失う ）という症状が悪化した病気である。
②「うつ病」には、記憶力が（ 低下 ）したり、判断力が（ なくなる／欠如する ）という症状も現れる。この症状は（「認知症」）の症状と同じである。
③したがって、高齢者の「うつ病」は「認知症」と（ 間違えられる ）ことがある。
④「うつ病」の特徴は、（ 感情的 ）な障害が起こることで、（ 自殺 ）したいという気持ちになることもある。この症状は「認知症」には（ ない／見られない ）。
⑤医者も家族も「うつ病」と「認知症」の（ 違い ）をよく知って、理解しておいてほしい。

第2回

6番　正解 2
ポイント
彼らは言葉で人の心を動かすことができる、優れた言葉の使い手であり、優れたコミュニケーション力の持ち主だと言えよう。

💡 p 63 の答え
①世界で活躍する人には知能が（ 高い ）人もいれば、（ 高くない ）人もいる。
②知能が（ 高くなく ）ても、社会に（ 業績 ）を残す人がいる。
③②の人たちは、他の人の（ 心／気持ち／心理 ）がわかり、他の人の考えを（ 受け入れる ）こと、さらに、自分の考えを伝えて（ 人を動かす ）ことがとてもうまい。
④人は言葉で（ 考え／思考し ）て、（ 言葉 ）でコミュニケーションをする。言葉は（ コミュニケーション ）の重要な要素だ。

⑤ ②の人たちは、（ 言葉 ）の使い方がうまく、（ コミュニケーション ）力に優れていると言えるだろう。

7番　正解3
ポイント
必ず返却カウンターの係員に直接お返しください。
p 64 の答え
①視聴覚資料は温度や（ 湿度 ）が高い場所、（ 磁気 ）が強い場所に置いてはいけない。
②視聴覚資料が壊れたり、汚れたり、傷ついたりした場合は、（ 借りた人／利用者 ）が修理費などの損害額を支払う場合もあるが、必ず（ 弁償 ）しなければならないわけではない。
③借りた視聴覚資料は、必ず（ 返却カウンター ）で返さなければならない。（ 返却ポスト ）に入れてはいけない。
④（ 自宅 ）の機器で視聴したことによって、（ 図書館 ）の資料にトラブルが発生したときは図書館に連絡する。

8番　正解3
ポイント
互いに干渉することで理解し合ったと考え、安心感を得る。
p 65 の答え
①都会の人は、他人の生活や行動に（ 干渉しない ）。だから、他人に（ 見られる ）ことを気にしないで（ 気楽 ）に暮らすことができる。
②地方の人は、他人の行動に（ 関心 ）を持つ。他人の行動が（ 理解できない ）ときは、（ 個人的 ）なことでも理解しようとする。お互いに（ 干渉する ）ことで、理解し合えたと思って（ 安心する ）。他人の生活に関わって（ 親密な関係 ）を築く。
③（ 地方 ）の人は無遠慮に尋ねられることを（ いやだ／不愉快だ ）と思っていないばかりか、（ 親近感／親しさ ）さえ感じるようだ。

9番　正解4
ポイント
競売品が滞納額より高い値で落札されれば、余った分は滞納者に返される。
p 66 の答え
①新しく始まった「ネット公売」とは、インターネットを使った新しいタイプの（ 競売／公売 ）である。
②この公売の利益が国や市町村の（ 財政／財政難 ）を助けることになればいいと期待されている。
③ここで売られる物は、（ 税金 ）を（ 滞納 ）している人が所有していた物である。つまり、（ 税金 ）が、お金ではなく（ 物／物品 ）で納められる。
④この公売は、（ だれでも ）参加して買い物をすることができる。しかし、物品を売るのは（ 国 ）や（ 市町村 ）だ。
⑤物を売って得られた売上金は（ 国 ）や（ 市町村 ）に行くが、売上金のほうが納めるべき税金より（ 多い ）場合は、滞納者は差額のプラス分を（ 返し ）てもら

うことができる。

10番　正解4
ポイント
◇レンズが薄くて使い心地がいいので、かえって目に異常が起きても痛みなどの自覚症状が感じられにくい。
◇使い捨てコンタクトレンズは従来のコンタクトレンズより水分が多いので細菌が繁殖しやすく、炎症などが悪化すれば失明に至ることもある。
p 67 の答え
①一般に、使い捨てコンタクトレンズは（ 異物感 ）が少なく、常に（ 清潔 ）だと思われている。
②レンズが薄くて（ 異物感 ）が少ないので、目に異常が起きても（ 自覚症状 ）がない。しかし、これはかえって危険だ。
③（ 水分 ）が多いので（ 細菌 ）が繁殖しやすい。悪い場合には（ 失明 ）する危険もある。
④コンタクトレンズは眼科の医師の（ 指導 ）を受けて使用し、（ 定期検査 ）を必ず受けなければならない。

内容理解 中文
第1回
1番
- 問1　正解 3
- 問2　正解 2
- 問3　正解 4

ポイント
<問1のカギ>
競技によっては、試合を面白くするために、得点が入りやすくなるような<u>ルール改正</u>がおこなわれますが……
＝他の競技ではルール改正をおこなうが、サッカーではおこなわない。見る人も、試合を面白くするためにルールを変えてほしいとは思わない。
<問2のカギ>
<u>優れているほうが勝ち、劣っているほうが負けるというのはスポーツの大前提で</u>
：「そうはいかない」（＝そうならない）の「そう」は「優れているほうが勝ち、劣っているほうが負ける」（＝スポーツの大前提）を指す。
<問3のカギ>
ボールゲームの面白さはなんといっても<u>得点</u>の場面ですが、サッカーは試合をする 90 分間に数回しか見ることができません。
：点が入ることが面白いのだが、サッカーでは、それが少ない。得点が少ないからこそ、1点が大切で、1点が高い価値をもつ。

⚠️
問1
「見る人が求めない」こと：試合を面白くするためにルールまで変えてしまうこと
1、2：求めないのは、「試合」ではなく、ルールをかえること。だから×
4：ここで言っている「ルール改正」は、**得点しやすくする**ための改正。だから×
問2
3、4：「そう」は「大前提」の内容を指す。この内容と「点が入る／入らない」とは関係ないので、×
問3
1：「プレーヤーの責任」については書いていないので、×
2：「全員が力を合わせる」ことについては書いていないので、×
3：「見る人の体験」は1点の価値とは関係ないので、×

2番
- 問1　正解 1
- 問2　正解 4
- 問3　正解 2

ポイント
<問1のカギ>
例えば、大学進学や大学生活のために<u>実家を離れて生活をする子供</u>に何か問題や不利益なことが発生した場合には、学校に乗り込みクレームをつけたり、……

<問2のカギ>
学校に乗り込みクレームをつけたり、就職試験にも付き添ったり、一緒に面接試験にまで顔を出したりもする。
＝親は、あれこれ必要がないことをする。
<u>当の子供は何をしているかというと、ただ身を任せている</u>というのである。
＝子供は親のするままになっている。
<問3のカギ>学ぶのは子供なのだから、保護者は子供に対しては適切な舵取りをすればいいのだ
＝親は子供を進むべき正しい方向に導いてやるのがよい。

⚠️
問1
2：「人間関係に口を出す」とは書かれていないので、×
3：これは「モンスター・ペアレント」のことで、「ヘリコプター・ペアレント」のことではない。だから×
4：「ヘリコプター・ペアレント」は、「子供に考えたり、決断させたりしない」ようにするために行動しているのではない。だから×
問2
1、2、3：「協力する」「信頼する」「反抗する」は**積極的**な行動である。「ただ身を任せている」は、親がいろいろなことをするのに対して、子どもは何もしないという意味で、**消極的**な態度を表す。だから×
問3
「舵取り」とは、この文章では「子どもを進むべき正しい方向に導くこと」、すなわち「子どもが何をしたらいいかを指導すること」。

第2回
3番
- 問1　正解 3
- 問2　正解 2
- 問3　正解 3

ポイント
<問1のカギ>
<u>例えば、歯磨きの習慣がない国で歯ブラシなどの歯科衛生用品を扱う会社が成功するには、……、歯磨きが実行されるようになることが不可欠である。</u>
：「定着」＝「新しく入ったものが、そこで落ち着くこと、一般的に行われるようになること」　この文章の「新しく入ったもの」は「歯を磨くこと」、「落ち着く」は「一般的な習慣として行われる／習慣になる」
<問2のカギ>
新興国での需要を生み出すためには……<u>歯磨きが実行されるようになることが不可欠である。</u>
＝新興国に進出する目的は、需要を生み出すこと。需要を生み出すためには「歯磨き」の定着が必要だ。なぜなら、歯磨きの習慣がなければ、歯磨きに使う物は要らないので、需要が生み出せない。
<問3のカギ>
自国の経済性や利便性を追求するだけではなく、新興国の人々に幸福をもたらすべきという視点を持つ必要がある。

N1解答

⚠️
問1
1、2、4：「定着」とは「新しく入ったものが、そこに落ち着くこと」。この文章では「新しく入ったもの」は「歯を磨くこと」だから、1「売り始める」×、2「知らせる」×、4「購買意欲を促進する」×

問2
1：歯磨きの文化が定着すれば需要が**期待できる**。だから×
3：目的は「買ってもらうこと」で「知ってもらう」ことではない。だから×
4：「先進国」は関係ないので、×

問3
「本当に大切なもの」＝「最も大切なもの」
1：「需要の拡大」×（最も大切なものではない）
2：「経済性を優先して」×（最も大切なものではない）
4：「文化を取り入れながら」×（文化を「取り入れる」のではなく、逆に、文化をその国に「持ち込む」）

4番
問1　正解2
問2　正解1
問3　正解4

ポイント

<問1、問2のカギ>
構築主義では、「人は人間として生まれてくるだけ。それが男は男らしく、女は女らしくなるのは言語を用いて学習するから」として、女性・男性の違いを決定するのは言語だと考える。
＝**構築主義**では、生まれた後の社会生活で男らしさ、女らしさが決まると考える。
本質主義では、男らしさや女らしさは染色体が決めてしまうものと考える。
＝**本質主義**では、男らしさ、女らしさは生まれたときにすでに決まっていると考える。

<問2のカギ>
「フェミニズムは、構築主義の立場に立つ」
「ボーヴォワールが書いた現代フェミニズムの原典『第二の性』には、「人は女に生まれない。女になるのだ」という有名なフレーズがある」
：人は生まれつき女なのではない。生まれた後女らしく育てられる＝「女」という性は、生まれつきもっている染色体で決まるのではない。社会が「女」にする。

<問3のカギ>
DNAの研究がさらに進むと、人が生まれた直後にその人が持つ能力を測定できる時代がくると言われている。そうなれば、DNA情報が新たな差別を生み出す危険性がある。
＝人が生まれた直後に、DNAによって能力の有無がわかる。それによって差別が起こる恐れがある。
構築主義の立場からの発言
：人の能力はDNAで決まってしまうのではない。生まれたときの能力は、社会によって変化する＝「構築主義の立場」は「社会が性を決める」と考える。

⚠️
問1
a「女に生まれる」：染色体によって性別が決まる＝本質主義
b「女になる」：生まれた後で性が決まる。染色体で決まるのではない＝構築主義
d　染色体が性をきめる＝本質主義

問2
2：ボーヴォワールは「女になる」と言っているので、「何も変わらない」は、×
3、4：ボーヴォワールは「人は女に生まれない」と言っているので、「女に生まれれば」「女に生まれなければならない」は、×

問3
1：「DNAの研究がさらに進むと、人が生まれた直後にその人が持つ能力を測定できる時代がくると言われている」ので、×
2：「生物学の研究」とは「DNAの研究」であり、構築主義の立場と対立するものだから、×
3：言語によって変わるのは、「男らしくなるか、女らしくなるか」ということ。言語が変わっても、生まれたときに決まった染色体は変わらないので、×

内容理解 長文
第1回
1番
- 問1　正解4
- 問2　正解3
- 問3　正解2
- 問4　正解1

ポイント
① 「別腹」という言葉は、「満腹していても甘いものならまだ食べられる」という意味で使われる。
② 「別腹」は医学的、生理学的に説明される。つまり、脳にオレキシンができると、満腹状態の胃に新しいスペースが作られる。このスペースが「別腹」である。
③ 「別腹」という言葉は、グルメブームで人々がデザートをよく食べるようになった頃から急に広まったようだ。

＜問1のカギ＞
山本隆教授は、別腹のできる仕組みを次のように説明しています。
：別腹は体の中の仕組みであって、気分から生まれるものではない。

＜問2のカギ＞
このオレキシンには胃から小腸に内容物を送り出したり、胃を緩めたりする作用があります。つまり、オレキシンは満腹状態の胃に新たなスペースを作ります。
：このスペースが「別腹」で、満腹していても、ここに甘いものが入る。

＜問3のカギ＞
「一九九〇年代前半ごろから使われているそうです。いわゆる『グルメブーム』のころで」「さまざまなおいしいデザートが別腹におさめられ、一気に俗語として広まったのでしょう」

＜問4のカギ＞
見た目にも美しい甘味は脳内でオレキシンを誘発して……
：この結果、オレキシンが脳内にできて、別腹のスペースが作られる。
例えば、「ケーキは別腹」などと言います。

第2回
2番
- 問1　正解2
- 問2　正解3
- 問3　正解4
- 問4　正解3

ポイント
① 日本人が好きな寝ころがる姿勢には良い点がある。
② 寝ころがる姿勢の良い点は、体が楽だから、長い時間本が読めることだ。体はゆるんで楽になるが、頭はゆるめずに活性化することができる。

＜問1のカギ＞
寝ころがる姿勢は、どうしても娯楽的な姿勢ととらえられがちだ。生産的な行為とは対極にあると考えられがちである。
：「生産的な行為」＝「仕事」、「対極にある」＝「反対だ」

⇒寝ころがる姿勢は、仕事をしないときや休んでいるときの姿勢である。「～がち」は「よくない傾向」を表す。つまり、寝ころがる姿勢は「あまりよくない」と思われることが多いと筆者は言っている。「非生産的」は、よくない意味で使われる。

＜問2のカギ＞
「思い込み」＝ほんとうは違うのに、それを信じて疑わないこと
寝ころがることは頭をゆるませることだという思い込みから解放されたい。寝ころがっているときにも、頭は活性化させていてよい。
＝寝ころがることは頭を休ませることだと考えるのをやめよう。それは間違いだ。寝ころがっているときにも、頭を休ませないで、元気に働かせてよい。

＜問3のカギ＞
ソファに完全に仰向けになってしまうとつらいから、コーナーのところにクッションなどを置いて、上半身を軽く起こしながら本を読む。
＝仰向けになるけれど、完全な仰向けになると体が楽ではないので、上半身を少し起こして本を読む。

＜問4のカギ＞
寝ころがる人生を積極的に生活のなかに取り入れていきたい。

第3回
3番
- 問1　正解2
- 問2　正解1
- 問3　正解3
- 問4　正解4

ポイント
① 脳とコンピューターの一番大きな違いは、脳は変化するが、コンピューターは変化しないということ。この違いによって情報の処理のし方も異なる。
② 脳は使えば使うほど働きが良くなるので、どんどん使ったほうがいい。

＜問1のカギ＞
前の文：コンピューターが進化を続ければ、人間の脳を超えてしまう日がくるのでしょうか。
後の文：人間の脳を超えることは決してできないことがわかってきています。
⇒後の文は前の文を否定している。

＜問2のカギ＞
脳の存在の目的そのものが、脳の中のソフトウエアの書き換えである
＝脳は何のためにあるか。その目的は脳の中のソフトウエアを新しく変えることである。

＜問3のカギ＞
脳は、新しい情報を効率よく処理するために、それ自体をどんどん変化させていきます。
＝脳は、それ自体が変化しながら情報を効率よく処理する。
一方、コンピューターは決められたソフトウエアにそって、入ってきた情報に順番に反応して、結果を出します。
＝コンピューターは決められたソフトウエアに従って、入っ

てきた情報に順番に反応して結果を出す。
＜問4のカギ＞
「脳は使えば使うほど、より状況に応じた答えを出しやすくしていくのです」「頭をよくするには、やはり頭をどんどん使うことが重要といえるでしょう」

第4回
4番
問1　正解4
問2　正解2
問3　正解3
問4　正解1

ポイント
①筆者の行動：いつものように文具屋のショーウインドウをのぞいて、地球儀を観察した。すると、地球儀のいつも見えている側は日に当たって色あせているが、裏側には鮮やかな色が残っていることに気づいた。

②筆者の感情の変化：
［地球儀の裏側に気づく前］筆者は、日常の中に変化がないことに行き詰まった感情をもっていた。変化が起こることはないと思いながらも、何か変わったことはないかと探していた。その上、その日はがっかりすることもあって、心が暗く重かった。
［気付いた後］いつも見ている地球儀の裏には、だれにも知られずに新品の時の鮮やかな色が残っているのに気づいて、急に感情が変化した。行き詰まった感情が消えて、心が晴れて、救われた気分になった。

＜問1のカギ＞
視角を変えて覗けば、ちゃんと片鱗が窺えるではないか。
：筆者は、見る角度を変えてショーウインドウをのぞくと、地球儀の日の当たらない側に鮮やかな色彩が残っているのが少し見えることに驚いた。地球儀は長い間回転していないから、いつも同じ側に日が当たって色が薄くなっていることは、ふだん歩きながら見ているので知っていた。

＜問2のカギ＞
わたしは閉塞感から抜け出していた。
：筆者は、それまで「閉塞感」を感じていたが、それが消えた、と言っている。つまり、行き詰まった気持ちがなくなって、楽になったので、救われた気持ちになった。

＜問3のカギ＞
自分が生きている世界には、見えるものもあれば、見えないものもある。
：見えるものもあるし、見えないものもある。
目の前の覇気を欠いた風景、倦怠に満ちた空気の中にも、不意打ちのようにして清新な存在は浮かび出てくるのかもしれない。
：見えなかったものが突然現れて見える可能性もある。
時間すらがはっきりと見えたように思える瞬間が、我々にはあり得るのだ。
：見えないはずのものが見えることもある。
人生の一部としてさりげなく織り込む
：人生の中に入れる＝人生でそのようなことが起こる

＜問4のカギ＞
「直射日光にはさらされない『向こう側』の半球は新品のときの鮮やかな色彩がそのまま保たれている」
「誰にも知られることなく陰となったまま保持されてきた鮮烈な色彩」
「不意打ちのようにして清新な存在は浮かび出てくる」
：「地球儀の裏側」は、地球儀の、直射日光の当たらない見えない側の半球で、鮮やかな色が残っている。ふだんはだれにも知られず陰になっているが、生き生きとした色が保たれている。「地球儀の裏側」は、変化のない日常に突然現れた生き生きしたものの象徴である。

統合理解

第1回
1番
- 問1　正解 3
- 問2　正解 4
- 問3　正解 2

要点整理
「大学教育の役割」についての意見
Aの意見
①大学では、社会に出てすぐに通用する実践的な能力を育てるべきだ。
②早くから職業を選ぶ能力をつけさせることが必要だ。
Bの意見
①大学では、実践的な能力を身につけるよりも、学術研究を第一にするべきだ。
②大学で職業教育をする必要はない。早くから就職活動をするのは、よくない。

ポイント
＜問1のカギ＞
A　大学教育は職業教育にもっと力を入れるべきである。
＝職業教育をする必要が<u>ある</u>。
B　大学は就職の準備をする場ではない。
＝職業教育をする必要が<u>ない</u>。
＜問2のカギ＞
B　早期に就職が決まった学生の学習意欲の低下などが問題になっている。
＜問3のカギ＞
A　学生に期待されるものは……即戦力となる実践的な能力や技術である。
B　実践的な即戦力をつける役割は<u>専門学校に任せればよい</u>
＝大学では即戦力をつける必要はない。

第2回
2番
- 問1　正解 2
- 問2　正解 3
- 問3　正解 1

要点整理
「子供に携帯電話を持たせること」についての親の意見
Aの意見
①携帯電話を持たせていると親の不安感は少ない。
②子供を危険から守る方法は携帯電話のほかにはない。
③マイナス面もあるけれど、しかたなく持たせている。
Bの意見
①携帯電話を持たせていれば必ず子供を危険から守れるという期待はできない。
②子供が携帯電話にばかり気を取られて、勉強にも集中できない。
③携帯電話を禁止しようかと考えている。

ポイント
＜問1のカギ＞
A　携帯電話を持っていれば安全が保障されるというわけではありません。でも、持っていないよりは<u>不安感が少ない</u>のではないかと考えてのことです。
B　帰りが遅くなる時や緊急の連絡には<u>これがあれば安心だ</u>と考えてのことでしょう。確かに<u>一応の安心感はあります</u>が、
＜問2のカギ＞
A　携帯電話を持っていれば<u>安全が保障されるというわけではありません。</u>
＝携帯電話を持っていれば絶対に安全ということではない。
B　確かに一応の安心感はありますが、<u>いざというときにどれほどの力を発揮するでしょうか。</u>
＝重大な事が起きたときに、どれぐらい役に立つだろうか。あまり期待はできない。
＜問3のカギ＞
A　<u>持っていないよりは不安感が少ないのではないかと考えてのことです。</u>
：筆者は「持っていると安心だから、持っているほうがいい」とはっきり肯定しているのではない。「持っている場合と持っていない場合を比べてみると、持っている場合は持っていない場合より、心配が少ない」と言っている。（＝消極的な肯定）
B　娘から携帯電話を取り上げてしまおうかとも思うこのごろです。
＝娘に携帯電話を使うことを禁止しようかと、今考えている。

第3回
3番
- 問1　正解 1
- 問2　正解 4
- 問3　正解 2

要点整理
「お年寄りに席を譲ること」についての学生の意見
Aの意見
①若者が席を譲らないことの裏には、相手に失礼になってはいけないと思う気持ちがある。しかし、これは本当の理由ではなく、「言い訳」かもしれない。
②若者が席を譲らない本当の理由は、「相手に怒られると、いやだから」ということではないか。
Bの意見
①若者が席を譲らないのは、礼儀や道徳心がないからではなく、他者との関わりを避ける傾向があるからではないか。
②席を譲ろうとして断られるとわずらわしいから、譲らないほうがいいと考える。それは、他者と関わりたくないということだ。
③断られることを恐れないで、勇気をもって席を譲るべきである。

ポイント
＜問1のカギ＞
A　親切にしたつもりが相手に迷惑がられることを恐れていたのかもしれない。
：「相手に迷惑がられること」＝席を譲られた相手が（迷惑に思って）<u>断ること</u>。
B　（<u>断られて</u>）わずらわしい思いをしたくないと思うあまり

<問2のカギ>
A　席を譲らないことの心理的な理由について述べている。「席を譲るべきだ」とは言っていない。
B　**席を譲ることは小さな行為だが、勇気をもって他者との関係を築く一歩になるものだと思う。**
＝（断られてもいいと思って）勇気を出して席を譲ったほうがいい。

<問3のカギ>
A　席を譲らない心理的な理由について述べている。
B　**問題は、……、他者と関わろうとする意欲の低下ではないだろうか。**

主張理解

第1回
1番
- 問1　正解1
- 問2　正解3
- 問3　正解4
- 問4　正解2

ポイント
①筆者の意見：現代社会が豊かになったために、親が自己本位になり、子供を育てる力が低くなっている。
②筆者の意見の理由：
　a　消費社会が過剰な欲望を生み出し、われわれはそれをおさえられない。
　b　個人主義が行き過ぎて、子供の犠牲になりたくないと考える女性が増えた。
③結果：働く女性が増えた。その子供は親と過ごす時間が少ない。専業主婦も趣味や習い事、パチンコをする。子供がいても簡単に離婚する。

＜問1のカギ＞
消費社会の実現が、まさに<u>過剰な欲望</u>を生み出してきたからです。その過剰な欲望をわれわれは<u>コントロールできなくなっている</u>のです。
＝われわれは過剰な欲望を追い求めていて、欲望をおさえることができない。この欲望が「衝動」に変わる。

＜問2のカギ＞
かつては、問題があっても、<u>子供のために離婚しない</u>という女性も多かったものです。それが……

＜問3のカギ＞
<u>そういうことを考えると</u>、まさに、豊かであるがゆえに育児能力が低下して、<u>衝動的な若者</u>が多くなっているといえます。
：育児能力が低いために「衝動的な若者」が多くなった。
「そういうこと」とは：
「豊かなゆえにかえって、自分の生きがいを求めて<u>自己本位</u>になってしまっている面がある」「その<u>過剰な欲望</u>をわれわれはコントロールできなくなっているのです。それが衝動を突出させることになります」

＜問4のカギ＞
「今や<u>子供の犠牲</u>になりたくないという女性がふえています」
「豊かなゆえにかえって、自分の生きがいを求めて<u>自己本位</u>になってしまっている面があるのです。それが<u>離婚の増加や育児能力の低下</u>を招いているということは否定できないことです」

第2回
2番
- 問1　正解3
- 問2　正解2
- 問3　正解1
- 問4　正解4

ポイント
①エピソードや物語は、情動に直接訴えかけて読者を説得する。これはいわば、同じ効果が必ず得られる「装置」である。
②この方法が文学やフィクションの世界や、実在の真実を伝える報道に使われるのはいいが、政治的な世論操作に使われるのは問題だ。

＜問1のカギ＞
理屈を超えて、<u>情動に直接訴えかける、読者を説得する</u>という意味で、特定人物のエピソードを伝えるのは、どうやら定番化した<u>効果的なやり方</u>のようです。
：情動に直接訴えかけると、心情的に理解しやすくなる。

＜問2のカギ＞
<u>否応なく説得されてしまう</u>という意味で、エピソードや物語というのは、情動に特化してアピールするような、よく出来た<u>仕掛け</u>と言えます。
＝エピソードや物語は、読者を必ず説得できる仕掛けだ。
「仕掛け」＝「装置」

＜問3、問4のカギ＞
この装置が、文学やフィクションの世界で使われているうちは、<u>まだよかった</u>。
＝文学やフィクションで使うのなら、この装置を使うことを許してもいい。
また報道でも、実在に基づいて誇張なく全体の真実を代表させているうちは、<u>まだよかった</u>のです。
＝誇張しないで真実を伝えるなら、報道で使ってもいい。
<u>ところが昨今では、これが政治的な世論操作にも活用されるようになっています。</u>
＝政治的な世論操作に使うのはよくない。
米国の政権担当者は明らかに<u>意図的に</u>、こうしたエピソードの力を使っています。
＝政治的な意図で使っているので、よくない。

第3回
3番
- 問1　正解3
- 問2　正解2
- 問3　正解3
- 問4　正解1

ポイント
①筆者の意見：ちょっと先にどんな不幸があるかを知ることはできない。しかし、不幸はいつ訪れるかわからないから、気をつけたほうがいい。
②筆者の意見を裏づける例：流行の服を着て、外車を乗り回している若い女性たちは、万一事故を起こしたら、どんな不幸な状況に陥るかということを少しも考えていないようだ。しかし、実際には、不幸はいつやってくるかわからない。

＜問1のカギ＞
事故が起きたら、たちまち地獄よね。病院に行って泣いておわびをする。万が一、子どもが亡くなったりしたら、どうなる！？………おお、嫌だ。ぶるぶる。
：筆者は、事故が起きた後の不幸な状況を想像している。

＜問2のカギ＞
そういうことを考えると、女子大生雑誌の「初めての車」特集に空恐ろしいものを感じてしまう、今日この頃の私なので

ある。
：事故のことを考えると、雑誌の特集記事を非常に怖いと感じる。なぜなら、女子大生雑誌の「初めての車」特集には、若い女性が初めて車を買うときのために、いろいろな車が紹介されているにちがいない。このような雑誌の特集は若い女性に、万一事故を起こしたときのことなど想像させないで、安易な気持ちで車を買わせる結果になるだろう。
：このようなことを筆者は心配して「空恐ろしい」と言っている。

＜問3のカギ＞
「子どもをひくなんて、よっぽど運が悪くて、めったに無いことなんだから、ふつうの人は考えませんよ」

＜問4のカギ＞
「一寸先は闇」
＝「ちょっと先のことも予知できない。明日どんな不幸が訪れるかわからない」という意味の諺。

ること
：これは、問1の「記号」の説明と同じ。
＜問3のカギ＞
「ニホンザルが数多くの音声を状況に応じて使い分けていることも、よく知られている」「つまりこれらの音声は、ある状況を知らせる「信号」ではあるが、記号ではない」「チンパンジーには、ある種の記号をあやつることを教え込むことができる」
＜問4のカギ＞
ヒトの子供は、ことばをある程度マスターすると、その後は語彙も表現能力も短期間に幾何級数的に増加し、他者とことばを交換することができるようになるが、チンパンジーの語彙は、教え込まれた以上に増加することはない。
：ヒトとチンパンジーは違う。

第4回
4番
問1　正解1
問2　正解3
問3　正解4
問4　正解2

ポイント
①動物はいろいろなコミュニケーションの方法をもっている。
②蜜蜂の場合：ダンスの数と角度で花の方向と距離を表す。
　　　　　　　このダンスが生まれてから獲得するものならこれは**記号であり、ヒトの言語と似た機能をもつと言える。**
③ニホンザルの場合：音声を状況に応じて使い分ける。
　　　　　　　　　　ニホンザルの音声は状況を知らせるもの（信号）だが、特定のものを表さないので、**記号とは言えない。**
④チンパンジーの場合：**記号を使うことを覚えることができる。**
　　　　　　　　　　　ジェスチャーや絵がモノを表すことが理解できて、使うこともできる。
　　　　　　　　　　　このような**記号をたくさん覚えたり、つなぎ合わせて使うこともできる。**
⇒チンパンジーはヒトに近い。
⑤チンパンジーとヒトの比較：
　a　④のチンパンジーのデータは実験室で得られた特殊なものである。チンパンジー同士のあいだで自発的に得られた能力ではない。
　b　ヒトの子供の語彙や表現力は教えた以上に短期間に増加するが、チンパンジーは教えた以上には増加しない。

＜問1のカギ＞
このダンスは、そこにないもの（＝花の位置）を、まったく違う手段（＝個体の運動）で表わすという点で、明らかに記号性を有している。
＜問2のカギ＞
そこにないあるモノを表わすことができる「しるし」であ

情報検索

第1回
1番
問1　正解 3
問2　正解 2

問1　【課題】支払いの方法
ポイント
◇お支払い方法：口座振替
◇支払期限の前日までにお願いします。
＝支払期限の前日までに自分の口座に入金しなければならない。
◆情報検索
①支払期限は10月4日。その前日まで＝10月3日まで
②太郎さんの口座：はなまる銀行
①②から、
太郎さんは、10月3日までに自分の口座（はなまる銀行）に入金する。

問2　【課題】貯まったポイントと商品の交換
ポイント
◇ポイント残高は6416ポイント。
◇このうち1012ポイントは今年中に申し込まなければ、来年無効になる。
◇商品の申し込み方法は、電話、インターネット、郵送の3つ。
◇商品の送り先は、会員登録されている自宅住所のみ。
◆情報検索
◇貯まったポイントを商品に交換できる。
◇今商品と交換できるポイントは6416ポイントである。
：6416円ではない。
⇒選択肢1は正しくない。
◇来年1012ポイントが無効になる。
：来年になると無駄になるポイントがある。
⇒選択肢2は正しい。
◇商品はカタログを見て選ぶ。申し込みは、電話、インターネット、郵送で行う。
：商品を実際に見て選ぶことはできない。
⇒選択肢3は正しくない。
◇商品は自宅住所のみに送られる。
：自宅以外の住所には配達できない。
⇒選択肢4は正しくない。

第2回
2番
問1　正解 2
問2　正解 3

問1　【課題】家族4人の最も少ない費用
ポイント
◇Aさんは、3月21日（月）祝日に美術館へ行く。
◇Aさんは、**日本の現代絵画**（1945年以降のもの）を見たい。
◇Aさんの家族は、Aさん43歳、妻40歳、長女 **高校生**、長男 **中学生**である。

◆情報検索
① 3月21日（月）祝日に見られる美術館：**白山美術館、みどり区現代美術館、中田記念美術館、県立西洋美術館、大和美術館、みどりの森美術館**
　＊大和美術館は企画展期間中無休。それ以外の美術館は、月曜日休館日だが、祝祭日の場合は開館している。
② ①の5つのうち、日本の現代絵画（1945年以降のもの）が見られる美術館は、**みどり区現代美術館、中田記念美術館**
③費用
◇みどり区現代美術館：一般 900円×2、高校生 700円×1、中学生 400円×1
　合計 2900円
◇中田記念美術館：大人 1000円×2、高校生 700円×1、中学生 400円×1
　合計 3100円　ただし、祝日は1割引きだから、2790円

問2　【課題】高校生が500円以下で見られる美術館
ポイント
◇Bさんは、4月30日（土）に美術館へ行く。
◇生徒は**高校生、25名**
◇生徒の費用は500円以下（500円まで）にしたい。
◆情報検索
① 4月30日（土）に見られる美術館：**みどり区現代美術館、県立西洋美術館、大和美術館、みどりの森美術館**
②生徒の費用
◇みどり区現代美術館：高校生 700円　20名以上3割引き
　490円
◇県立西洋美術館：高校生 600円　20名以上2割引き
　480円
◇大和美術館：高校生 700円　20名以上200円引き
　500円
◇みどりの森美術館：高校生 600円　割引は30名以上なので、割引料金にはならない。
　600円
⇒ 500円以下は、3つ

第3回
3番
問1　正解 2
問2　正解 2

問1　【課題】受講が終わる日
ポイント
◇田中氏は、経理部で一般職・入社4年だから、田中氏が受けるのは、**全体概要、入力方法、経理処理**である。
◇田中氏は九州支社にいる。
◆情報検索
①全体概要を受講できる一番早い日：1月15日東京の中継
②入力方法を受講できる一番早い日：1月16日東京の中継
③経理処理を受講できる一番早い日：1月24日大阪の中継
＊1月19日に東京の中継があるが、大阪出張のため受講できない。また、この日は大阪では中継がないので、出張先でも受講することができない。
①②③から、研修終了は1月24日になる。

問2【課題】受講できる研修の回数

ポイント

◇高橋氏は、経理部の総合職で入社8年だから、高橋氏が受けるのは、**入力方法、経理処理、伝票承認**である。

◇高橋氏は、大阪支社にいる。

◆情報検索

①高橋氏が受けられる入力方法の研修：1月23日（1回）

②高橋氏が受けられる経理処理の研修：1月24日、1月30日（2回）